民国中国文化史要籍汇刊（影印本）

近代稀见旧版文献再造丛书

侯杰　主编

第八卷

王德华　中国文化史略

陈竺同　中国文化史略

南開大學出版社

图书在版编目(CIP)数据

民国中国文化史要籍汇刊. 第八卷 / 侯杰主编. —影印本. —天津 : 南开大学出版社，2019.1
(近代稀见旧版文献再造丛书)
ISBN 978-7-310-05708-5

Ⅰ. ①民… Ⅱ. ①侯… Ⅲ. ①文化史—文献—汇编—中国 Ⅳ. ①K203

中国版本图书馆 CIP 数据核字(2018)第 278035 号

南开大学出版社出版发行
出版人:刘运峰
地址:天津市南开区卫津路 94 号 邮政编码:300071
营销部电话:(022)23508339 23500755
营销部传真:(022)23508542 邮购部电话:(022)23502200
*
北京隆晖伟业彩色印刷有限公司
全国各地新华书店经销
*
2019 年 1 月第 1 版 2019 年 1 月第 1 次印刷
148×210 毫米 32 开本 14.125 印张 4 插页 405 千字
定价:160.00 元

如遇图书印装质量问题，请与本社营销部联系调换，电话:(022)23507125

出版说明

一、本书收录民国时期出版的中国文化史著述，包括通史性文化著述、断代史性文化著述和专题性文化史著述三大类；民国时期出版的非史书体裁的文化类著述，如文化学范畴类著述等，不予收录；同一著述如有几个版本，原则上选用初始版本。

二、个别民国时期编就但未正式出版过的书稿如吕思勉的《中国文化史六讲》和民国时期曾以文章形式公开发表但未刊印过单行本的著述如梁启超的《中国文化史·社会组织篇》，考虑到它们在文化史上的重要学术影响和文化史研究中的重要文献参考价值，特突破标准予以收录。

三、本书按体裁及内容类别分卷，全书共分二十卷二十四册；每卷卷首附有所收录著述的内容提要。

四、由于历史局限性等因，有些著述中难免会有一些具有时代烙印、现在看来明显不合时宜的内容，如『回回』『满清』『喇嘛』等称谓及其他一些提法，但因本书是影印出版，所以对此类内容基本未做处理，特此说明。

南开大学出版社
二〇一八年十一月

总序

侯杰

中国文化，是世代中国人的集体创造，凝聚了难以计数的华夏子孙的心血和汗水，不论是和平时期的锲而不舍、孜孜以求，还是危难之际的攻坚克难、砥砺前行，都留下了历史的印痕，闪耀着时代的光芒。其中，既有精英们的思索与创造，也有普通人的聪明智慧与发奋努力；既有中华各民族儿女的发明创造，也有对异域他邦物质、精神文明的吸收、改造。中国文化，是人类文明的一座巨大宝库，发源于东方，却早已光被四表，传播到世界的很多国家和地区。

如何认识中国文化，是横亘在人们面前的一道永恒的难题。虽然，我们每一个人都不可避免地受到文化的熏陶，但是对中国文化的态度却迥然有别。大多离不开对现实挑战所做出的应对，或恪守传统，维护和捍卫自身的文化权利、社会地位，或从中国文化中汲取养料，取其精华，并结合不同历史时期的文化冲击与碰撞，进行综合创造，或将中国文化笼而统之地视为糟粕，当作阻碍中国迈向现代社会的羁绊，欲除之而后快。这样的思索和抉择，必然反映在人们对中国文化的观念和行为上。

中国文化史研究的崛起和发展是二十世纪中国史学的重要一脉，是传统史学革命的一部分——传统史学在西方文化的冲击下，偏离了故道，即从以帝王为中心的旧史学转向以民族文化为中心的新史学，又和中国的现代化进程有着天然的联系。二十世纪初，中国在经受了一系列内乱外患后，千疮百孔，国力衰微；与此同时，西方的思想文化如潮水般涌入国内，于是有些人开始对中国传统文化产生怀疑，甚至持否定态度，全盘西化论思潮的出笼，更是把这种思想推向极致。民族自信力的丧失既是严峻的社会现实，又是亟待解决的问题。而第一次世界大战的惨剧充分暴露出西方社会的弊端，其文化取向亦遭到人们的怀疑。人们认识到要解决中国文化的出路问题就必须了解中国文化的历史和现状。很多学者也正是抱着这一目的去从事文化史研究的。

在中国文化史书写与研究的初始阶段，梁启超是一位开拓性的人物。早在一九〇二年，他就深刻地指出：『中国数千年，唯有政治史，而其他一无所闻。』为改变这种状况，他进而提出：『历史者，叙述人群进化之现象也。』而所谓『人群进化之现象』，其实质是文化演进以及在这一过程中所进发出来的缤纷事象。以黄宗羲『创为学史之格』为楷模，梁启超呼吁：『中国文学史可作也，中国种族史可作也，中国财富史可作也，中国宗教史可作也。诸如此类，其数何限？』从而把人们的目光引向中国文化史的写作与研究。一九二一年他受聘于南开大学，讲授『中国文化史』，印有讲义《中国文化史稿》，后经过修改，于一九二二年在商务印书馆以《中国文化史稿第一编——中国历史研究法》之名出版。截至目前，中国学术界将该书视为最早的具有史学概论性质的著作，却忽略了这是梁启超对中国文化历史书写与研究的整体思考和潜心探索之举，充满对新史学的拥抱与呼唤。

与此同时，梁启超还有一个更为详细的关于中国文化史研究与写作的计划，并拟定了具体的撰写目录。梁启超的这一构想，部分体现于一九二五年讲演的《中国文化史·社会组织篇》中。在这个关于中国文化史的构想中，梁启超探索了中国原始文化以及传统社会的婚姻、姓氏、乡俗、都市、家族和宗法、阶级和阶层等诸多议题。虽然梁启超终未撰成多卷本的《中国文化史》（其生前，只有《中国文化史·社会组织篇》等少数篇目问世），但其气魄、眼光及其所设计的中国文化史的书写与研究的构架令人钦佩。因此，鉴于其对文化史的写作影响深远，亦将此篇章编入本丛书。

此后一段时期，伴随中西文化论战的展开，大量的西方和中国文化史著作相继被翻译、介绍给中国读者。桑戴克的《世界文化史》和高桑驹吉的《中国文化史》广被译介，影响颇大。国内一些学者亦仿效其体例，参酌其史观，开始自行编撰中国文化史著作。一九二一年梁漱溟出版了《东西文化及其哲学》，这是近代国人第一部研究文化史的专著。尔后，中国文化史研究进入了一个短暂而兴旺的时期，一大批中国文化史研究论著相继出版。在二十世纪二三十年代，有关中国文化史的宏观研究的著作不可谓少，如杨东莼的《本国文化史大纲》、陈国强的《物观中国文化史》、柳诒徵的《中国文化史》、陈登原的《中国文化史》、王德华的《中国文化史略》等。在这些著作中，柳诒徵所著《中国文化史》被称为『中国文化史的开山之作』，而杨东莼所撰写的《本国文化史大纲》则是第一本试图用唯物主义研究中国文化史的著作。与此同时，对某一历史时期的文化研究也取得很大进展。如孟世杰的《先秦文化史》、陈安仁的《中国上古中古文化史》和《中国近世文化史》等。在宏观研究的同时，微观研究也逐渐引起学人们的注意。其中，中西文化交流史研究成绩斐然，如郑寿麟的《中西文化之关系》、张星烺的《欧化东渐史》等。一九三六至一九三七年，商务印书馆出版了由王云五等主编的《中国文化史丛书》，共有五十余种，体例相当庞大，内容几乎囊括了中国文化史的大部分内容。

此外，国民政府在三十年代初期出于政治需要，成立了『中国文化建设会』，大搞『文化建设运动』，致力于『中国的本位文化建设』。一九三五年十月，陶希盛等十位教授发表了《中国本位文化建设宣言》，提出『国家政治经济建设既已开始，文化建设亦当着手，而且更重要』。因而主张从中国的固有文化即传统伦理道德出发建设中国文化。这也勾起了一些学者研究中国文化史的兴趣。

同时，这一时期又恰逢二十世纪中国新式教育发生、发展并取得重要成果之时，也促进了『中国文化史』课程的开设和教材的编写。清末新政时期，废除科举，大兴学校。许多文明史、文化史的著作因非常适合作为西洋史和中国史的教科书，遂对历史著作的编纂产生很大的影响。在教科书撰写方面，多部中国史的教材，无论是否以『中国文化史』命名，实际上都采用了文化史的体例。而这部分著作也占了民国时期中国文化史著作的一大部分。如吕思勉的《中国文化史二十讲》(现仅存六讲)、王德华的《中国文化史略》、丁留余的《中国文化史问答》、李建文的《中国文化史讲话》、范子田的《中国文化小史》等。

二十世纪的二三十年代实可谓中国学术发展的黄金时期，这一时期的文化史研究成就是有目共睹的，不少成果迄今仍有一定的参考价值。此后，从抗日战争到解放战争十余年间，中国文化史的书写和研究遇到了困难，陷入了停顿，有些作者还付出了生命的代价。但尽管如此，仍有一些文化史论著问世。此时，综合性的文化史研究著作主要有缪凤林的《中国民族之文化》、陈安仁的《中国文化史》、王治心的《中国文化史类编》、陈竺同的《中国文化史略》和钱穆的《中国文化史导论》等。其中，钱穆撰写的《中国文化史导论》和陈竺同撰写的《中国文化史略》两部著作影响较为深远。钱穆的《中国文化史导论》，完成于抗日战争时期。该书是继《国史大纲》后，他撰写的第一部系统讨论中国文化史的著作，专就中国通史中有关文化史一端作的导论。因此，钱穆建议读者『此书当与《国史大纲》合读，庶易获得写作之大意所在』。不仅如此，钱穆还提醒读者该书虽然主要是在专论中国，实则亦兼论及中西文化异同问题。数十年来，『余对中西文化问题之商榷讨论屡有著作，而大体论点并无越出本书所提主要纲宗之外』。故而，『读此书，实有与著者此下所著有关商讨中西文化问题各书比较合读之必要，幸读者勿加忽略』。陈竺同的《中国文化史略》一书则是用生产工具的变迁来说明文化的进程。他在该书中明确指出：『文化过程是实际生活的各部门的过程』，『社会生产，包含着生产力与生产关系。这本小册子是着重于文化的过程。至于生产关系，就政教说，乃是权力生活，属于精神文化，而为生产力所决定』。除了上述综合性著作外，这一时期还有罗香林的《唐代文化史研究》、朱谦之的《中国思想对于欧洲文化之影响》等专门性著作影响较为深远。

不论是通史类论述中国文化的著作，还是以断代史、专题史的形态阐释中国文化，都包含着撰写者对中国文化的情怀，也与其人生经历密不可分。柳诒徵撰写的《中国文化史》也是先在学校教习之用，后在出版社刊行。鉴于民国时期刊行的同类著作，有的较为简略，有的只可供学者参考，不便于学年学程之讲习，所以他发挥后发优势，出版了这部比较丰约适当之学校用书。更令人难忘的是，柳诒徵不仅研究中国文化史，更有倡行中国文化的意见和主张。他在《弁言》中提出：『吾尝妄谓今之大学宜独立史学院，使学者了然于史之封域非文学、非科学，且创为斯院者，宜莫吾国若。三二纪前，吾史之丰且函有亚洲各国史实，固俨有世界史之性。丽、鲜、越、倭所有国史，皆师吾法。夫以数千年丰备之史为之干，益以近世各国新兴之学拓其封，则独立史学院之自吾倡，不患其异于他国也。』如今，他的这一文化设想，在南开大学等国内高校已经变成现实。正是由于有这样的文化观念，所以他才自我赋权，主动承担起治中国文化史者之责任：『继往开来……择精语详，以诏来学，以贡世界。』

杨东莼基于『文化就是生活。文化史乃是叙述人类生活各方面的活动之记录』的认知，打破朝代观念，将各时代和作者认为有关而又影响现代生活的重要事实加以叙述，并且力求阐明这些事实前后相因的关键，希望读者对中国文化史有一个明确的印象，而不会模糊。不仅如此，他在叙述中，尽力坚持客观的立场，用经济的解释，以阐明一事实之前因后果与利弊得失，以及诸事实间之前后相因的关联。这也是作者对『秉笔直书』『夹叙夹议』等历史叙事方法反思之后的选择。

至于其他人的著述，虽然关注的核心议题基本相同，但在再现中国文化的时候却各有侧重，对中国文化的评价也褒贬不一，存在差异。这与撰写者对中国文化的认知，及其史德、史识、史才有关，更与其学术乃至政治立场、占有的史料、预设读者有关。其中，既有学者之间的对话，也有学者与读者的倾心交流，还有对大学生、中学生、小学生的知识普及与启蒙，对中外读者的文化传播，及其跨文化的思考。他山之石，可以攻玉。二十世纪二十年代日本学者高桑驹吉的著述以世界的眼光，叙述中国文化的历史，让译者感到：数千年中，我过去的祖先曾无一息与世界相隔离，处处血脉流转，气息贯通。如此叙述历史，足以养成国民的一种世界的气度。三十年代，中国学者陈登原不仅将中国文化与世界联系起来，而且还注意到海洋所带来的变化，以及妇女地位的变化等今天看来都亟待解决的重要议题。实际上，早在二十世纪二十年代，就有一些关怀中国文化命运的学者对十九世纪末到二十世纪初通行课本大都脱胎于日本人撰写的《东洋史要》一书等情形提出批评：以外人目光编述中国史事，精神已非，有何价值？而陈旧固陋，雷同抄袭之出品，竟占势力于中等教育界，垂二十年，亦可怜矣。乃者，学制更新，旧有教本更不适用。为改变这种状况，顾康伯广泛搜集文化史料，因宜分配，撰成《中国文化史》，脉络分明，宗旨显豁，不徒国史常识可由此习得，即史学门径，亦由此窥见。较之旧课本，不可以道里计，故而受到学子们的欢迎。此外，中国文化的海外传播、中国对世界文化的吸收以及中西文化关系等问题，也是民国时期中国文化史撰写者关注的焦点议题。

围绕中国文化史编纂而引发的有关中国文化的来源、内涵、特点、价值和贡献等方面的深入思考，耐人寻味，发人深思。孙德孚更将翻译美国人盖乐撰写的《中国文化辑要》的收入全部捐献给因日本侵华而处于流亡之中的安徽的难胞，令人感佩。

实际上，民国时期撰写出版的中国文化史著作远不止这些，出于各种各样的原因，没有收入本丛书，也是非常遗憾的事情。至于已经收入本丛书的各位作者对中国文化的定义、解析及其编写体例、使用的史料、提出的观点、得出的结论，我们并不完全认同。但是作为一种文化产品值得批判地吸收，作为一种历史的文本需要珍藏，并供广大专家学者，特别是珍视中国文化的读者共享。

感谢南开大学出版社的刘运峰、莫建来、李力夫诸君的盛情邀请，让我们徜徉于卷帙浩繁的民国时期中国文化史的各种论著，重新思考中国文化的历史命运；在回望百余年前民国建立之后越演越烈的文化批判之时，重新审视四十年前改革开放之后掀起的文化反思，坚定新时代屹立于世界民族之林的文化自信。

感谢与我共同工作、挑选图书、撰写和修改提要，并从中国文化中得到生命成长的区志坚、李净昉、马晓驰、王杰升等香港、天津的中青年学者和志愿者。李力夫全程参与了很多具体工作，表现出一位年轻编辑的敬业精神、专业能力和业务水平，从不分分内分外，让我们十分感动。

总目

第八卷 王德华 中国文化史略

陈竺同 中国文化史略

第九卷 李继煌译 中国文化史

第十卷 姚名达 朱鸿禧 中国文化小史

范子田 中国文化小史

常乃悳 中国文化小史

第十一卷 李建文 中国文化史讲话

靳仲鱼 中国文化史要

孙德孚译 中国文化辑要

第十二卷 王云五 编纂中国文化史之研究

陈安仁 中国文化建设问题

陈安仁 中国文化演进史观

陈国强　物观中国文化史（上、下）

第十三卷　丁留余　中国文化史问答

姚江滨　民族文化史论

缪凤林　中国民族之文化

第十四卷　王治心　中国文化史类编（上、中）

第十五卷　雷海宗　中国文化与中国的兵

蒋星煜　中国隐士与中国文化

第十六卷　孟世杰　先秦文化史

罗香林　唐代文化史研究

第十七卷　陈安仁　中国上古中古文化史

第十八卷　陈安仁　中国近世文化史

第十九卷　朱谦之　中国思想对于欧洲文化之影响

第二十卷

张星烺　欧化东渐史

郑寿麟　中西文化之关系

梁启超　中国文化史・社会组织篇

吕思勉　中国文化史六讲

王德华《中国文化史略》

王德华所著《中国文化史略》共一册，一九三六年由正中书局出版，是供高级中学、师范学校学生或具有同等学力者课外阅读之用的历史教材。卷首有萧一山的『序』『叙例』『绪论』三则。因成书于二十世纪三十年代中期，社会科学运动、『九一八』事变、文化建设讨论和国民党的『新生活运动』等历史事件都在书中有所反映。

全书分四编三十二章，以问题为中心阐释中国文化的流变，将抗日战争时期中国国势之不振归咎于文化教育的失败，主张以文化史研究振奋民族精神。第一编『经济史』，分初民生活、农业、土地制度、赋税制度、商业、工业、货币制度七章；第二编『政治史』，分政体演变、中央官制、地方制度、教育考选制度、司法、兵制等八章；第三编『学术史』，分语言文字、先秦学术、汉代经学、魏晋清谈与玄学、唐代佛学、宋明理学、清代汉学、新文化运动以及文学、美术、史地、科技等十二章；第四编『社会史』，分社会、阶级、宗教、婚姻、风俗等五章。

陈竺同《中国文化史略》

陈竺同（1898—1955），原名经，字啸秋，后改名竺同，浙江温州人。他一生著作颇多，散见于《教育杂志》《学生杂志》《中山大学研究院专刊》等期刊杂志。还撰写了《二十年来日本势力下之满蒙》《中国上古文化史》《中国文化史略》《两汉和西域等地的文化经济交流》等著作。

陈竺同所著《中国文化史略》共一册，部分章节曾在《思想与时代》杂志上刊载，一九四八年由文光书店出版。其篇幅虽然简略，只涉秦汉，但也有其独到之处，即从工具和产业来分析文化形态，用生产工具的变迁来说明文化的进程，从而使其『在旧中国的诸种文化史论著中间别具一格』。

中國文化史畧

王德華編著

正中書局印行

序

昔黃梨洲先生之序歷代史表謂：自科舉之學盛，讀史顧無其人，由是而嘆人才之日下也。余嘗思之今人所以不讀史，非以史爲不可讀，實以史籍之浩瀚，無從讀耳。廿四史、兩通鑑、九通、五紀事本末，乃至其他別史雜史，都計不下數萬卷，幼童習焉，皓首而不能盡，此豈百學待治之青年日力所能許？藉曰能之，則所得又幾何？是故今日而勸人讀史，必先有可讀之歷史。欲著爲可讀之歷史，必先就浩瀚之史籍融會而貫通之，擷其精華，示以體要然此非有著作之才而兼備史家之學識不可，甚矣史學之難也。王君德華曾從余治史於故都，近以其多年教學之經驗，編著中國文化史，由湘中擕稿來請正。余嘉其用心之勤，窮一日力讀卒業，而後知王君乃真能著史者，以十萬言之簡編，述五千年之文化，亦簡亦賅，無漏無舛；且其體例有足稱者，袪斷代而以事相屬，窮本末而源流俱見，可謂得浹際會通之旨矣。

抑王君是書更有其創作之精詣在也，窺其大意：一曰發揮民族精神，此於第二十二章第二節論顧黃王顏諸儒之學術，足以見之。一曰闡述大一統之主義，此於第十三章第四節論歷代地方權力之消長，足以見之。一曰發揚士人之正氣，此於第三十二章崇任俠重氣節之文，足以見之。顧亭林先生曰：「感四國之多虞，恥經生之寡術。」故清初諸儒，多以時事艱屯，志存匡復，而講學以經世致用爲依歸。王君是書，殆亦感於國難之嚴重，而欲借史學以啓發民族精神，當經世致用之旨歟？此固余昔日講論之微義，王君能善承而光大之，其進境將未可以是書爲限。而是書固已爲可讀之歷史，亦吾國民人人必讀之歷史也。

民國廿五年六月十六日蕭一山撰於河南大學文學院

敍例

一 中國文化之評價，各有不同，有謂爲落後者，有謂爲優美者，然不論其評價如何，中國人之應當了解中國文化，則無疑問，否則，吾族艱難奮鬥，努力創造之歷史，無由明瞭，而吾人之民族意識，即無由發生，民族精神即無由振起，晚近中國國勢之不振，即由於文化教育之失敗所致，茲者國脈益危，不言復興則已，言復興，則非着重文化教育振起民族精神不可，本書之作，意即在此。

一 本書編制，以問題爲中心，各詳其始末，共分四編，凡三十二章，第一編爲經濟史，第二編爲政治史，第三編爲學術史，第四編爲社會史。

一 本書內容之取材與各章篇幅長短之分配，係以問題之性質與材料之多寡爲標準。大抵問題重要者，時代較近者，與現實生活有密切關係者，取材較多，篇幅較長，此固作者之主觀，亦史家之通例。

一 最近中國之各種重要文化運動，如改進中國經濟之「貨幣管理政策」與「國民經濟建設運動，」一如振興中國文化之「中國本位的文化建設運動，」一如轉移中國社會風氣之「新生活運動，」皆為晚近中國最重要之歷史本書概行敘及。

一、本書供高級中學生與師範學生或具有同等學力者課外閱讀之用此等讀者於本國史已有相當基礎，故本書於歷代政治之變遷興亡之大勢一概從略。

一、編者學識譾陋，加之纂輯倉卒，謬誤之處，勢所難免，惟望海內先進，不吝教正。

編著者自識

大中華民國二十五年六三禁煙紀念日於長沙

目次

第三編 學術史

緒論

一 中華文化之發源地

埃及文化，起源於尼羅河；印度文化，起源於恆河；美索不達米亞文化，起源於底格里斯河，與幼發拉底斯河；中華文化，則發源於黃河。古代文化之發生，與地理有極密切關係，就中華文化言，其所以發源於黃河流域者，即有下列地理上之原因：

中華文化發源於黃河流域之原因

第一 古代黃河兩岸地帶，土質肥沃，宜於耕種。

第二 黃河流域，氣候溫和，地位甚高，適於居住。

第三 黃河兩岸，皆爲平原，交通便利。

因有此地理上之優點，於是人民之衣食住行，遂無問題，衣食既足，高等文化，乃相應而生。至於何以知中華文化發源於黃河流域，則有下列之證據：

中華文化發源於黃河流域之證據

第一　就我國古代諸帝王建都之地點觀察，足以證明黃河流域爲中華文化起源之根據地。伏羲都陳，即今日之河南鄭州；神農都曲阜，即今之山東曲阜；黃帝都涿鹿，即今之河北涿鹿；帝嚳都亳，即今之河南偃師；堯都平陽，即今之山西臨汾；舜都蒲坂，即今山西永濟；禹都安邑，即今之山西安邑；以上諸王諸帝之建都，無不在黃河流域。都會之所在，即文化之中心，古代都會既皆在黃河流域，則黃河流域，爲我國文化之最初樞核，殆無問題。

第二　就近年來陝、甘、豫等地所出土之遺物觀察，足以證明我國文化發源於黃河流域。因從此種遺物考察，可知陝、甘、豫、河套一帶，在舊石器時代，已爲人類極繁殖之地。人類最初既繁殖於黃河流域，則我民族憑藉黃河流域之肥沃土地，以創造自成一系之東方文明，亦理之宜。

（我國地下發掘史，詳見翁文灝所著之近十年來中國史前時代之新發見。）

二　構成中華文化之民族

漢族爲中華文化之主幹

中華文化係漢、滿、蒙、回、藏、苗六族所構成，而以漢族爲主幹茲分述之：

1　漢族　漢族大抵由帕米爾高原一帶，向東遷徙而定居於黃河流域，其後逐漸繁殖於全國及南洋羣島一帶。漢族在本國史上所建之朝代有唐、虞、夏、商、周、秦、漢、三國、晉、南朝、北齊、隋、唐、後梁、後周、宋、明等朝。秦以前中華本部未開化之民族，如淮水流域及山東沿海一帶之東夷民族，如長江中下游之荊、吳民族，如浙江、福建、兩廣一帶之越族，皆爲漢族所同化。秦以後，與漢族競爭之西北、東北及北方民族，亦多有被漢族所同化而加入漢族集團者，故漢族血統最雜，人數最多，勢力亦最大。

滿族

2　滿族　滿族即歷史上所稱之東胡族，又稱通古斯族。其根據地在滿洲。古之肅愼，漢之烏桓與鮮卑，唐之高麗與契丹，宋之遼（即契丹）與女眞，以及建立清帝國之滿洲，皆屬於此族。此族因北魏、北周、遼、金之提倡漢化，大部遂與漢族同化。滿洲入主中國後，其族人以受二百六十餘年漢文化之薰染，於是完全失其固有文化特性，而加入漢文化集團。

蒙古族

3　蒙古族　蒙古族之根據地在蒙古、熱河、察哈爾、綏遠及寧夏等地。元代時之鐵鬻、玁狁，秦、漢時代之匈奴，兩晉時代之前趙、後趙、夏與北涼，宋代之蒙古，元代之帝室，明代之韃靼、瓦剌，及清之蒙古皆屬於此族。十三世紀時蒙古族勢力最強盛，亞洲全部幾爲其所統一，東歐一部亦被其所征服。此族雖與漢族有長期之接觸，然因其民性強悍至今仍能保持其文化特性，而未完全與漢族同化。

回族

4 回族 回族即突厥族。此族之根據地原在蒙古與阿爾泰山一帶，後繁殖於新疆、甘肅及陝西等地。秦、漢時代之丁零、月氏，隋、唐時代之突厥、回紇與沙陀皆屬於此族。此族因與漢族競爭接觸關係，一部遂與漢族同化，一部則西進，現今中央亞細亞之土耳其人，即由中國遷去者。唐初回教輸入中國，此族人大部信奉之，故稱其人爲回族

藏族

5 藏族 藏族根據地在西藏、青海與西康等地。此族與漢族發生關係，早在商湯之時。晉以前之氐、羌，唐時之吐蕃，宋時之西夏，清時之大小金川及現在之西藏，皆屬於此族。藏人性質強悍，地處徼外，迄今少與漢族同化

苗族

6 苗族 苗族現在勢力最弱，散居於川、滇、黔、桂、湘等省邊界之地。相傳此族爲最先佔據中原者，後因與漢族競爭失敗，乃漸次退居至現今之地帶。

由上觀之中華文化，固以漢族爲主體，然不能謂爲漢族所獨創，實係由漢、滿、蒙、回、藏、苗六族文化，經過數千年之融合而成。

三 中國歷代大勢

未分析研究中國文化史之前，吾人於過去數千年之中國史大勢，有作一簡要回顧之必要，茲略述之：

信史之始

1 信史之始　我國信史，起於距今三千年以前之殷代，因近年有殷墟甲骨文之發見，殷代史事始得有實物上之證明。（殷墟遺存第一次發見在清光緒二十五年，公元一八九九年，遺址在河南安陽縣。）其時殷人已能利用金屬，發明文字，知耕稼與牧畜，然仍以牧畜爲重。其人甚崇拜祖先，信奉鬼神，又商代手工技術頗爲發達，凡鼎、尊、卣、盤之器，宮室、家宅之用，與夫弓、矢、箭、箙等武器，均已發明。

周代大勢

2 周代大勢　距今三千一百年左右，陝西有新興國家興起，沿黃河流域，逐漸向東發展，是爲西周。武王在位之十三年，（公元前一一二二年）西周滅殷，遂於黃河流域建立一組織較完備之國家。其時中原一帶，小國林立，周室因不能一一興兵征服，乃分封其功臣子弟，以監視當日之小國，藉此以執行同化作用，因此遂形成周代之封建制度，是爲我國政治組織上之一大進步。周室強盛之際，其四方之夷、戎、蠻、狄諸族，頗爲猖獗，周幽王在位之十一年（公元前七七一年），竟被西方之犬戎所攻殺，鎬京覆破，周室因之東遷洛陽，以後史稱東周。東周天子，威權大減，封建制度漸起動搖，諸侯之國互相吞併，四方之夷、戎、蠻、狄，亦多被當時之強國所吞併，經春秋戰國長期兼併之結果，至公元前二二一年，各國已先後爲秦王政所統一，東周遂亡，於是由分裂割據之局而形成大統一之局面矣。

秦之統一

3　秦之統一　秦王政既統一中國，自尊爲始皇帝，皇帝之稱以此爲始。秦時版圖，因始皇帝征服四方之結果，已跨有黃河、長江與珠江流域，北且至今之熱、察、綏等地。始皇帝以雄才大略，欲集大權於一身，於是廢封建，行郡縣，廢古法，創新制，我國各種重要制度，大抵皆創導於此時，而後世襲用之，故秦代時間雖短，然在歷史上所佔之地位最爲重要。

秦代在政治史上之重要

秦代新創帝國，改革太驟，勞民過甚，加以殘餘封建勢力之作祟，故統一不過十二年，遂致亂四起，終爲劉邦、項羽所滅（公元前二〇六年）。

4　漢代大勢

漢武帝之武功

秦亡之四年，劉邦削平項羽，統一中國，建立漢朝。四傳至漢武帝，以其雄才大略，於是北伐匈奴，西通西域，西南開闢西南夷，南平百越，東有朝鮮，漢室聲威，為之大震，中國人之以漢族見稱於世界者，即由於此。武帝不獨以武力征服四方，且以文教統一思想，於是罷黜百家，獨尊儒術，我國數千年來，知識階級之思想，皆不能出於儒術之外者，皆受漢武帝文化政策之影響所致。此外漢代尚有一經濟政策，影響於後世民生者最為重大，此即漢代之重農抑商政策。因其重農，農業遂為社會經濟之本位，以後歷代帝王皆以農業為重，我國社會，故始終停滯於農業社會之階段中。

兩漢政治多承秦舊

至於兩漢政治，多承秦舊，國家大權皆集於皇帝一身，大權既集於皇帝一身，故每遇昏庸之時，大權即為親近嬖倖者所攘竊。兩漢外戚宦官之禍，即因此以起，前漢遂終為外戚王莽所篡而亡。王莽建國號曰新，因其內政外交之失敗，在位僅十四年即亡，劉秀遂中興漢室，是為東漢光武帝。

劉秀中興漢室

東漢光武與明、章諸帝之世，國勢甚強，印度佛教，亦於是時由西域傳入我國，此於當時文化雖無甚影響，然影響於後世漢族文化者則甚大。和帝以後，宦官弄權，朝政敗壞，致有黃巾之亂。結果地方之權因剿亂關係而增大，遂釀成州郡割據之局，而成三國之鼎峙。漢且

三國鼎峙之局面所以形成

因之而亡（公元二二〇年）。

晉之興亡

南北朝之對峙

隋之統一南北

中國之長期分裂

5　三國兩晉南北朝之大勢　三國相持約五十年，復爲晉所統一。晉初因內有八王覬覦神器之亂，終至釀成五胡之外禍，晉懷帝、愍帝相繼被擄，晉室統一不過五十年，乃退至江南立國（公元三一七年），從此所謂中原之地，乃成爲五胡紛爭割據之場所。至公元四二〇年，東晉篡於劉裕，改國號曰宋，東晉遂亡。不久北方被鮮卑族拓跋氏所建之魏所統一，於是「五胡十六國」之局告終，而成南北朝對峙之局。自三國至南北朝，思想上與政治上，均有極大之變動。就思想言，清談之風盛行，士人置國家於不顧，社會幾根本動搖。就政治言，此期中之政治大權，悉操於軍閥之手，南朝宋、齊、梁、陳之相遞嬗，北朝高齊與宇文周之分立，皆係由鎮將而成帝王之業。迄公元五八九年，南北朝對峙之局始爲楊堅所結束（楊堅即帝位在五八一年）。自東漢之亡至隋之統一，其間經三國、兩晉、南北朝，歷時凡三百七十年，除西晉短時統一外，餘均在分裂禍亂之中，此實爲我國歷史上之最長期分裂而最紊亂之時代。經此長期紊亂之結果，五胡勢力完全消滅，而皆與漢族同化，我國文化，亦因此而擴大。

隋之治平

6　隋唐之大勢　楊堅既統一南北，勵精圖治，與民更始，號稱治世，然傳至煬帝，對外頻年用兵，對內大興土木，民怨沸騰，羣雄蠭起，隋室僅三十年即亡，唐朝遂代之而興（公元六二三年統一全國）。

唐初文治武功之盛

唐初文治武功，均極隆盛，就文治言，太宗貞觀時代之政治，至今尤為史家所稱讚。就武功言，太宗大破北方突厥民族，突厥各部共尊太宗為「天可汗」，舉凡四方異族，經太宗、高宗兩朝之經營，無不懾服，版圖之大，西方逾葱嶺而達波斯，東包朝鮮半島，北包漠北，南有安南，聲威所達南洋，其時日本、波斯、大食等國，均來通好，唐初實為漢族最盛時代。唐自玄宗以後，國勢漸衰，玄宗委節度使以兵馬財政大權，因以形成所謂「藩鎮」之軍閥。藩鎮割據，紛爭凡一百五十餘年，唐室終為軍閥朱全忠所篡而亡。朱

五代十國

全忠建國曰梁，是為五代之始，與梁同時割據者，尚有多國，五代十國之帝王，大抵皆出身於唐之藩鎮。此種軍閥割據局面，直至第十世紀，始為趙氏所建之宋朝所結束（宋太祖即位在公元九六〇年）。

宋代之外患

7　宋代大勢　宋既統一中國，鑒於藩鎮之亂，一意施行中央集權政策，因此中國歷代政治，以宋之內亂為最少。宋之內亂雖少，然其外禍甚烈，北受威脅於契丹所建之遼，

宋室南渡

南宋之亡

西受侵擾於氐、羌族所建之西夏。宋代以至受遼、夏之牽制，國勢日爲之困。後遼滅於女眞族之金(公元一一二五年)，金遂乘勢南下侵宋。公元一一二七年，汴京陷落，北宋徽宗、欽宗均爲金人所擄，中原遂淪於金人之手。其時欽宗弟康王構退往臨安立國（今杭州），是爲高宗，以後史稱南宋。從此中國又成爲宋金南北對峙之局。公元十三世紀時，蒙古族崛起於金之北，前後滅西夏與金，於一二七九年再滅南宋，而佔有中國全部，建立元朝。漢族整個被異族所征服，以此爲始。

民族革命之始

明之亂亡

8 元明大勢 蒙古族統治中國，一切設施，皆與漢族人心理相違反，故其帝祚僅八十九年，即被漢人朱元璋所推翻。朱即帝位，建國曰明，與蒙古南北對峙於東亞。明朝傳至成祖，國勢極盛，聲威直達南洋各國。此後內有宦官之亂政，外則有蒙古與倭寇不時作亂，國勢寖衰，而予女眞後裔之滿洲族以坐大之機會。滿洲原屬於明，公元一六一六年始叛明稱帝，公元一六四四年，藉平李自成爲名，遣兵入北京，明室正統，至此遂絕。

9 清代大勢 滿洲旣入北京，更乘勢南下，略定江南，統一中國。後經康、雍、乾三帝之努力經營，結果合中國本部、蒙古、西藏、新疆以及其根據地滿洲，建立一大帝國。此外朝

清之版圖

鮮、安南、暹羅、緬甸、尼泊爾等國，則受清之封冊。版圖之大，僅亞於元。

明末清初歐西教士之來華

明末清初之際，更有一重要史事，不可不知，即為西力之東漸。明末清初歐西教士相率來中國傳教，西方文化，如基督教、天文學、火器、地理及數學等，因之隨其傳入中國。此種西方文化之輸入，於當時文化雖無甚影響，然中國數千來處於停滯狀態下之文化，日受此影響而漸起一極大之變動，直至現在，此種變動，仍未停息。若以全部中國歷史而論，明末西力之東漸，實為中國史上最重要之樞紐。

鴉片戰爭為清代盛衰之界碑

若以滿清一朝盛衰而論，則以鴉片戰爭為樞紐。鴉片戰後，滿清國勢由盛而漸衰，以後外力壓迫，日甚一日。因屢次受外力之壓迫，清廷遂稍有覺悟，而欲仿效西法，興辦洋務，以圖自強。

洋務

惟興辦洋務二十餘年，結果仍不能自強，甲午一役，竟為新起之日本所敗。至是眼光較遠之士，認為僅求砲利船堅，革新武備，實不足以救國，非從政治改革不可，於是政治維新運動，遂應時以起。

晚清之維新運動

康有為、梁啟超，即為當時從事政治維新運動之中心人物。與康、梁同時，尚有一眼光更遠大之先知先覺孫中山先生，則另樹一幟，努力策劃其革命運動。康、梁政治維新之壽命，僅止百日，即被清室舊黨所推翻，從此國人均以清廷不足有為，轉而接受孫先生之革命理論。孫先生所指導之革命運動，經無數次之流血犧牲，直至一九一一年（辛亥年），武昌義旗一舉，始得到初步成功，入主中國二百六十八年之滿清帝國，遂被推翻。

四　中華文化之特徵

世界各民族，均各有其不同之文化，如拉丁民族之文化，不同於斯拉夫民族之文化，斯拉夫民族之文化不同於中華民族之文化，此種不同之處，即為各民族文化之特徵，其所以不相同之原因，即由於各民族生活方式不同之關係，至於中國文化之特徵，約而言之，計有五點：

第一　就社會經濟言：中華文化，係始終以農業經濟為本位之文化。

第二　就社會結構言：中華文化，係始終以家族為社會本位之文化。

第三　就政治形態言：中華文化，係始終未脫離封建政治色彩之文化。

第四　就學術思想言：中華文化，係始終以儒學為中心思想之文化。

第五　就民族特性言：中華文化，係一種重保守、愛和平、尙中庸之民族文化。

第一編　經濟史

第一章　初民生活

近世社會學者，謂古代人類生活進化，先爲漁獵，次爲牧畜，再次則爲農業我國初民生活之進化，按之古籍，與此亦合。我國相傳之三皇，首爲燧人，次爲伏羲，再次爲神農，所謂燧人氏時代即係漁獵生活時代；所謂伏羲氏時代，即爲牧畜生活時代。所謂神農氏時代，即爲農業生活時代茲分述之：

三皇實代表三個生活時代

第一節　燧人氏代表漁獵生活時代

相傳太古人民，穴居野處，山居則食鳥獸，近水則食魚鼈螺蛤，未有火化，後有聖人以火德王，造作鑽燧取火，教人熟食，號曰燧人。（見譙周古史攷）據此，可知燧人氏時，人民皆以魚類與鳥獸為生，故燧人氏實代表我國太古之漁獵生活。

第二節　伏羲氏代表牧畜生活時代

司馬貞三皇本紀謂：「太皞庖犧氏風姓，代燧人氏繼天而王……結網罟以教佃漁，故曰宓犧氏。養犧牲以充庖廚，故曰庖犧氏……。」上所謂「養犧牲以充庖廚」卽謂以牧畜為生，故伏羲時人民生活除漁獵外，已發明牧畜

第三節　神農氏代表農業生活時代

白虎通謂：「……謂之神農何？古之人民皆食禽獸肉，至於神農，人民衆多，禽獸不足，於是神農因天之時，分地之利，制耒耜，教民農作，神而化之，使民宜之，故謂之神農也……。」據此可知神農時已發明農業，而所謂神農者，亦卽發明農業之象徵。

第四節　黃帝時代人民生活之進步

黃帝時代之各種發明

相傳神農氏衰，有黃帝者遂應運而興起建國。黃帝不獨爲當時政治上之領袖，同時爲古代文化之大發明家。就衣服言，帝妃西陵氏發明桑蠶，且有衣裳冠履之制作。就居處言，有宮室之制作，用以避風雨。就器用言，有弓、矢、臼、杵、陶器等之利用。就交通言，水有舟楫，陸行有車。此外文字、醫藥、曆數均於黃帝時發明。此其說是否全部可信，自是問題，當黃帝時農業早已發明，人民足衣足食，生活上之有進步，則無疑問。

第二章 農業

第一節 農業之發明

我國發明農業，始於神農氏時代，前已言之。至其所以發明之原因，約有兩點：

農業發生之原因

第一 由於人民衆多，禽獸不足　見白虎通（引文見上章第三節）

第二 由於飼養家畜而啓發種植植物之觀念——因飼養家畜，於是植物之種植，亦隨之發明。其後，人類與牲畜所需要之食品逐漸增加，農業生產，故亦隨之逐漸擴大。（莫爾甘言此極詳，見莫爾甘之古代社會）

第二節 農業之發達

我國農業雖發明於神農時代，然至周代，始見發達，攷其所以發達之原因有二：

周代農業發達之原因

1 因周代發明用鐵製農器——古代農具皆以木爲之，至周代始發明以鐵製造。

國語謂「美金以鑄劍戟試諸狗馬，惡金以鑄鉏夷斸斤試諸土壤」所謂美金即是銅，惡金即是鐵，農業上之工具既有所改進，農業生產自當隨之發達。

2 因周之祖先爲農業民族於耕種能力特長 周之始祖爲棄，棄爲舜之后稷，司掌農事，其後子孫相承，農業上之經驗，自益豐富，周代滅殷而有中國後，中原之地亦隨之農業化

3 因周代設有農官以督農事 政府既以農業爲重，於是設專官以督進之，如設「草人」以掌土化之法；設「稻人」以掌稼下地（以水澤之地種穀也）設「司稼」掌巡野之稼，而辨穜稑之種，周知百穀之名，審其所宜之地以爲法，政府對農業既加以提倡，農業故隨之發達。

第三節 漢代農業之改良

趙過之代田法與牛耕法

中國農業至漢代又得一大改進，漢武帝時，搜粟都尉趙過創牛耕法與代田法，改良農業。所謂代田法，即將田一畝分作三甽，而每年易甽耕種之所謂牛耕法，即以牛挽犂而

代人力耕種（漢以前專用人力耕種，謂之耦耕，卽兩人相併從事耕種之意。）生產方法，既大進步，農業生產因之大增。加以漢代以重農爲其經濟政策，於是人民從事耕稼者益多。

第四節　宋明之講求農政

王安石之興農田水利

南北朝時對於農田水利，卽甚注意，迄乎宋代，益爲講求。宋太宗時，於河北諸州，開水利田，起堤堰，設斗門，以便灌溉。神宗時王安石爲相，更遣使四出，大興農田水利，結果於六年之間（熙寧三年至九年），計修水利一萬零七百九十三處，田數凡三十六萬一千一百七十八頃。此後歷代，對於農政，均極注意。明末西洋農法傳入中土，徐光啓因參酌西法，著農政全書（就中水利一項，卽採自熊三拔之泰西水法。）此書對於我國農業之改良，極有關係。

徐光啓之農政全書

第五節　近世我國農業之破產

我國數千年，以農立國，然至近世，我國民食尚不足自給，而須仰給於外國，觀乎近年

我國農村破產之原因

外國米、麥、麵粉輸入之年有增加，即可知我國農業破產已達如何程度。至其所以破產之原因：

第一 由於資本帝國主義侵略之影響。

第二 由於內亂不已，田地荒蕪。

第三 由於水旱蝗蟲之相繼爲災。

（關於歷年外國米麥麵粉棉花等農產物之輸入細數，可參看申報年鑑）

第三章　土地制度

第一節　傳疑之井田制

井田制之內容

井田制之性質

井田爲我國最古之土地制度其制：經土設井，立步制畝，土地之劃分，有如井字，故曰井田。井之中爲公田，其外八家，各授一區爲私田，夏制一夫授田五十畝，殷制每夫授田七十畝，周制每夫爲百畝。至關於井田制之性質問題，論者不一：有謂爲共產制者，有謂爲私有制者。其實井田實爲一種分田制祿辦法，並非共產制度，亦非私有制。孟子謂：「經界不正，井地不均，穀祿不平；……經界既正，分田制祿，可坐而定也。」又國語謂「公食貢，大夫食邑，士食田，庶人食力。」從此卽可窺見井田制之目的爲分田制祿；井田之主權，則爲貴族所有，大抵貴族將土地授與平民耕種，而坐徵一定之賦稅。

第二節　井田制之破壞與秦漢時代土地之兼併

井田制破壞之原因

春秋以後，井田制度，已漸崩潰，至商鞅時，更廢井田，開阡陌，任人占田耕種，並許其買賣，從此分田制度，於是破壞殆盡考其所以破壞之原因，約有三點：

1 有力者任意兼併，經界不正

2. 人口繁殖，土地不足分配。

3 井田不能盡地利，（商鞅之廢井田開阡陌，目的在使「地盡爲田，田皆出稅，」以盡地利，而增國富）

井田破壞後之影響——土地兼併

井田既壞，土地兼併之風遂熾，富者每每田連阡陌，貧者則竟無立錐之地，於是富者愈富，貧者愈貧，以致形成社會上貧富兩大階級。迄於漢代，平民以受富強之兼併，生活至爲痛苦，於是武帝時有董仲舒者，主張限民名田；哀帝時有師丹者，主張限田，然終以地主豪族之反對，兩法皆未曾實行。至東漢時又有荀悅者主張於亂後人稀之時，就井田法加以變通，用「口數占田法」以防兼併，然亦未能實行。

漢代諸儒之主張改革田制

第三節　新莽以來之田制

中國田制，自王莽以後，復屢有變更，玆擇其要者述之於後：

王莽之分田

1　王莽之土地改革政策　王莽代漢有意復古，遂復井田制，收天下田爲王田，不許私相買賣，凡人口不滿八，而田過一井者，將逾額之田，分給族鄰，原無田者，各照定制授田。此法因豪強之反對，試行不久，卽經廢止，土地仍歸私有。

晉代之占田制

2　晉代之占田法　晉承漢末三國大亂之後，欲招集流亡，以便徵稅，而兼寓平均地權之意，因行占田之制，其制，按人民之男女老幼，而授以一定土地，至於還授之期，則無規定，大抵土地權或仍歸私有。（晉占田法，男子一人占田七十畝，女子三十畝。其外丁男課田五十畝，丁女二十畝，次丁男半之，女則不課。男女十六以上至六十爲正丁；十五以下，六十以上至六十五爲次丁；十二以下，六十六以上爲老小，不課。）

魏孝文帝之均田制

3　北魏之均田制　魏孝文帝用李安世之言，行均田制，男夫授露田四十畝，蔴田十畝，婦人二十畝，蔴田五畝，按時還授。另給桑田二十畝，不還，有盈不足，聽其依限買賣。

唐初之班田制

4　唐初之班田制　唐初增減魏之均田制爲班田制，計丁授田百畝，八十畝爲口分田，須按時還授，二十畝爲永業田，不還，並得買賣。（從狹鄉徙寬鄉，並得買口分田）。

唐中葉後歷代對土地問題多取放任政策

5 唐中葉後之田制　唐行班田制不到百年，土地兼併風氣復盛。自從唐中葉施行兩稅制後，均田之法，隨之破壞。此後惟宋仁宗初年，曾一度限田（限公卿以下毋過三十頃，衙前將吏，勿過十五頃），但不久即廢。宋理宗時，謝方叔曾請限民名田，亦未經採用。太平天國，曾建公田制度，亦未經通行。此外，歷朝對土地問題，概取放任政策，無人注意。直至近數十年來，孫中山先生以鑒於土地問題之嚴重，始力倡「平均地權」與「耕者有其田」之說。

第四節　土地制度總論

我國數千年來之土地制度，變革雖多，約而言之，要不外「平均地權」與「土地放任」兩種政策之互為起仆而已。古代行井田制，經界正，井地均，民無爭奪之患，此最早之分田政策也。迨商鞅廢井田，開阡陌，土地任人兼併，於是遂一變為土地放任政策。秦漢土地放任政策之反響，民生困苦，平均地權之呼聲乃起，因此以後遂有王莽之王田制，晉之占田制，北魏之均田制與唐初班田制之實行。唐中葉安史亂後，版籍散佚，戶口難稽，班田制因此破壞，以後歷代對土地問題，皆取放任政策。迄至晚清太平天國，以鑒於民生之困苦，始再行公田制以求地權之平均，然因太平天國不久瓦解，於是幾微井田遺意之公田制，又歸失敗。迨孫中山先生創平均地權與耕者有其田之說，土地問題在理論上始得一總解決。

第四章　賦稅制度

第一節　傳疑之三代賦稅制

夏用貢法
殷用助法
周用徹法

相傳賦稅制始於有虞之世，而夏代因之（其詳見於禹貢）夏用貢法，商用助法，周用徹法。貢者，取其什一以爲稅；助者，藉八家之力以耕公田而不稅其私；徹者通也，通用貢助兩法，都鄙之地用貢法，以其地近豐歉可徵，同時因人衆地狹也；鄉遂之地用助法，以其地遠，豐歉難徵，同時因其地廣人稀也。周代賦稅，除「粟米之征」的田稅外，尙有「布縷之征」與「力役之征」（粟米與布縷之征皆賦其物，力役之征，則賦其力）

第二節　秦漢賦稅制

秦稅苛於古

自秦廢井田，古代賦稅制亦爲之破壞。秦代征稅之苛，爲古時所未有，鼂錯謂秦稅「二十倍於古」，以致形成「男子力耕，不足糧餉，女子紡績，不足衣服」之貧苦情形。此實爲秦代速亡原因之一。

漢初減輕田賦

漢興，承秦之敝，民生困苦，於是高祖劉邦約法省禁，減輕田租，十五而稅一。至漢景帝再減至三十取一。惟漢代田賦雖輕，然平民所得政府減稅之實惠，究極稀少，因當時土地幾完全爲豪強富強所獨占，故受實惠者仍爲富豪階級。漢代除三十取一之田稅外，尚有計丁出稅之「口賦」與徵民服兵役之「更賦」。

漢之口賦與更賦

「口賦」分「口錢」與「算賦」兩種。十四歲以下者每人出二十錢，以食天子，謂之口錢；從十五歲起至五十六止每人每年出錢二百文，謂之一算，概賦其錢。「更賦」分「卒更」「踐更」與「過更」三種，係賦其力。（古者正卒之外，人皆當更爲之，一月一更，是爲卒更。貧者欲得催更錢，次直者，出錢催之，月二千，是爲踐更。國內人皆須戍邊三日，諸不行者，出錢三百入官，以給戍者，是爲過更。）

第三節　兩晉南北朝之賦稅制

漢代徵收田賦，以田之多寡爲標準，蓋其時非計人授田，自不能計口以徵田稅。自晉至唐之初，概取計口授田之土地政策，故該時賦稅，亦即計戶徵收，是爲「戶調制」。茲分述之於次：

西晉之戶調制

1 西晉之戶調制　戶調（即布縷之征）歲絹三疋，綿三斤。女子次丁男爲戶者，半輸。晉初男女既各得占田，則戶調所行，必無無田之戶。

東晉之戶調制

2 東晉之戶調制　東晉戶調絹之事於史無徵。惟除戶調外，至成帝時，又度百姓田，取十分之一，率畝稅三升，其後時有增減。

南朝賦稅制多沿東晉之舊

3 南朝之賦稅制　南朝田賦戶調，率因東晉之舊。惟宋、齊以降，版圖日蹙，賦額必有減損之變，而其施行之制，亦於史無徵

北魏之賦稅制

4 北魏之田賦與戶調　北魏戶調之沿革，史不全著。其初大抵每一夫，調帛一疋，賦粟二石。至孝文帝時，賦調加重，每戶增至帛三疋，粟二石九斗

北周之賦稅制

5 北周之田賦與戶調　有室者歲調絹一疋，綿八兩，賦粟五斛；單丁半之。豐年則全賦，中年半之，下年三之，皆以時徵。

第四節 唐代賦稅制

唐代賦稅制度，前後所行者不同，唐初行「租庸調」制，唐德宗後改行兩稅制。

租庸調法行於唐初

1 唐初之租庸調制 唐因晉代戶調之式，制定租庸調法，租取其粟（即古之粟米征，）每丁徵粟二石。調取其布縷（即古之布縷征，）隨鄉所出，歲輸絹綾絁各二丈，布加五之一。庸取其力（即古之力役征，）歲二十日，不役者，改日出絹三尺。租庸調，概係計丁征稅。

楊炎創行兩稅法之原因

兩稅法之內容

2 唐德宗後之兩稅法 唐初之租庸調制，原係計丁徵稅，然至安史亂後，版籍散失，丁口難稽，加以亂後賦斂苛繁，人民相率逃徙，故計丁徵稅之租庸調制，不能續行。於是楊炎乃創行兩稅法，（楊炎為德宗時宰相）其法戶無主客，以見居為簿；人無丁中，以貧富為差。所徵之稅，分夏秋兩季繳納，夏輸無過六月，秋輸無過十一月，置兩稅使以總之。故謂兩稅法。古代本計丁口徵稅，迄兩稅法創行，遂變為計貧富以定稅額矣。此法簡明易行，宋、元、明、清各代皆師其意行之。

第五節 宋元之賦稅制

宋代賦稅較前代爲輕

宋初立制，賦入較前代爲輕，故二十而稅一者有之，三十而稅一者又有之（丁謂語）。其納稅之時期，亦分夏秋兩季，所稅之物有：穀、帛、金錢、雜物，不專輸錢。宋代以鑒於藩鎮割據把持財政之弊，遂設諸路轉運使監輸民租，至是賦稅畢收，上供有額矣。

元代賦稅制

元代賦制，與宋不同，係兼取唐代租庸調制與兩稅法而成。取於內部者，有丁稅，有地稅，是仿效唐之租庸調法者；取於江南者，有秋稅，有夏稅，是取法於唐之兩稅制者。所稅之物，地、丁兩稅，輸米粟，秋稅亦輸米粟，夏稅則爲木棉、布、絹、絲綿等，惟夏稅可折成銀鈔繳納。

第六節 明清兩代賦稅制之改革

明清兩代之賦稅制，有兩大改革：一爲明代之創行「一條鞭」法，一爲清初之併丁稅於地稅。分述於后：

明代之一條鞭法

１ 明代之一條鞭法 明初賦稅除地稅（用夏秋兩稅制）外，尚有丁役。至明神宗時，始將田賦與力役，一律折爲錢鈔繳納（是爲征銀不征物之始），是謂一條鞭法。役輿賦既合爲一條，折成鈔銀繳納，民得無擾，而事亦甚易集，此誠中國賦稅制之一大改進。

2 清雍正時之併丁於地　清初賦稅制，係沿用明之一條鞭法，徵稅時間，分爲兩次，名爲上下忙。上忙從二月開徵，五月停徵，下忙從八月開徵，十一月停徵，亦爲兩徵制。後雍正爲緊殖人口計，遂免丁銀，將原有各省丁銀，陸續攤入地糧之內，此後丁隨地起，祇有地稅而無丁稅矣。此制行後，人口大增，是爲中國賦稅制度之又一改進。

清雍正後無丁稅

又清代有正式海關稅之征收。中國之征收海關稅，本濫觴於唐代市舶司之征稅，其後宋、元、明皆仿行之。清康熙二十三年（一六八四年），以各國請求互市，遂大開海禁，設立海關，於澳門設立粵海關，於漳州設立閩海關，於寧波設立浙海關，於江南之雲台山設立江海關，從此海關徵稅，乃爲國家最重要之經濟主權。自鴉片戰爭南京條約成立後，中國關稅主權，以受條約之束縛，不能自主，而須與他國協定，迨八國聯軍入京，辛丑條約成立，更規定稅則須十年修改一次，於是中國關稅之必須與人協定，遂成爲鐵律。光緒二十四年（公元一八九八年）更正式規定總稅務司須由英人充任，於是中國海關行政權又爲外人所奪。國民政府成立，努力於關稅自主運動，自民國十七年起，即先後與各國成立新

清初開海禁設海關

關稅協定

關稅自主

關稅條約，至十九年止，與各國之新關稅條約，完全批准成立，至是中國關稅權，名義上遂完全自主。

第七節 歷代雜稅制之沿革

漢武帝之筦鹽鐵榷酒酤

明末之三餉

釐金制之設立及廢止

古代國家稅收，原以田賦爲主。至漢武帝時，以國用不足，遂榷酒酤，更置鹽鐵官，專賣鹽鐵。大抵自漢至隋，皆筦鹽鐵，榷酒酤。唐代除鹽鐵酒酤外，更有茶稅與礦稅。至宋代又加礬稅。元代則僅鹽茶酒有稅。明代除鹽茶有稅外，明中葉後，復有礦稅。及其末葉，遼餉、練餉、剿餉，無一不取之於民，無一不非苛捐雜稅。清初僅鹽茶有稅，及咸豐間，因太平軍興，又有釐金之設，各省各地，遍設關卡，百貨有稅，層層敲削，商民大困。迄至民國，雜稅苛捐，名目之多，幾令人不可究詰。所幸自民國十八年明令裁撤釐金後，財政部屢次召開全國財政會議，整頓稅收，裁撤苛政，假以時日，苛捐雜稅，當不難取消。

第五章　商　業

第一節　商業之發生

商業發生於神農時代

易繫辭傳謂：「庖犧氏沒，神農氏作，日中爲市，致天下之民，聚天下之貨，交易而退，各得其所。」據此，則我國商業之發生，當始於神農氏時代。近代社會學家，謂商業之發生，約在由漁獵生活推移至牧畜生活之時代，因各部落之生產方法不同，故發生「有無相通」之需要。我國當伏羲氏時，人民生活已由漁獵進化到牧畜，神農氏既在伏羲之後，則其時之已有商業行爲，固屬可信。惟其時雖有商業，然僅止於「以物易物」「有無相通」，尚無所謂商人階級居中懋遷有無。

第二節　周代商業之發達

我國商業雖於神農氏時代即已發生，然直至周代始見發達。茲將周代商業情形，分述於后：

周代商業發達之原因

1 周代商業發達之原因 第一由於周代之農業與手工業發達之關係（見第六章）因農工業發達，物品遂多，物品既多，商業遂亦隨之發達；第二由於周代已使用貨幣，因貨幣制度成立，交易大爲便利，商業遂因此發達（太公爲周立九府圜法，詳見第七章貨幣制度）。

2 周代商業發達之現象 周代商業發達後，社會現象爲之一變，茲舉其要者言之：

周代之商人階級

第一 周代社會已有商人階級之成立——文王文傳謂：「工匠以爲其器……商賈以通其貨。」文王程典謂：「商不厚，工不巧，農不力……不可以成治……業分而專，然後可以成治。」管子小匡篇謂：「士農工商四者，國之石民也」周人之書既皆以農工商並舉，則當時社會上之有商人階級，自無疑問。

周代富商地位甚高

第二 周代富商之地位甚高——如鄭之國君須與當時商人訂盟誓曰：「爾無我叛，我無強賈。」（見左傳昭公十六年）又如子貢經商於曹魯等國間，可與各國諸侯卿相分庭抗禮（見史記貨殖列傳）又如陽翟大賈呂不韋，竟可爲秦莊襄王謀復國。（時莊襄王質於趙，呂不韋賈於趙，呂助其復國。不韋嘗納邯鄲姬，有娠，獻之莊襄王，生子政，是卽後之始皇帝。）又如陶朱公（范蠡）可以助國復仇。他如戰國時以鹽起家之猗頓，以冶鐵起家之郭縱，無不富埒王侯，勢力極大。凡此所載，均可見當時富商地位之甚高也。

第三　周代之都市已勃興——商業既發達，都市自然勃興。當時之臨淄、邯鄲、陶、大概皆爲商業之要鎮。蘇秦述臨淄之市況，謂：「臨淄之途車轂擊，人肩摩，連衽成帷，舉袂成幕，揮汗成雨。」據此，卽可見當時都市之繁榮現象也。

第三節　商業發達後之反動——抑商政策

漢代重農抑商之原因

自周以來，商業發達，富豪人數大增，加之周末井田制破壞，富商每以經濟力量剝削農民，於是形成「富者田連阡陌，貧者無立錐之地」之現象。漢初爲救濟社會貧富懸殊起見，遂實行抑商重農之經濟政策。當時抑商政策之見於施行者，約有五事：

抑商之事實

1　加重商人租稅。（例如算賦，商人須加倍。）

歷代皆重農抑商

2 賈人不得衣絲乘車。

3 商賈不得爲官。

4 商賈不得名田。（名田，占田歸己也。）

5 商賈與罪人贅婿同爲賤民。

至漢武帝時，更以筦榷政策（筦鹽鐵榷酒酤），以防止富商之壟斷。自漢以後，歷代幾均以重農抑商爲其經濟政策如晉代「欲使力農，故重征商稅」隋文帝禁止工商不得仕進，唐高祖定工商雜類不與於仕伍，明代更頒賤商之令，凡此，皆傳統之抑商政策也。我國工商業之不能發達而始終以農業爲社會本位經濟者，其原因固多，而受抑商政策之影響，要亦爲最大原因之一。

第四節　中西通商

國內商業，雖受政府之抑壓，不能發達，然隋唐以後，國際間之商業，則極爲繁盛。茲分述之：

中西通商始於東漢與大秦國之交通

1　中西通商之始　漢武帝時，張騫使西域後，國際商業雖已發生，然當時往來之國，僅限於亞洲，尚未與歐洲發生關係。中國與歐西之交通，當始於漢桓帝時（公元一六六年）。其時大秦國（即羅馬）之國王安敦（Marcus Aulerius Antonius），曾遣使由海道來中國，獻象牙玳瑁等物，以求漢之絹布。漢以後中西交通不振，中西商業，亦因此未能發達。

唐代中西通商之情形

市舶使

2　自唐至明末之中西通商　唐初四方經略之結果，版圖擴大，中西通商，因此大盛。其時來通商者以大食人為最多，此外則有猶太人與波斯人由陸路來通商者，以武威與張掖為互市中心；由海路來者以廣州為中心。唐代政府以中西商業發達，遂於武威等處設「交市監」以主其事，於廣州則設「市舶使」以徵關稅，是為我國海關制度之濫觴。惟當時徵稅，尚未知以關稅政策保護國家貿易，觀於唐文宗之詔，即可知之。文宗詔曰：「南海蕃舶，本以慕化而來，固在接以恩仁，使其感悅。……聞比年長吏，多務徵求，嗟怨之聲，達於殊俗。……思有矜恤，以示綏懷。……除舶脚收市進奉外，不得加重稅率。」此亦足見中國民族性之寬宏，與對待異族之仁厚矣。

唐代待外人之寬厚

宋代中西通商之情形

宋承唐後，海上貿易仍極發達，通商地除廣州外，杭州與泉州之貿易亦盛，宋仿唐制，於各地亦設提舉市舶司徵收關稅

元代之中西通商

元代抽稅即有保護稅則之意義

蒙古興起，版圖跨歐、亞兩洲，中西交通頻繁，通商因之亦盛，元代市舶司之抽稅，且規定土貨單抽番貨雙抽之辦法，隱合今日「保護稅則」之意，元於泉州、上海等地均設市舶司徵收關稅，而上海之繁盛亦自元代始

明代之中西通商

明初於廣州、泉州等地亦設市舶司，明成祖後，因鄭和下南洋之關係，中國與南洋諸國貿易特盛，華人因經商而殖民於南洋羣島者極多，迄至今日，華僑尚握有南洋之商權

明末中西通商局勢之變動

3　明末以後之中西通商　自唐至明末，其間八百年之中西商權，皆握於大食人（即阿拉伯人）之手。自明末葡人發見由歐洲直達印度之新航路後，中西通商局勢，始爲之大變，大食人之海上霸權，從此遂爲西歐葡、西、英、法、荷諸國所奪。明武宗正德十一年（公元一五一五年）有葡人拉斐爾比斯羅德（Rafael Perestrello）附船舶來中國之

葡人租澳門

廣州，尋復詣寧波等處互市。至明世宗嘉靖間（公元一五三五年），葡人且租我澳門，爲其經營東方貿易之根據地。繼葡人來中國通商者，則爲西、荷、英、法諸國之人。清初以持閉關

清廷開海禁

主義，英、荷諸國，尚未能暢與中國通商。至康熙二十三年（公元一六八四年）清廷大開海禁後，於是英、荷、法、西諸國與我國貿易始見發達，從此我國遂成爲列強角逐之場所矣。

第五節　近世中國商業之破產

中國商業破產之原因

自海通以來，資本主義者挾其傾山倒海之力量侵略中國，而清廷不知此種非常之變局，仍本其顢頇苟安之政策以應付之，結果遂節節失敗，首則有不平等之南京條約之締結（一八四二），繼則有一八五八年之天津條約，一八九五年之馬關條約以及一九〇一年之辛丑條約之締結。中國因受此種不平等條約之束縛，於是關稅不能自主（始於南京條約）關稅既不能自主，於是外貨充溢，國貨滯銷。同時列強根據條約，在中國建立工廠（始於馬關條約），以中國之原料，用中國之人工，製成商品，轉售於中國人，而藉以壟斷中國市場，結果國貨被外貨排斥，而所謂商業亦無異代外商售貨而已。中國商業至此地步，實等於破產。試觀近數十年海關入超數字之增加，即可見我國工商業之破產達如何程度也（民國二十二年度之入超竟超過五萬萬元，歷年入超細數，可參看申報年鑑）

第六章　工業

第一節　中國之手工業

工業爲生活之基礎，因人類生活之進化，全賴工業爲其動力。如古代無網罟之發明，即無從漁獵；無耒耜之發明，即無由耕種，似此，則漁獵時代，即已有粗笨手工業之發明，易繫辭謂：「庖犧氏作……結繩而爲網罟，以田以漁……神農氏斲木爲耜，揉木爲耒……黃帝、堯、舜氏作……刳木爲舟，剡木爲楫……斷木爲杵，掘地爲臼……弦木爲弧，剡木爲矢。」凡此所謂網罟、耒耜、舟楫、杵臼、弧矢，皆爲中國古代之工業。迨乎殷代，中國手工業始大有進步，當時之工藝品，就食器言，已有鼎、彝、敦、卣、爵、斝、盉、觚等器具之製造；就土木言，已有宮、室、宅、家、牢、圂等建築；就紡織言，已有絲、帛、衣、裘、巾、幕、斿旂之製造；再就武器方面言，則有弓、矢、彈、箙、弋、戟、函、殷等之製造。（詳見郭沫若之中國古代社會研究）殷代工業

殷代手工業之進步

雖已進步，然尚未臻于專藝化，當時之工業，爲人人所當爲者。至周代興起，社會進化，生活繁雜，於是工業始專業化。攷工記謂：「凡攻木之工七，攻金之工六，攻皮之工五，設色之工五，括摩之工五，搏埴之工二」據此可知周代分工之精細，與夫工業之有進步矣。惟中國工業，數千年來皆以「手」爲生產之動力，而毫無改進，故中國工業，自古迄今，終無若何長足進步，而始終停滯于手工業時代，茲僅將最重要之手工業數項，分述於次：

周代工業之專業化

1 機械　三國時諸葛亮製連弩、木牛、流馬；馬鈞製綾機、翻車；南齊時祖冲之作千里船；唐時曹王皐造輪艦；此皆爲中國有名之機巧工藝，惟以社會對工藝不講求，于此等機械之製造，皆不能流傳。

2 蠶絲　相傳黃帝元妃嫘祖始教民育蠶，治絲以製衣服；此後歷代對於蠶絲，均極重視。自唐以後，絲織物爲出口貨之大宗。至于中國育蠶取絲法之傳入歐洲，約在公元六世紀東羅馬時代。（西史稱查士丁尼帝，輸入蠶絲，即在此時）。

蠶絲法之傳至歐洲

3 紙　紙之發明，始于漢之蔡倫，稍後中國造紙術傳入西域之樓蘭，八世紀傳至阿拉伯，十世紀傳至埃及，十二世紀中國造紙術始繞非洲傳至歐洲西班牙法蘭西，從此

造紙術之傳入歐西

盛行于歐洲（詳見東方雜誌第二十八卷第十四號竺可楨之近代科學與發明）

磁針之傳至歐洲

4 磁針 中國人之發見磁針，遠在黃帝之世，至北宋時，指南針之使用始盛。十二世紀時傳至阿拉伯，由阿拉伯傳入歐洲，而成爲歐人發見新航路新大陸之利器。

5 瓷器 古代僅有陶器，至于瓷則始于唐。瓶花譜云：「古無瓷瓶，以銅爲之，至唐始尚窰器」。宋代，瓷產漸廣，有柴窰、官窰、哥窰、吉州窰等名，產品均甚優美，而景德鎮所產尤爲精良。

北宋時已知製造火藥

6 火藥 火藥之製造，起于何時，雖不可攷，惟中國北宋時，已有成法（宋時官書武經總要載有火藥製造法）。南宋（公元十二世紀）虞允文曾用紙包硫磺、石灰，做成霹靂砲攻敵。南宋以後，中國多以火藥爲武器，而製造益多。至于火藥之傳至歐洲，約在十四世紀時。

宋畢昇發明活版印刷術

7 活版印刷 中國印刷術，始于唐末益州之墨版，（見朱昱猗覺寮雜記）至五代及宋，始見流行。北宋仁宗時（公元十一世紀前半期）布衣畢昇更發明活字版，（詳見宋沈括夢溪筆談）歐洲活字版始於十四世紀後半期，後于中國三百餘年，現雖未能斷定從中國傳去，然以當時中西交通之盛而論，當亦有傳至歐洲之可能。

第二節　中國之新式工業

歐洲之工業革命

十八世紀中葉以後，英國有紡織機、蒸器機、機關車之發明與應用，于是以前之手工業遂被推翻，機械工業代之以起，此種現象，史稱之爲工業革命。十九世紀後此種運動，先後波及世界各國，于是世界各國之工業皆新式化。

中國有新式工業之始

中國之有新式工業，則始于清朝之同治四年（公元一八六五年）。其時李鴻章以容閎所購歸之機器，設江南製造局於上海之龍華。（即現在之上海兵工廠）同治九年（公元一八七〇年），又設機器局於天津。

中國工業之兩次抬頭

中國自同治間興辦新式工業以來，迄今將近七十年，進展極少，其間僅因兩次機會，略有進步。第一歐戰期間，各國工商品製造減少，供給缺乏，於是中國工業遂乘機而有進展，第二，民國十四年「五卅事件」激勵民族反抗帝國主義之情緒，相率不購外貨，于是中國工業又乘機而稍抬頭。中國工業，雖先後得有發展之機會，然始終未能有長足之進步，究其原因，約有五點：

中國工業落後之原因

第一　由于近數十年來政治紊亂之關係。

第二　由于關稅未能完全自主，外貨暢銷內地，國貨因之滯銷。

第三　由于外人依據不平等條約，在我通商口岸自由設廠，外人以其雄厚之資本、及新巧之技術，利用中國之廉價勞工與原料，對我萌芽初苗之弱小工業，加以壓迫。

第四　由于發展產業上最重要之基本工業，如銅、鋼、鐵、煤、煤油及機械製造等重工業，未能確立基礎。

第五　由于一九二九年世界經濟恐慌爆發後，各國工業品在中國競爭傾銷之影響。

第三節　最近中國經濟建設運動

有上數因，不獨中國之重工業未能發展，即近年稍有發展之輕工業，亦爲之衰落。中國之工商業既於此枯衰，如欲復興民族，解決民生問題，實應以振興中國之工商業爲急務。蔣介石先生有見及此，去年（二十四年）四月一日（時在貴陽）遂倡導「國民經濟建設運動」。此種運動之內容，被規定爲：

「此國民經濟建設運動，乃以振興農業，改良農產，保護礦業，扶助工商，調節勞資，開闢道路，發展交通，調整金融，流通資金，促進實業爲宗旨。」

國民經濟建設運動之目標

國民經濟建設之目標，既經規定，惟望當軸，努力以赴，果得成功，則此種經濟建設運動，當爲中國經濟史中最光榮之一頁。

（二十四年雙十節蔣介石先生發表國民經濟建設運動之意義及其實施一文，刊登各報，可供參攷）

第七章　貨幣制度

第一節　傳疑之古代貨幣制

貝爲原始之幣

「貨」爲珠貝等自然物，說文：「貨、貨財也，從貝化聲。」古時貿易，卽以貝代錢，故貝爲我國原始貨幣。至於以金屬爲幣，相傳始於黃帝之「范金爲幣。」其說是否可信，當是問題，卽黃帝以後殷代以前之貨幣制度如何亦不可確知，故漢書食貨志謂：「凡貨、金錢布帛之用，夏、殷以前，其詳靡記云。」

周代之幣制

大抵中國有眞正一定之貨幣制度，應從周始。漢書食貨志：「太公爲周立九府圜法。黃金方寸而重一斤；錢圜函方，輕重以銖。」（二十四銖爲兩）據此，可知周代幣制已略具規模矣。

第二節　自秦漢至隋之幣制

秦併中國，幣制爲二：黃金以鎰計，銅錢重半兩。漢興，以秦錢笨重難用，遂更鑄莢錢，（民間亦可私鑄）重三銖。黃金不以鎰計，而以斤計（二十兩爲鎰），即以一斤爲一金。文帝時以莢錢多而輕，因又鑄四銖錢（上有半兩二字）。至武帝時，乃鑄五銖錢。五銖得輕重之中，其後遂行之不廢。武帝因國庫空虛，又以白鹿皮爲幣，値四十萬，是爲後世通用紙幣之先聲。王莽稱帝，立意復古，廢五銖錢，而更作金、銀、龜貝、錢布之品。後以民間不便，仍私用五銖，莽雖力禁，無更於俗。迄光武中興，復行五銖，人民稱便。此後魏、晉、南北朝均通用五銖錢，惟各代鑄錢之輕重略有差異而已。

漢代之鑄五銖錢

白鹿皮幣

王莽之改幣制

魏晉南北朝行通用五銖

第三節　隋唐之幣制

隋初亦鑄五銖錢，重如其文。唐興，廢五銖錢，鑄「開元通寶」。至肅宗時，戶部侍郎第五琦以國用不足，幣重貨輕，乃請鑄「乾元重寶」，以一當十，與開元通寶併用。既又鑄重輪乾元錢，一當五十，貨幣貶值，物價騰貴；有斗米至値七千錢者，於是民生困苦，唐室亦因此亂亡。唐以前，五銖錢最通行，至唐代則開元通寶爲最通行，終唐之世，而不能廢。唐憲宗

唐鑄開元通寶

唐代鑄乾元錢後貨幣貶值

時，因錢之缺乏又有所謂「飛錢」者發生當時商賈至京師委錢諸路進奏院及諸軍諸使富家，以輕裝趨四方合劵乃取之號曰「飛錢」，是爲後世匯票制之始。

唐之飛錢爲匯票之始

第四節 宋元明之紙幣

中國幣制，至宋代有一大變動，即紙幣之通行。元、明承其制，亦通行紙幣，茲分述之：

1 宋代之紙幣 紙幣之法，濫觴於漢武帝時之「鹿幣」，（唐之「飛錢」並非紙幣，實係匯票）。惟正式以紙幣爲通貨，則始於宋之「交子」。宋代本銅錢、鐵錢並用，後蜀人以鐵錢重，私爲紙幣，謂之「交子」，以便貿易，每一交計錢一緡。後交子不能兌現，爭訟時起，於是轉運使薛田請改爲官發，禁民私造，特設「交子務」以主持其事。其後全國皆行交子，又名「引錢」。南渡以後，更有「會子」「關子」，惟以濫發不能兌現之關係，以致價格大落，一緡僅值錢十餘文。

宋代交子始爲正式之紙幣

2 元明之紙幣 宋代行鈔，然仍鑄錢，至元、明則專用官鈔。元世祖時發行「中統交鈔」，而以銀子爲其母。（「中統交鈔」一貫即一千文等於銀半兩。）其後又有至元鈔（至

元代之交鈔

元鈔一貫等於中統鈔五貫）與至大銀鈔（至大銀鈔一兩等於至元鈔五貫）。惟以鈔票濫發，故鈔價亦大落。

明初廢鈔法繼後行之

明興，以鑑於元代鈔法之弊，太祖曾一度停止鈔法而鑄洪武通寶，其後惟以需費太多，國家無力負擔，於是復行鈔法，且禁民間使用金銀。然自元以來，民間樂於用銀，而不樂於用鈔；又加之鈔票濫發，價格大落，如是明代鈔法亦不能維持。明末以後，遂一意用銀，鈔法乃廢。

紙鈔盛行之影響

宋、元、明為鈔法盛行時代，其時人民無不受紙鈔之影響而困苦，因鈔票濫發不兌現，票價遂貶值，物價遂騰貴，生活遂增高，故人民坐受其害。

第五節　清代之幣制

清之制錢

清自入主中國以來，每帝紀元，必鑄錢以充民用，著於典例；永之易也。凡所鑄皆曰制錢。

清代銅銀並用

至光緒朝始行銅元。至於舊時所用銀子，亦與制錢相權濟，故清代貨幣可謂銅、銀並用，惟銀塊重量不一，成色不均，行使之時，每多不便。

清代之銀幣

光緒時設廠鑄銀幣，分一元半元二角一角四種。後各省多開廠自鑄，以致成色不一，價格差異，行使頗多不便。光緒末年，外人在中

清之設大清銀行

國設立銀行，發行紙幣，充斥各地，清廷為救濟計，亦仿其法，設立大清銀行，發行紙幣，兼營銀行各種業務（外國銀幣之輸入，當以墨西哥銀洋為始，因明末西班牙人來中國通商，故將其銀洋傳至中國。）

第六節　國民政府之幣制改革令（通貨管理政策）

民國幣制之紊亂

民國幣制，多仍清舊，惟自軍閥割據以來，幣制愈不統一。軍閥割據一省，形同一國，即擅自印發紙幣，鑄銀元，鑄銅幣，成色份量，各省不同，故甲省之幣，不能行於乙省。如遇軍閥下野，則其所發之紙幣，亦繼之而倒。民國以來，人民所受銀行倒閉之影響，而傾家蕩產者，實不可數計。

外幣之充斥

同時外國紙幣，復充斥各地，政府以受不平等條約之束縛，無法取締。

外國銀行之操縱金融

不獨未能取締其業務，而中國全國之金融權，幾盡為外國銀行所操縱。（如匯豐銀行等）所幸最近數年來，政府對貨幣政策，極為注意，而有所改革。二十四年十一月三日財政部所發布之改革幣制令，即其最重要者。因其重要，特詳述之：

改革幣制之原因

1　改革幣制之原因　改革幣制令，爲我國數千來一極重要之事，致其所以實行此種政策之原因，最重要者有下列三點：

第一　挽救經濟恐慌　自一九二九年世界經濟恐慌爆發後，世界各國均相繼採用通貨膨脹方式，以貶抑幣價，冀對內抬高物價，對外推廣出口貿易。英國於一九三一年起，即實行此種政策，而大著成效。其後日、美等國相繼停止金本位，實行通貨膨脹，亦莫不大著成效。結果中國受外幣貶值之影響，中國貨幣對外匯價因之騰貴，於是我國之出口貿易大受打擊，而外國貨物之進口則有增無已。今假定以民國十八年我國出口貿易額爲一百，則十九年爲百分之八八；二十年爲百之八九；二十一年爲百分之四九；二十二年爲百分之三八。據此，可知外國實行貨幣管理政策後，所加害於我國出口貿易者爲如何也。無已，我國因亦採貨幣管理政策，抬高物價，貶低幣價以抵制之。

美國之購買白銀

第二　防止白銀之外流　自美國於一九三四年六月起，在國外購買白銀後，世界銀價，因此日益高漲，中國白銀，於是大量流出。計自一九三四年七月起至十月中旬止，三個半月之間，中國白銀流出，達二萬萬元以上（據財政部之報告）此後政府雖徵收銀子出口稅及平衡稅以杜止白銀外流，然以海外之銀價愈高漲，而終不能防止白銀出口。政府因不能再袖手旁觀，故發布幣制改革令，收白銀爲國有，以防止其外流、（以上參看東方雜誌三十二卷夏季特大號，馬寅初之經濟恐慌與中國，與三十二卷第二十三號張素民之幣制改革之意義及其影響）

第三　統一幣制　我國幣制之紊亂，已如上述，政府爲澈底改革而樹立統一之幣制起見，故發布幣制改革令。

幣制改革令之內容要點

2　幣制改革令之內容及其意義　幣制改革令中所包括之要點，大約如下：

第一　規定中央、中國、交通三銀行之紙幣爲法幣，禁止行使現銀幣。

第二　其他各銀行之紙幣，暫准行用，惟不得增發，財政部並得酌定期限逐漸以中央鈔票換回之。其各發行紙幣之銀行之準備金，亦須悉數交出。

第三　所有銀錢商號、公私團體及私人之保有銀幣及生銀者，概應按照面額，對換法幣。

第四　中央、中國、交通三銀行，無限制買賣外匯。

總上所述，可知此次改革幣制之意義，要不出下列四點：

改革幣制之意義

一　暫時放棄銀本位，以免通貨緊縮，並藉以挽救因通貨緊縮之影響而發生工商業衰枯之現象。

二　統一發行鈔票權，以免紙幣濫發，並藉以統一幣制。

三　集中白銀國有，以防白銀外流，而保持國家財富。

四　實行管理通貨，以安定外匯，穩定物價，並藉以防止外貨之傾銷。

總之，此次幣制之改革，實爲中國經濟上自救之唯一方策，故自實行以來，經過尚好。假以時日，對於中國經濟恐慌之挽救，當可著相當之成效也。

第二編　政治史

第八章　政體之演變

第一節　部落政治

黃帝前後之部落政治

近世社會學家，謂人類有社會政治生活，始於部落時代。其時每一部落，各有酋長以統率其部衆。此種酋長，係由部落中之成員選舉而來，其地位，不能父子相繼。我國自黃帝至堯、舜，大概即爲部落政治。尚書堯典謂，堯禪舜，舜禪禹，均須問於四岳（四方之諸侯）十二牧，得四岳十二牧之推舉後，始能踐天子位，此種推舉，古史稱爲「禪讓」，其實即爲部落會議公推酋長之故事。

第二節　封建政治

部落政治之崩潰

周行封建制之原因

自夏禹王開君位傳子之局後，部落制度逐漸破壞，惟自夏至周初，各地諸侯勢力仍大（即當時之部落），如湯之伐桀，武王伐紂，均須諸侯咸服，始能踐天子位。周武王鑑於各部落勢力之大，恐釀成尾大不掉之局，遂乘滅殷之餘威，建立一封建諸侯之制度，分封功臣子弟，用以控制舊有之諸侯，而爲王室之屏藩，至此我國政治始走入封建階段，而眞正有國家之組織。茲將封建制度，分述於后：

封建制度之內容

1　周代封建制度之內容　周代封建制度，組織嚴密，凡諸侯之爵位、封土、軍隊，無不有一律之規定。如：

諸侯之等級，則分公、侯、伯、子、男五等，其下尚有附庸。

諸侯之分土，則規定公侯百里，伯七十里，子男五十里，附庸則不足五十里。

諸侯之軍制，則規定大國三軍，次國二軍，小國一軍。

諸侯朝覲，則規定凡各國諸侯，每年必須親向天子報告其所行政事一次，此種報告，謂之「述職」，亦稱朝覲。如諸侯一年不朝則貶官，二年不朝則削封土，三年不朝則加討伐。

諸侯之卿相，大國設卿相三人，均須由天子任命；次國三卿，二卿須由天子任命；小國二卿，由諸侯任命。

封建組織既嚴，天子與諸侯之關係，益爲密切，天子遂成爲諸侯之君主。

周代之貴族政治

2　周代封建政治下之貴族階級　西周行封建政治，係以「親親立國」，故當時貴族握有政治大權。如王朝之內，周、召二公世爲輔政，而周、召皆周之同姓；又如平王東遷，則晉、鄭二國是輔是依，而晉、鄭亦周之同姓。由此可知周代封建政治之大權，實操於貴族之手，故周代政治亦可稱爲貴族政治。

宗法之組織

3　周代封建政治下之宗法　所謂宗法，即周代嫡庶繼承爵祿之辦法，因周代分田制祿，故不得不有此種繼承辦法之規定。其制：「別子爲祖，繼別爲宗，繼禰者爲小宗。」其意即謂諸侯所受封於天子之爵祿，規定由其嫡長子繼承，其他庶子（即所謂別子）則另給以土地，自成一家而爲祖。此「別子」死後，其土地則由其嫡子繼承，謂之大宗，即所謂「繼別爲宗。」「別子」之庶子（即所謂禰）亦只能另給以土地。禰死後，其土地，亦由其嫡長子繼承，謂之小宗，即所謂「繼禰者爲小宗。」大宗百世不遷，小宗五世一遷，遷後，由其大宗收其族衆，由是小宗敬大宗，大宗敬國君，國君敬天子，層層相屬，故周代亦稱爲宗周。

宗法與封建

此種制度，不獨解決天子與諸侯之承繼問題，且奠定封建制度之基礎，因天子以此種宗法制度用之於政治，使中央王室與同姓諸侯形成一個大規模之家族，而藉以加緊封建制度之聯繫。

宗法圖

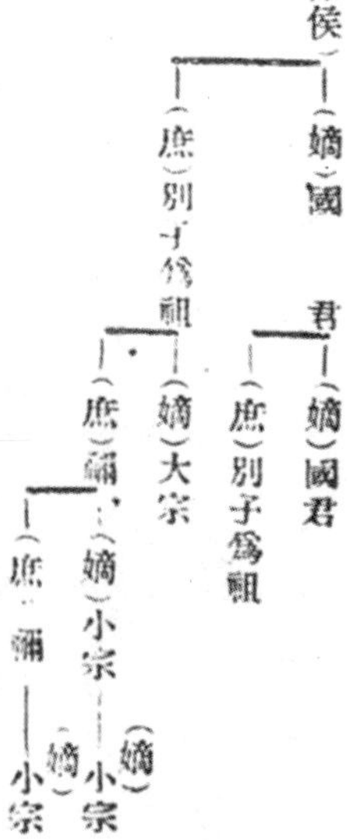

第三節　秦以後之君主專制政體

專制政治始於秦

周代封建制度，自東周以來，因諸侯戰爭兼併，漸趨破壞，秦始皇統一中國，則正式廢封建，行郡縣。中國政治制度乃別開一新局面，而形成一種定於一尊之專制政治，迄至清末，無稍變動。茲將秦以後之專制政治分述於后：

秦廢封建分天下爲三十六郡

1 秦之廢封建行郡縣 始皇帝統一中國之後，王綰等以燕、齊、楚地遠，請立諸子爲王，帝下其議。李斯亦以爲置侯之不便，乃分中國土地，或從其故國規劃，除內史外，列郡三十有六，均直隸於皇帝，於是郡縣制度遂確立。至於始皇帝所以廢封建行郡縣之原因，約有兩點：

秦廢封建之原因

第一 秦之先祖處西陲之地，其民族多雜戎種，對周代之家族宗法觀念不深，難行封建政治之社會基礎。

第二 始皇帝鑒於周代以行封建釀成羣國紛爭之局面，而終取滅亡，故決意廢封建爲郡縣。

漢代創行郡國制之原因

2 漢之郡國制 秦亡漢興，折衷周、秦之政治制度而創行郡國制，所謂郡國，即封建之國與郡縣並行，因漢代一方鑒於周以行封建而不振，一方鑒於秦以廢封建而速亡，故折衷兩法并行之，其意在使封建之國，與直隸中央之郡縣相雜處，以收互相控制之效。秦廢後之封建至是復活。

漢行封建，始則封功臣，繼則封同姓，且定「非劉氏不王」之制。及後同姓諸王勢力增大，漢景帝因用鼂錯之言，削諸王之封地，結果遂釀成七國之亂（吳、楚、膠西、膠東、淄川、趙、濟南），亂平之後，中央對各國諸侯，不得治國，更名諸侯丞相爲相，他官皆損其員，又留列侯於京師，不使就國，漢之封建，遂亦名存實亡矣。

（漢復封建之流弊）

（七國亂後漢代封建名存實亡）

6　晉明之復封建及其禍亂　晉武帝司馬炎即位之初，懲魏曹以孤立而速亡，於是大封宗室諸王，授以職任，分治已土，選吏擁兵，無異獨立，是爲中國封建制度之第二度復活。軍權既假，禍亂繼之。武帝死，惠帝立，皇后賈氏弄權，於是激起所謂八王之亂，終致釀成五胡之亂華，晉室亦即因此而亂亡，封建制度乃於茲又告一段落。（所謂八王即：汝南王亮、趙王倫、楚王瑋、成都王穎、河間王顒、長沙王乂、齊王冏、東海王越。又有以梁王肜、淮南王允合楚、成都、河間、長沙、齊、東海諸王稱爲八王者）。

（晉武帝復封建）

（晉復封建之流弊）

迨乎明代，封建制度再復活。明太祖定中國之三年，懲宋元孤立，失古封建意，於是擇名城大都，預王諸子，待其壯，而遣就藩服，藉以外捍邊陲，內資夾輔。諸王選吏擁兵，權勢甚大。太祖死，皇太孫允炆即位，是爲惠帝，其時黃子澄、齊泰力主削藩，卒釀成燕王棣之舉兵。燕王指齊泰、黃子澄爲奸臣，請入清君側，遂自稱其兵曰「靖難」，結果燕王入南京即帝

（明太祖復封建）

（明復封建後之流弊）

位，是為成祖，此又為明代復行封建後所釀成之變亂也。

第四節　民主政體之誕生

中國歷史上之倡民權論者

孫中山先生建立民國

自秦至清之末，皆為君主專制政體，前已言之。惟數千年來，中國人民雖處於專制淫威統治之下，然中國政治學說，則多主「民權」。孟子之倡「民貴君輕」，鮑敬言之懷疑君主制度，以及明末黃宗羲之否認君主政治（見原君）皆為提倡「民權論」之代表人物。迨清末歐美民主思潮輸入中國，於是民主思潮，益為澎湃，孫中山先生有見及此，遂以建立「民國」定為黨綱之一。辛亥義旗一舉，民族革命固得成功，民主政治，亦由是而誕生，數千年君主專制之局，於茲告終，是誠中國政治史上之一新紀元也。

第九章　中央官制與中央政權之轉移

第一節　傳疑之古代中央官制

唐、虞以上，相傳有五官之建（春官、夏官、秋官、冬官、中官），其說實出後人之附會，不足置信。唐、虞以後，年代較近，分職漸明，經傳所載，稍可徵信。茲將唐、虞、夏、商、周諸朝之中央官制，略述於次：

唐虞之九官

1　唐虞之中央官制

設百揆總理庶政，堯之世以舜爲之；舜之世以禹爲之。

設司空，典司水土，以禹爲之。

設后稷，典司農事，以棄爲之。

設司徒，典司教化，以契爲之。

設士，典司兵刑，以皋陶爲之。

設共工，典司百工，以垂爲之。

設虞，典司山澤，以益爲之。

設秩宗，典司祭祀，以伯夷爲之。

設典樂，典司樂教，以夔爲之。

設納言，出納王命，以龍爲之。

夏代之中央官

2　夏代中央官制　夏代官制，史無詳文，所可知者，謂天子有三公、九卿、二十七大夫、八十一元士，然孰爲三公，孰爲九卿，不得知也。

商代之中央官

3　商代之中央官制

設六太，典司六典。（太宰掌治典，太宗掌禮典，太史掌教典，太祝掌政典，太士掌刑典，太卜掌事典。）

設五官，典司五事。（司徒掌教，司馬掌政，司空掌工，司士掌刑，司寇掌禁。）

設六府，典司六職。（司土、司木、司水、司草、司器、司貨）

設六工，典司六材。（土工、金工、石工、木工、獸工、草工。）

周代之中央官

4　周代中央官制——周代中央官之最重要者爲三公、三孤、六卿。

三公：即太師、太傅、太保，其下無官屬，無一定之職掌，僅坐而議政，官不必備，惟其人。

三孤：即少師、少傅、少保，爲三公之副，又稱孤卿。

六卿：即

冢宰　統百官，掌邦治。

司徒　掌邦教。

宗伯　掌邦禮。

司馬　掌邦政統六師。

司寇　掌邦禁。

司空　掌邦工。

六卿之下，各有官屬，分職任事。

第二節　自秦漢至南北朝之中央官制

中國官制到秦代始統一

中國官制，至秦代始統一，而漢制多沿秦舊，三國、兩晉、南北朝之中央官制，則又多沿漢舊，故秦、漢之世實爲中國官制第一次大改變時代茲分述之：

秦代中央官有三權分立之勢

1　秦之中央官制　秦代中央官，頗有三權分立之勢，其制：

設丞相總攬國家大政。

設太尉掌兵馬。

設御史大夫司監察（是爲中國有監察制度之始）

秦代官制不同於古

丞相之下，設九卿，分理政事（詳見另表，）統觀秦代之官名及職掌之規定，皆係新創，一掃古代之舊制。

漢代中央官

2　漢代中央官制　兩漢官制，亦稍有不同。前漢制度，皆襲秦舊，僅九卿之名略有更改而已。（詳見另表）後漢沿王莽之制，改丞相爲大司徒，改御史大夫爲大司空，而以司徒、太尉、司空爲三公，三公分部九卿，三公九卿制度由是確立。

三公九卿制之成立

此種九卿制度，沿及魏、晉、

九卿制之廢與六部制之成立

六朝無有更易。迄至北周，用蘇綽之議，仿周禮作六官，分司庶政，於是九卿之制廢，六部制代之而起。

漢代三公九卿表

- 司徒——轄三卿
  - 廷尉……掌刑法獄訟（與秦同）
  - 大鴻臚……掌賓客之事（即秦之典客）
  - 太僕……掌輿馬服御（與秦同）
- 太尉——轄三卿
  - 太常……掌祭祀（即秦之奉常）
  - 光祿勛……掌宮殿掖門（即秦之郎中令）
  - 衛尉……掌門衛屯兵（與秦同）
- 司空——轄三卿
  - 宗正……掌皇族宗籍（與秦同）
  - 大司農……掌錢穀出入（即秦之治粟內史）
  - 少府……掌山澤租稅（與秦同）

第三節　自隋唐至清之中央官制

中國官制一變於秦、漢，再變於隋、唐。秦、漢之制，魏、晉、六朝多襲用之；隋、唐之制，宋、元、明、清多沿用之。隋、唐中央官制之不同於秦、漢者，即由三公、九卿移至三省、六部（隋有五省）。

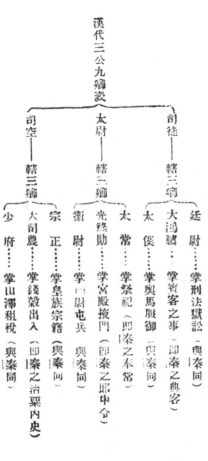

隋、唐雖亦有三師、三公之設，然不過徒擁虛號，並無實權。唐代三省、六部制，係因襲隋制加以變更而成者，隋之中央官制爲：

隋之中央官制

1 尚書省　事無不總，置令及左右僕射各一人，下置吏、戶、禮、兵、刑、工六部。

2 殿內省　掌宮禁服御之事。

3 門下省　掌獻納。

4 內史省　掌出納王命。

5 祕書省　掌圖籍著作。

唐之三省六部

唐代三省、六部則爲：

1 尚書省　總理政事，置尚書令一人爲其長，其下置左右二僕射爲令之貳。左僕射統吏、戶、禮三部，部有尚書。右僕射統兵、刑、工三部。（唐太宗親爲尚書令，其後無人敢爲是官，於是尚書令徒存其名，實際上左僕射便爲尚書省之長。）

2 門下省　置侍中爲其長，掌審查詔命。

3 中書（即隋之內史）　置中書令爲其長，掌出納王命。

唐代三省六部制

- 尚書省（尚書令爲其長，掌政事）
  - 左僕射
    - 吏部（尚書）
    - 戶部（尚書）
    - 禮部（尚書）
  - 右僕射
    - 兵部（尚書）
    - 刑部（尚書）
    - 工部（尚書）
- 門下省——侍中爲其長，掌審查詔令。
- 中書省——中書令爲其長，掌出納帝命。

宋之中央官

宋代中央官，亦行三省六部制，惟於六部之外，有另立專官以分六部之權者，如財政則有鹽鐵、度支二使與戶部合稱三司，分理其事。軍政則於兵部之上，又設樞密使，其權較兵部爲大。

元代僅存中書省

元代廢尚書、門下兩省，而以中書省總領庶政，樞密院統領兵事。其後中書令多以皇太子兼領，於是中書獨尊，六部俱隸入中書，每事必受成於中書令。明代自胡維庸之亂後，

明代廢中書省政權

廢中書省而析其權於吏、戶、禮、兵、刑、工六部，由是六部之權特尊，而三省之制始盡廢矣。明

[illegible]行於六部三省之制於今[illegible]

殿閣[illegible]

清代中央官仍明之舊

清末之新官制與六部制盡廢

代又設所謂「殿閣大學士」者，其初僅備顧問，不與聞國政。以殿名者凡四：即中極殿，建極殿，文華殿，武英殿。以閣名者凡二，即文淵閣，東閣。明仁宗後，閣權始重，班次在六部之上，惟是委任雖隆，而秩則止於正五品。明代之官，仍以尚書爲重，故明代大臣之銜署，必曰「某部尚書兼某部殿閣大學士」。

清代中央官制，除理藩院爲增設機關外，其外多仍前代之舊。清末葉，因外交頻繁，始設總理各國事務衙門，至光緒二十七年又改爲外交部。變法以後，改行新官制，設外務、吏、民政、度支、禮、學、陸軍、農工商、郵傳、理藩、法十一部。宣統元年，又增海軍部。於是自古以來之六部制度又盡廢矣。

第四節　民國以來之中央官制

民國初之中央官

民國成立之初，政府設官採三權鼎立制度：「立法」有國會，（分爲參衆兩院）爲議決一切法律及監督政府機關。「司法」有大理院、總檢察廳，爲全國最高司法機關。「行政」則以大總統爲首領，採取「內閣制」，以國務院爲行政總機關，由國務員（國務

袁世凱改官制

總理及各部總長）負其責任。二次革命後，袁世凱解散國會，實行總統制，改國務總理為國務卿，隸屬於總統府。袁氏死，黎元洪代理大總統，仍恢復責任內閣制。十三年段祺瑞為臨時執政，成立執政府，於是府院組織（總統府國務院）根本破壞，此北洋政府時代之中央官制也。

執政府

十四年七月一日，國民政府成立於廣州，採委員制，而以中央政治會議為最高指導機關。其時行政機關僅設外交、軍事、財政三部，部長由國府委員兼任之。十六年國府奠都南京，行政機關增為四部。此外有大學院、中央法院、法制院、中央法制委員會、財政委員會、軍事委員會等機關。十七年秋北伐告成，國內統一，胡漢民、孫科等自巴黎提議改訂五院制之國民政府組織法，是年十月通過法令公布之，是為五院制國民政府組織法之所由成。此後之國民政府，係由國民政府委員與五院組織而成，其各部則分隸各院之下矣。各院部曾於組織法公布後，即次第成立。（惟考試院至十九年一月始成立，監察院至二十年二月始成立。）此種五院制度，不獨為中國官制史上之一大變革，抑世界行政制度中之創舉也。茲將最近國民政府組織系統及各院所屬部會圖表如左：

五院制之成立

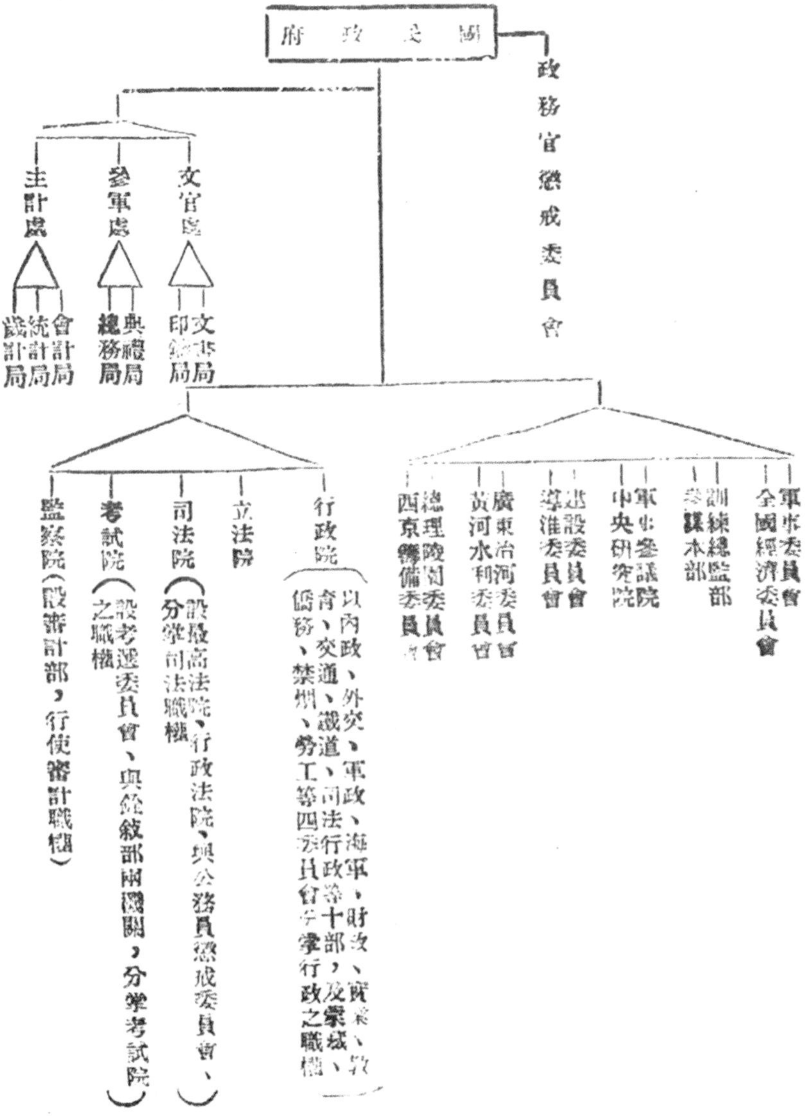
國民政府
政務官懲戒委員會
文官處
參軍處
主計處
文書局
印鑄局
典禮局
總務局
會計局
統計局
歲計局
行政院（以內政、外交、軍政、海軍、財政、實業、教育、交通、鐵道、司法行政等十部，及蒙藏、僑務、禁烟、勞工等四委員會，分掌行政之職權）
立法院
司法院（設最高法院、行政法院、與公務員懲戒委員會、分掌司法職權）
考試院（設考選委員會、與銓敍部兩機關，分掌考試院之職權）
監察院（設審計部，行使審計職權）
軍事委員會
全國經濟委員會
訓練總監部
參謀本部
軍事參議院
中央研究院
建設委員會
導淮委員會
廣東治河委員會
黃河水利委員會
總理陵園委員會
西京籌備委員會

第五節　歷代中央政權之移轉

秦代政治大權握于丞相

運用政治之樞紐，在於內閣內閣之名，雖起自明代，然秦、漢時之丞相，其權實與內閣等。秦代丞相爲「掌丞天子助理萬機」之官，其權力之大，可想而知，故當時中央大權實握于丞相之手。

漢武帝後大權漸移歸尚書

漢初丞相之權仍大，至漢武帝時天子親攬庶政，九卿用事，丞相之權乃輕，其後更置尚書，宣達帝命於丞相等，而以貴戚宦豎領其事；由是丞相與天子關係更疏，大權轉落於尚書。後漢光武懲於王莽以三公篡故，殺三公權，而專任尚書，由是三公成爲虛職，尚書竟爲實際上之宰相矣。

魏時權在中書

六朝之世權在侍中

魏文帝置中書令最有權，於是尚書之權，復移至中書。晉初更置尚書、門下、中書等三省，而門下之「侍中」，因掌侍從儐相之事，與天子極接近，於是門下省之權轉重，六朝之世，門下侍中掌詔令機密，由是大權皆集於門下省。要之，自秦迄六朝，中央政權爲丞相、尚書、中書、門下所迭掌

隋唐時代權在三省

加同中書門下平章事即為宰相

元代中書獨握大權

明中葉後殿閣學士握宰相權

軍機大臣代殿閣大學士握宰相實權

隋初，設尚書、門下、內史三省，同行宰相實權，由是中央政權，從一省獨掌，變為三省共掌。唐因隋制，以尚書令、門下侍中、中書令（三省之長官），共議國政，均為宰相。惟尚書令初為太宗所領，其後臣下無敢居是職，遂以次官僕射，改為尚書省之長官，與侍中中書令同為宰相。然以後又不甚眞除，僅就他官加以「同中書門下三品」，「同中書門下平章事」等名目，即為宰相。此制沿及宋代，無大改變。至元代撤廢二省，惟以中書獨握政權。明初仍元之制，設中書省以為宰相（其時稱左右丞相），後因宰相胡維庸之反，遂廢中書省，不設宰相矣。明中葉後，殿閣大學士漸握宰相實權。

清初以文華殿、武英殿、文淵殿、體仁閣大學士各一人與協理大學士二人，同掌政務，其制與明中葉後相似。雍正以後，因用兵西北，特設軍機處，其後軍機大臣，遂代殿閣學士而維宰相實權。清末改官制，設內閣總理，總攬國家大權，政權遂歸內閣。民國成立之初，中央大權集於國務院。十四年國民政府成立後，中央大權歸之國府，其後五院制度成立，大權則分於五院矣。

第十章　地方制度與地方權力之消長

第一節　傳疑之古代地方制度與地方官制

秦代以前，地方之分劃，以州爲標準，統治地方者，即爲各級諸候。相傳舜時分全國爲十二州，夏、商、周皆分全國爲九州，當時是否眞有此種整齊之地方制度，自是問題。茲將相傳虞、夏、商、周分州之情形，列表如左以代說明。

舜十二州	禹貢九州	爾雅九州殷制	周官九州	今地
1. 幽州 2. 冀州 3. 并州	1. 冀州	1. 兩河間曰冀州 2. 燕曰幽州	1. 正東曰幽州 2. 正北曰并州 3. 河內曰冀州	山西、河北與遼寧
4. 兗州	2. 濟河惟兗州	3. 濟河間曰兗州	4. 河東曰兗州	山東西部
5. 營州 6. 青州	3. 海岱惟青州	4. 齊曰營州	5. 正東曰青州	山東東部

7. 徐州	4. 海岱及淮惟徐州	5. 濟東曰徐州	無	山東南部及蘇皖
8. 揚州	5. 淮海惟揚州	6. 江南曰揚州	6. 東南曰揚州	蘇皖贛浙閩
9. 荊州	6. 荊及衡陽惟荊州	7. 漢南曰荊州	7. 正南曰荊州	兩湖與兩[illegible]
10. 豫州	7. 荊河惟豫州	8. 河南曰豫州	8. 河南曰豫州	河南
11. 梁州	8. 華陽黑水惟梁州	無	無	四川與雲貴
12. 雍州	9. 黑水西河惟雍州	9. 河西曰雝州	9. 正西曰雍州	陝甘

第二節 自秦至宋之地方制

秦之兩級郡縣制

秦興，廢封建，行郡縣，於是成立一種兩級之郡縣地方制度。最初分全國爲三十六郡，後平百越，增置四郡。郡之下有縣，惟縣令亦須由皇帝任命，縣政亦不必由郡轉，而可直接奏呈中央，故秦代郡縣制，名爲兩級，實爲虛兩級。

秦之地方官

至於地方官，郡置郡守，掌政治；置郡尉掌兵馬，置監御史掌監察；頗有三權鼎立之勢。縣則置縣令縣尉，分掌民事與軍事。

漢代地方制　漢代地方區劃較爲小　三級州郡制之確立

秦代地方制（廢兩級郡縣制）……中央——郡｛郡守（掌政治）、郡尉（掌兵馬）、監御史（監察）｝——縣｛令、尉｝

縣直隸中央不受郡轄

漢興，地方制度，改行郡國制，惟以秦郡之區域過大，改分全國爲六十二郡。郡置太守掌理民政，置郡尉掌兵馬。國有國相，以治理國政。郡國之下有縣，縣置縣令。武帝開邊以後，漢代領土頗有增加，於是增置郡國爲一百零三區（郡八十三國二十），而總之以十三州，除司隸校尉一州外，每州置刺史督察郡縣行政，並無實權，於是兩級之郡縣制，遂成爲虛三級之州郡制。漢末因平「黃巾」之亂，罷州刺史設州牧，增重其權，使其總攬一州民政、軍政、財政，統轄郡國，三級州郡制由是確立。

漢代地方制度（虛三級制）……中央→州（州刺史後改州牧）→｛郡（郡守）｛縣（縣令）、侯國（國相）｝、王國（國相）｝

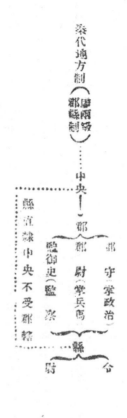

晉代地方制

晉初分全國爲十九州，州之下有郡國，郡國之下有縣，仍爲三級制。州設都督刺史，總攬一州軍民財政之全權，郡置太守，國置內史，縣設令。

晉代地方制（三級制）……中央→州（刺史）→{郡（郡太守）／國（內史）}→縣（令）

隋代地方制

隋初廢諸郡名號，改以州統縣，是兩級州縣制。隋煬帝時，雖改州稱郡，但仍爲兩級制。以州統縣時，州長官爲刺史，以郡統縣時，郡長官爲太守，名異而實同。總計隋盛時有郡百九十，隋之領土非大於漢，而其郡數多於漢者，實因隋代之政治區劃較漢爲縮小也。

隋代政治區劃較漢爲小

唐代地方制

唐初因山川形勢之便，分全國爲十道，玄宗時改爲十五道。道之下爲州府，州府之下爲縣。道置采訪處置使，爲監察官，非常設，故唐代名爲三級制，實爲虛三級制。府設府尹，州設刺史，縣設令。

唐代之六都護府

沿邊另設六都護府，以統轄諸羈縻府州。（六都護府：即安東都護府，治平壤；安北都護府，治金山；安西都護府，治龜茲；北庭都護府，治庭州；單于都護府，治雲中；安南都護府，治交州。）開元以後，節度使擅權，地方制儼然成爲實三級制度，而十五道之制，亦因此破壞矣。

附表

唐代地方制度（虛三級）……中央→道（觀察使或訪使）→州（刺史）／府（府尹）→縣（令）

宋代地方

宋代懲唐代及五代藩鎮跋扈之弊，實行中央集權，盡罷藩鎮，分全國爲十五路（後改爲十八路），猶唐之道，不常置長官。路之下爲府、州、軍、監，其長官爲知府事，知州事，知軍事，知監事。府、州、軍、監之下爲縣，縣有長。宋代地方制名爲三級，實爲虛三級。

宋代地方制度（虛三級）……中央→路（不常設長官）→
- 府（知府）→縣（長）
- 州（知州）→縣（長）
- 軍（知軍事）→或領縣或不領縣
- 監（知監事）→或領縣或不領縣

第三節　元代以後之地方制

元代地方制與行省制之始

元代以來，地方制度有一大變革，即行省制之設立也。元代設中書省於中央，管轄政治，惟以版圖遼闊，又分設行中書省十一，管轄各地，而略稱之爲行省，是卽爲今日行省制所自始。行省之下有路，路政府有總管；路之下有府，府有知府或府尹；府之下有州，州長官爲知州事；州之下有縣，縣有縣尹，是爲以省領路，路領府，府領州，州領縣之五級制度。惟府有總府散府之分，有統州縣者，有不統州縣者，其制度實雜亂已極。

明代地方制

明代因元之舊，改行中書省爲承宣布政使司，分全國爲十五區，十五區中，北直隸與南直隸以六部長官分理地方行政，其餘十三布政使司，則各設布政使理民政，按察使司糾察，都指揮使主兵柄，是謂三司。以布政使司統府州，以府州統縣。府設知府，州設知州，縣設知縣，是爲三級行省制。其後又於三司以上，設總督、巡撫等官，總攬軍民兩政。

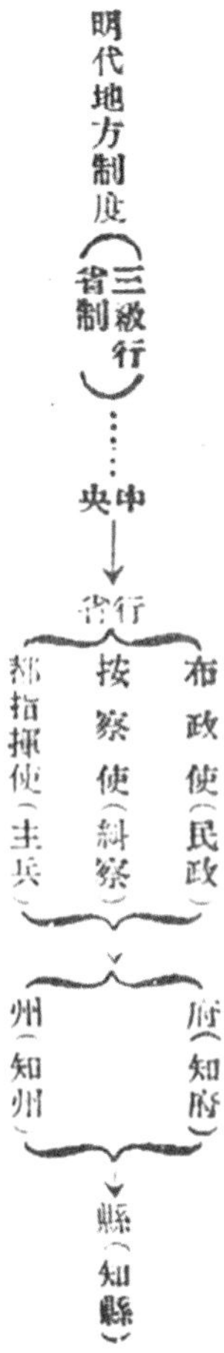

淸代地方制

淸代沿用明制，以總督、巡撫爲行省長官（分爲二十二行省）而以布政使、按察使與提督爲其屬吏。省之下有府、州、廳、縣。府設知府，州設知州，廳設同知，縣設知縣，大抵以省統府州，以府、州統縣。

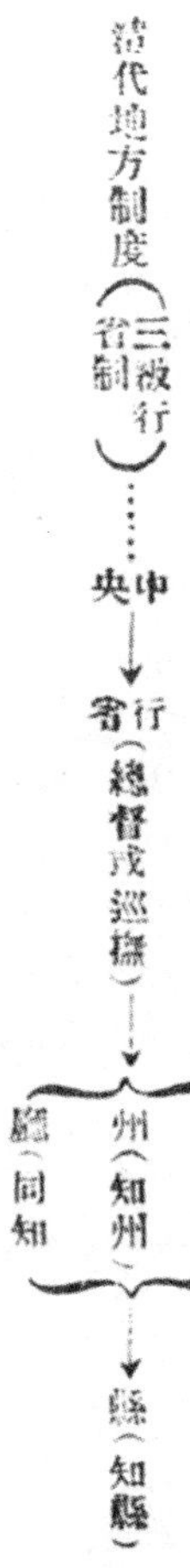

北京政府代之三級制

民國成立，各省都督爲一省行政長官，罷府、州、廳，以縣直隸於省，採兩級制。袁世凱當國，又分省爲道，設道尹，遂爲三級制。袁氏死後，一省設督軍以掌軍政，設省長以理民政。迨

國民政府成立後之地方制

國民政府成立，廢道存縣，採兩級制，各省政府亦仿中央制度，取委員制，組織省政府，設主席一人委員若干人，一省政務，分管於各廳，而總之於省政府。全國現分爲二十八行省，四個行政區（即威海衛、東省特別區、蒙古、西藏）。

第四節　歷代地方權力之消長

自西周行封建制度後，諸侯就範，天子獨尊，地方之權，已見殺減。惟自周平王東遷以

地方權力之消長爲歷代治亂之寒暑表

後，天子聲威大減，號令不出都門，於是形成春秋之紛爭，戰國之七雄，地方之權，遂超過王室。迄秦始皇統一六國，鑒於地方權重之弊，乃集權中央，郡縣官吏，無不俯首聽命。漢代地方權亦輕，惟自東漢末葉改設州牧後，地方權遂轉重，終釀成三國、兩晉、南北朝之軍閥專權局面。唐初鑒於漢末以來州牧跋扈之弊，乃厲行中央集權，行府兵制，輕刺史權，地方權轉輕。惟自玄宗設置節度使，委以兵馬財政之大權之後，地方之權復重，軍閥之禍復作，至五代而軍閥之禍更烈。宋太祖統一天下，集權中央，地方權遂輕，自唐以來之軍閥割據局面，乃告一段落。明太祖以厲行中央集權，地方之權亦輕，其後於三司之上設總督巡撫，地方權漸重。清沿明制，以總督、巡撫爲行省長官，而布政、按察、提督爲其屬吏，於是地方之權轉重。太平軍興，東南之事委諸曾、左、李諸人，其後曾、李皆以相臣資格出爲疆吏，地方之權更突過中央。民國成立，都督擁重兵，權勢極大，卒釀成二十餘年之地方軍閥之內戰，迄至最近，地方軍閥割據之局，始漸廓清。

統觀歷代地方權力之消長，即可知歷代之治亂，大抵地方權重時代，皆爲衰亂之世。吾人欲謀中國復興，當必剷除地方封建勢力，使大權集於中央。

第十一章　鄉治制度

第一節　傳疑之古代鄉治

古代鄉治根源於井田制

古代鄉治制度，係根據井田制度而發生。馬端臨文獻通攷謂：「昔黃帝始經土設井，以塞爭端，立步制畝，以防不足，使八家爲井，井開四道而分八宅，鑿井於中，一則不洩地氣，二則無廢一家，三則同風俗，四則齊巧拙，五則通財貨，六則存共守，七則出入相司，八則嫁娶相媒，九則有無相貸，十則疾病相救……故井一爲鄰，鄰三爲朋，朋三爲里，里五爲邑，邑十爲都，都十爲師，師七爲州……迄乎夏、殷，不易其制。」據此可知古代鄉治與井田制有深切之關係，換言之，鄉治卽以「井」——「八家」爲單位，惟井田制究起於何時，尙成問題，則黃帝之世是否有如上述之鄉治制度，亦不能斷言也。

周代之鄉治

迄至周代，鄉治制度始較可信，然其郊遂之制不同，所謂郊卽近王畿之地，所謂遂則

郊遂鄉制之不同

爲郊外之地，周禮載其制之內容爲：鄉以五家爲比，五比爲閭，四閭爲族，五族爲黨，五黨爲州，五州爲鄉。比有長爲下士，閭有胥爲中士，族有師爲上士，黨有正爲下大夫，州有長爲中大夫，鄉有大夫是爲卿。至於遂，則以五家爲鄰，五鄰爲里，四里爲酇，五酇爲鄙，五鄙爲縣，五縣爲遂。遂大夫、縣正、鄙師、酇長、里宰之官階較鄉官均減一級，而鄰長無爵。郊內立六鄉，郊外立六遂，總計凡六鄉、六遂。

鄉遂官吏之職掌

至於鄉、遂官吏之職掌略同，即（1）調查戶口，（2）徵斂賦稅，（3）徵民服役，（4）宣達王命，（5）敦睦鄉情。茲將以上所述鄉制，更列表如左：

周	郊制	（郊內六鄉）	：鄉（五州）←州（五黨）←黨（五族）←族（四閭）←閭（五比）←比（五家）
	遂制	（郊外立六遂）	：遂（五縣）←縣（五鄙）←鄙（五酇）←酇（四里）←里（五鄰）←鄰（五家）

家

第二節　春秋戰國時代齊秦兩國之鄉治制度

春秋以後，戰爭不息，各國鄉治，皆注重軍事。其時提倡軍國主義之鄉治最力者，厥爲齊之管仲與秦之商鞅。茲分述如左：

管仲之鄉治制度

1　齊之鄉治　齊之鄉治，係管仲所創，其立制之精神爲寓兵於民，欲以地方自治機關，兼及民政與軍政之事，即所謂作內政以寄軍令是也。茲根據管子所載，將其鄉制之內容及其與軍制之關係，列表如左，以代說明。

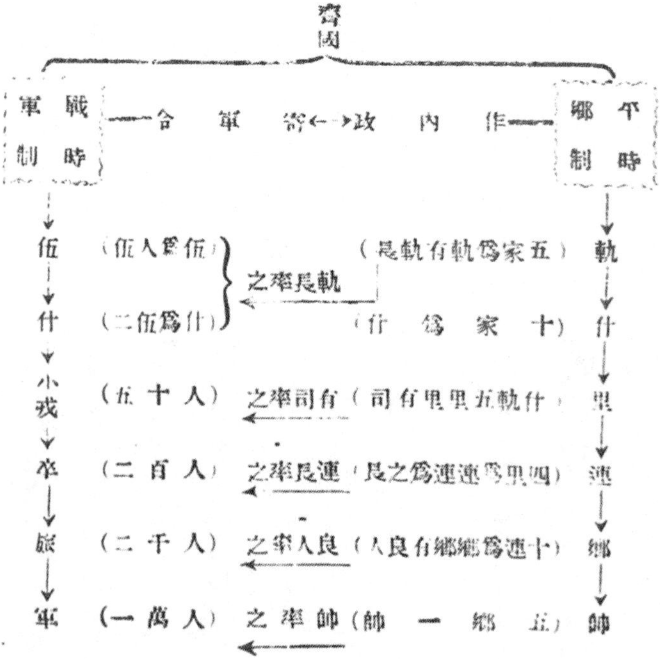

齊國分二十一鄉，工商之鄉六，士鄉十五。工商之鄉，專令治田供役，不使爲兵。士鄉十五，則家出一人爲兵，共得三萬人爲三軍。

商鞅之鄉制

2 秦之鄉治 商鞅爲秦孝公左庶長，定變法之令，使民爲什伍，規定五家爲保，十家爲連，一家有罪，九家舉發，不舉發，則十家連坐，此最早之連坐法也。告姦者與斬敵同賞，匿姦者與降敵同罰，有軍功者，各以率受爵，爲私鬥者，各以輕重被刑。此種鄉治制度，充份表示其軍國主義之精神，其後秦之所以强大，此爲主要原因之一。

第三節 秦漢之鄉治制度

秦漢鄉治之內容

秦漢之鄉制：十里爲亭，亭有長；十亭爲鄉，鄉有三老、嗇夫、游徼。三老掌教化，嗇夫職聽訟，收賦稅，游徼掌徼循，禁盜賊。漢書高帝紀「……舉民年五十以上，有修行，能率衆爲善，置以爲三老，鄉一人。擇鄉三老一人爲縣三老，與縣令丞尉，以事相教。」是漢代鄉吏，必擇年高德劭者充之，其所作所爲，當能符合鄉治制度之精神。惟漢代以後，鄉治精神全失，所謂里胥鄉正，皆成爲官衙之爪牙矣。

第四節　秦漢以後之鄉治制度

自漢以後鄉治制度，名存而實亡，雖有鄉吏之人，然無治理之效，茲僅將歷代之鄉治制度之組織略述如次：

晉制

1　晉制　每縣戶百以上皆置鄉，三千以上置二鄉，五千以上置三鄉，萬以上置四鄉，鄉置嗇夫一人；鄉戶每千以下置治書吏一人；千以上置佐吏各一人，正一人；五千五百以上置吏一人，佐二人。

唐制

2　唐制　百戶為里，五里為鄉，四家為鄰，三家為保，每里設正一人。在城市者為坊，置坊正一人。在田野者為村，別置村正一人，其村滿百家者增置一人。

宋制

3　宋制　設衙前以主官物，設里長、戶長督賦稅，設耆長、弓手、壯丁逐捕盜賊，設承符、人力、手力、散從以驅使而衙前里長累民特盛。後王安石目擊此種差役之害，遂改行募役與保甲法（見詳第十五章兵制）

明制

4　明制　以一百一十戶為里，推丁多者十人為長，餘百戶為十甲，凡十戶有甲首、里長里首，以一年爲替管攝一里之事。城中曰坊，近城曰廂，鄉曰里，每里編爲一册。里甲長，亦稱曰里老，其執役以勸農催稅爲主。此明初鄉制之大概。

清制　清代鄉治制度，至爲繁雜，其名稱有鄉、里、區、社、城、鎮、保、總、村、莊、甲、牌、斤等稱。此等階級大小統轄之範圍，亦難於判辨。其在鄉村執役之耆老，其名稱亦不統一，職掌之範圍，亦極雜亂。

里胥鄉正之爲害　漢以後鄉治組織，較前爲繁雜，然鄉治所得之功效，實遠不如古，蓋古代鄉老必以年高德劭者充之，不致爲害鄉里，而後世之里胥鄉正，多爲奸滑之徒，藉其地位，包攬詞訟，剝削鄉民，無惡不作。顧炎武謂：「近世之老人，則聽役於官，而靡事不爲，故稍知廉恥之人，不肯爲此，而願爲之者，大抵皆奸滑之徒，欲倚勢以凌百姓者也。」此言實道破近世鄉治制度之通弊也。

第五節　民國成立後之地方自治

民國成立，國體變易，政治上層雖由君主移爲民主，政治下層則由官治而淪半官式

國民政府成立後所頒地方自治之法

之紳治，其於地方行政之組織與區劃，仍依清舊，殊少更張。所謂地方事業不操之於官，卽操之紳，等而下之，又操之於棍痞，鄉民備受魚肉，政治無由澄清。民國三年袁世凱雖一度頒布地方自治實行條例，祇以立制未善，又以鄉民智識低下，地方事業終無由改進。迄至民國十七年以後，國民政府採取孫中山先生之地方自治遺教及方法，先後製定「區自治施行方法，」「鄉鎮自治施行法，」「鄉鎮坊自治員選舉及罷免法，」至是地方自治制度始達一新興境域。玆摘錄縣市自治團體之組織大要於左：

縣自治團體之組織法

1　縣自治團體之組織　各縣按戶口及地方情形分劃爲若干區，每區以十鄉鎮至五十鄉鎮組成之。凡縣內百戶以上之村莊地方爲鄉，百戶以上之街市地方爲鎮，其不滿百戶者編入鄉。鄉鎮均不得超過千戶。鄉鎮居民以二十五戶爲閭，五戶爲鄰。區設區公所，選區長一人管理全區自治事務(區長在民選實行以前由民廳委任之)。鄉置鄉公所，設鄉長一人；鎮設鎮公所，設鎮長一人，皆由鄉民或鎮民大會選任。閭設閭長一人，鄰設鄰長一人；閭長鄰長皆由各本閭鄰居民會議選舉。

市自治團體之組織法

2　市自治團體之組織　市劃分爲區、坊、閭、鄰。五戶爲鄰，五鄰爲閭，二十閭爲坊，十坊爲區。區設區長，坊置坊長，閭有閭長，鄰有鄰長。區長、坊長、閭長、鄰長，皆由各區坊閭鄰之居民會議選任之。

第十二章　教育

第一節　傳疑之古代教育

教育兩字首見于尚書堯典

教育兩字首見于尚書堯典「帝曰：夔，命爾典樂，教育子。」（通行本作教胄子，陸德明經典釋文本作「教育子」。）據此，則帝堯之世卽已有教育。虞舜以後，教育制度，稍可徵信，茲將相傳虞、夏、殷、周諸代之教育制度，略述如左：

虞時學校曰庠

1　虞舜時之教育制　虞時學校曰庠，大學曰上庠，小學曰下庠。所謂庠者，養老也，老者在庠無事，必就各之所長及其經驗，聚少年學子而教之，于是耆老之所居，轉成最高之學府矣。（見柳詒徵中國文化史）

夏時學校曰序

2　夏時之教育制　夏代學校不稱庠而曰序。大學曰東序，小學曰西序，惟鄉學曰校。所謂序者敍也，夏重射，射以敍爲主，故以名其學。

殷代始以學名

3 殷之教育制度 商代大學易名爲右學（亦曰瞽宗），小學易名爲左學。殷重鬼，祭祀則尙樂，故以名其學。

4 周代之教育制度 周代兼用古制，立制甚詳，其可考者有六事：

周代國學與鄉學

學校類別：有國學、鄉學二種，猶今之地方教育與國家教育之別也。國學、鄉學之中，各有大學與小學之別。

周代大學之名稱

學校名稱：大學在國內者有五，在中者曰「辟雍」，爲周制。在南者曰「成均」，黃帝制也。在東者曰「東序」，爲夏制。在西者曰「瞽宗」，爲商制。在北者曰「上庠」，虞制也。諸侯之大學曰「泮宮」。至于小學，則門閭鄉遂家里皆有學。

周代學校課程

學校課程：以養老教德行爲主，大學教六藝及修己治人之道，小學教灑掃應對進退之節。不率教者則有移郊、移遂，屏遠方及夏楚以收威之法。

貴族於國學庶民於鄉學

學校生徒：國學爲王太子王子，羣后世子，公卿大夫之子弟及國內俊選之士所學習之所，鄉學爲庶民子弟學習之所。

學校教師：國學有師氏、保氏、大樂正、小樂正、大胥、小胥等官以管教之。鄉學以鄉之有德行道藝者教之。

第二節　東周教育之解放

（教育解放之源因）（孔子之講學精神）（王駘之講學）（墨子之講學）

古代教育之權，操之于官府，春秋以後，封建政治破壞，貴族階級崩潰，于是知識下逮，教育因之解放，其時又以學校不修，於是私人聚徒講授之風以起。私人講學之風開自孔子，氏以有教無類之精神打破教育上之階級性，故其弟子，多至三千。（駔儈子張之流，大盜顏濁之輩，均嘗就學于孔子。）孔子之外，尚有兀者王駘，亦設教授徒，其弟子之多，幾與孔子中分魯國。稍後墨子繼起，其弟子之衆，充滿天下。當時教育既如是解放而普及，于是諸子並起，百家爭鳴，而形成中國學術思想之黃金時代。

第三節　漢代之教育

（秦代教育之不振）（漢武帝建儒學）

秦一中國，以行愚民政策，焚書坑儒，雖設博士七十人，實不過徒列其官，備而勿用，因此秦代教育寂然無聞。漢興之初，諸事皆在草創，亦未遑建立學校，直至漢武帝在位，用公孫弘之議，始建學校，從此教育事業確定爲政府責任，由中央而推及各地。茲分述之：

武帝置博士掌五經以教弟子

東漢初諸帝之提倡儒學

最早之學生運動

鴻都門學

1　漢之中央教育　漢武帝置五經博士，掌五經以教弟子，而總之於太常，有博士弟子五十人。武帝以後，博士弟子之名額，代有增加。至成帝時更築辟雍，設庠序，太學之形式亦備。東漢中興，復修太學，立五經博士，仍總掌于太常。其後經明帝、章帝之提倡，自是諸生來遊學太學者益衆，故質帝時太學諸生，竟達三萬餘人，甚或主持輿論，評論朝政，攻擊宦官，結果遂釀成黨錮之禍，是爲中國學生運動之第一聲。靈帝時，又置學校于鴻都門下，號爲「鴻都門學」，引諸生能爲文賦者居之。其後招致日濫，而賞勸轉優，羣小爭附之，鴻都門學，遂不啻爲小人之政治機關矣。

文翁始設學于成都

漢代私人講學之風仍盛

2　漢之地方教育　漢初，郡國之學未立，其後文翁治蜀，始設學于成都，武帝時令郡國皆立學校之官，地方教育，遂有人主持。平帝時又爲地方正學校庠序之名（縣道之學曰校，鄉曰庠，聚曰序。）惟漢代官學雖興，然私人講學之風仍盛，如馬融、鄭玄等名儒，無不設教授徒，弟子彌衆。

第四節　魏晉南北朝混亂時代之教育

自東漢末三國分立，至隋文帝一統中國，其間二百七十餘年，教育一事，可云若有若無，因其時干戈擾亂，朝祚屢更，以致學校不修，教育破產，雖亦有立學之名，實無教育之效，茲略述其制於後：

1　魏晉之教育　魏、晉皆立太學，置博士，晉初又立國子學，學校雖立，唯功效不著，魚豢稱：

魏代教育之破產

「太和青龍中（魏明帝時）太學諸生千數，而諸博士皆粗疏，無以教弟子，弟子志在避役，無能習學，百人同試，度者未十。正始中（魏齊王芳時）朝堂公卿以下四百餘人，其能操筆者，未及十人。」（見魏志王肅傳注引魏略）曹氏父子兄弟，本以文學著稱，而其文教日荒落如此，則當時教育破產之程度，可想而知矣。

兩晉教育之荒落

至于兩晉，西晉以統一不及二十年，即有八王之亂，而繼之以五胡之禍，文教不振，勢所必然。東渡以後，袁瓌等請立國學，徵集諸生，然莫肯用心，其後學校亦廢（見宋書禮志），故東晉教育，亦極荒落。

宋文帝以雷次宗立儒學

2 南朝之教育 南朝教育惟宋梁稍有可言。宋文帝元嘉時徵雷次宗至京師，聚徒教授，置生百餘人以儒學監諸生。又使何尚之立玄學，何承天立史學，謝元立文學，凡四學。（見宋書雷次宗傳）

梁武帝之提倡教育

梁之教育，多由梁武帝之提倡。武帝開四館，重國學，總以五經教授，每經各置博士一人，所授學生，其射策通明者，即除爲吏；又分遣博士祭酒至州郡立學。然梁武帝以崇信佛說之故，學制雖舉，教育仍不振。

魏孝文帝之提倡教育

3 北朝之教育 北朝教育，以魏爲盛。後魏國學，始在平城，繼遷洛陽。魏道武帝于定中原之初，于平城立太學，置五經博士生員千餘人。魏孝文帝遷都洛陽，更詔立國子學、太學及四門小學。

第五節 隋唐之教育

隋之中央教育

隋初教育制度，頗有可觀，其制：中央教育則設國子寺祭酒一人，統國子、太學、四門學、書算學，另各置博士及助教。（國子、太學、四門均各五人，書算各二人）至於地方教育，郡

國子學起於晉四門學起於後魏書算專科起於隋

縣皆有學。隋之教育，有一特點，即分科學校是也。太學起于古代，國子學，起于晉，四門小學起于後魏，書算專科設學，則起于隋。

唐之中央教育

唐代教育制度，因隋之舊，而較隋為完備。其制，京師有：

國子學　國子博士二人，學生三百人。

太學　博士三人，學生五百人。

四門館　博士六人，學生五百人。

律學館　律學博士一人，學生五十人。以律令為專業，格式，法例兼習之。

書法館　書學博士二人，學生三十人。

算學館　算學博士二人，學生三十人。

高麗百濟等國來唐留學

以上六學，皆隸屬國子監。此外更有屬於門下省之弘文館與崇文館，皇族與功臣子弟得肄業其中。貞觀之世，國學學舍增至一千二百間，諸生員額多至三千二百人，高麗、百濟、新羅、高昌、吐蕃諸邦子弟，亦皆許其入學。唐之教育，可謂盛矣。

唐之地方教育

至于地方教育，則有府學、州學、縣學，皆各置經學博士一人，以總管其事。

唐代教育，外表雖甚發達，然以當時士子精力集中於應科舉一途，故其教育，僅虛有其表，于是書院制遂不能不代學校而起。

第六節　宋代之教育

宋代教育多沿唐制

宋代教育制度，多沿唐舊，凡教育之事，皆由國子監掌之。至于地方教育，則各路置提舉學事司，以掌一路州縣學政。學科學額，皆如唐制，所多者，僅一書學而已。此外宋代在教育上有兩種改革運動發生，一為書院制，一為王安石之立三舍法，茲分述之：

宋代書院制發生之原因

1　宋代之書院　自隋、唐行科舉後，所謂學校，不過為預備科舉考試之地，去立學育才之旨甚遠，于是篤學之士，以不滿政府之學校，遂私集資款，立為書院，其時著名之書院有四：

一　白鹿洞書院（江西廬山），始于南唐。

二　石鼓書院（湖南衡陽），唐憲宗時，李寬所建。

三　嶽麓書院（湖南長沙），宋潭州守朱洞所建。

四　應天府書院（河南商邱），宋眞宗時應天府民曹誠所建。

宋以後書院之發達

其後書院之設立益多，南宋末每一州縣，幾皆有書院。明末以前，書院皆以私立爲原則，至清代則由官立，且更爲普及。凡文風稍盛之地，雖鄉鎭市集，亦有書院之建立。當時書院，由地方聘請碩學鴻儒，主持其事，而稱之爲山長。學員等宿其中，有膏火費，以爲補助，故貧寒子弟，亦能住院安心向學。此種制度，代學校而負教育之責者，凡九百餘年，直至清末興辦新式學校以後始行廢止。

王安石立三舍法改革教育

2　王安石之三舍法　宋神宗時王安石爲相，以學校制與科舉制流弊叢生，乃設法改革之，于是罷詩賦，令士子各就易、詩、書、周禮、禮記五經中占一經。增直講爲十員，二員共講一經。分生員爲三等，始入太學爲外舍生，年終考試，及格由外舍升內舍。每兩年舍試及格，由內舍升上舍。上舍生考試及格，授以官。凡取士皆從三舍中求之。地方教育亦係太學三舍法，考選升補。此爲升級設學之方法，其用意在合科舉與學校爲一途也。安石罷相，三舍法遂廢。

第七節　元明清之教育

元代教育設施甚簡陋

元代享國八十九年，其最大貢獻在武力而不在文教，故當時文教設施甚爲簡陋。元代雖亦立國子學，置博士，然當時教育之效不著。

明代之中央教育

明代興起，教育稍振。明代學校有二：曰國學，（其後改稱國子監。國子監本爲教育行政機關，至是乃爲太學之性質。）曰府州縣學。入國學者，通謂之監生。舉人曰舉監，生員曰貢監，品官子弟曰廕監，捐貲曰例監。（明史選舉志）國學諸生訓導之政令，由國子監祭酒掌之。另置博士五人，掌分經教授，而時其考課。當時國學最大之弊，莫如例監。例監由捐貲而得，太學之貴，捐貲可得，由是流品雜而學校亦失其尊嚴。故顧炎武謂：「鬻諸生以亂學校，其害甚於漢之賣爵者也。」

國學由國子監祭酒掌之

例監之弊

明代之地方教育

至于地方教育，府、州、縣皆有儒學。府儒學有教授一人，訓導四人，州有學正一人，訓導三人；縣有教諭一人，訓導二人。教授，學正，縣諭，掌教誨所屬生員，而訓導佐之。生員之數，府儒學四十人，州縣以次減十。師生月廩食米人六斗。其後又增廣學額，因定原來之食廩者爲廩膳生，原額之外所增者，爲增廣生。後學額再寬，更取學生附于諸生之末，謂之附生，其未入學者曰童生。政府對此等學生特設提學，並嚴加考覈，任期三年，兩試諸生。第一年曰歲考，次年謂之科考，取一、二等科舉貢生，使應鄉試。歲考科考時，更令府縣官保送未入學之童生，加以考試，其優者被錄取入學，即爲附生。

明代教育功效之不著

由上所述，明代教育似甚發達，惟實效則甚少，因當時立國政策，專以束縛人心爲主，故其興學之宗旨，即在使天下之人才，盡納于科舉之途。于是所謂學校教育之功用，不過「儲才以應科目」而已。明史儒林傳謂：「二百七十餘年間，經學非漢、唐之精專，性理襲宋元之糟粕，」即此可見明代教育之少實效也。

清代學制皆沿明舊

清代學制，皆沿明舊，惟其束縛人心之法，較明爲尤甚，此因清代以異族入主，猜防之心不得不特嚴也。

第八節　清末之興辦新教育

中國教育自隋唐行科舉以來，士子就學，大抵皆以應科舉爲目的，迄至清代，教育專

科舉制對於教育之影響

業，尤爲科舉所束縛此其弊，不獨學術因之衰落，人才因之不能培育，卽個人謀生小技，亦不能講求，教育所造就者僅爲一羣毫無實用之游離分子而已以此種教育而欲應付劇變之近代社會，自非改弦易轍不可，故自不平等條約訂結後，清廷深感國防無術外交無人之苦痛，于是乃有各種新式專門性質學校之設立。茲將清末興辦新學之事實，析爲兩個時代述之：

清代興辦新學之動機

戊戌以前興辦新學校之主旨目的

1 戊戌以前之興辦新式學校（卽自同治元年至光緒二十四年公元一八六二—一八九八年） 此時期中所興辦之學校，以習西文，通外情，重製造，講武備爲主，其目的在培養專門人材，以補科舉人材之不足。當時以科舉未停，書院未廢，所謂清流之士，均不願下喬遷谷，故當時新教育甚不爲社會所重視。此外尙有曾國藩、李鴻章、沈葆楨等於此時期中選派留學之舉，曾用容閎之議，於同治十一年派遣學生赴美，後以陳蘭彬、吳子澄之反對，終至撤回留美學生至李鴻章、沈葆楨等之派遣留學，其目的亦專在學習軍事製造。迄至光緒二十四年康有爲等始有廢科舉興學校之舉，以求澈底之改革惟不久戊戌變起，新政隨之失敗總之，在此時期中，國家興辦學校之目的，僅爲造就專門技術人材，

派遣幼童留學

戊戌維新廢科舉開學堂

以應時務之需要，並非欲樹立百年大計之教育方針也。茲將此時期內所設立之學校，按其成立之先後列表於左：

戊戌以前所設立之學校

學校名稱	成立時期	備考
北京同文館	同治元年　公元一八六二	文祥奏設，其初之目的，在培養翻譯人材，以爲辦外交之用。其後增設天文，算學。
上海廣方言館	同治二年　公元一八六三	李鴻章奏設，其目的與北京同文館相同。
廣東同文館	同治三年　公元一八六四	亦由李鴻章奏設，令廣東辦理。
船政學堂	同治五年　公元一八六六	因左宗棠建議，附設于福建馬尾造船廠。
機器學堂	同治六年　公元一八六七	曾國藩用容閎之言，附設于江南製造廠。
電報學堂	光緒五年　公元一八七九	
北洋水師學堂	光緒六年　公元一八八〇	李鴻章奏設，爲他日北洋海軍人材之造就所。
天津武備學堂	光緒十一年　公元一八八五	李鴻章奏設。
廣東陸師學堂	光緒十二年　公元一八八六	兩廣總督張之洞奏設。
廣東水師學堂	光緒十三年　公元一八八七	
南京水師學堂	光緒十六年　公元一八九〇	
湖北自強學堂	光緒十九年　公元一八九三	張之洞奏設。

天津醫學堂	光緒二十年 公元一八九四年	
湖北武備學堂	光緒二十一年 公元一八九五年	
天津中西學堂	同右	盛宣懷奏設，爲北洋大學之前身。
上海南洋公學	光緒二十三年 公元一八九七	盛宣懷奏設，爲上海交通大學之前身。
湖南時務學堂	同右	湖南巡撫陳寶箴按察使黄遵憲等所設，聘梁啓超主講。
京師大學堂	光緒二十四年 公元一八九八年	是爲戊戌新政之一，庚子後停辦，光緒二十八年始恢復，爲北京大學之前身。
湖北工業學堂	同右	

光緒二十七年廢書院立學堂新教育始確立

2　八國聯軍後新教育之確立（自光緒二十七年至宣統三年公元一九〇一年——一九一一年）

庚子亂後，清廷迷夢始醒，遂於光緒二十七年下興學之詔，略謂：除京師已設大學堂應切實整頓外，着將各省所有書院，於省城均改設大學堂，各府、廳、直隸州均設中學堂，各州、縣均設小學堂，並多設蒙學堂。同年以張百熙爲管學大臣，釐定學堂章程。

欽定學堂章程

光緒二十八年清廷將張百熙所擬學堂章程以上諭頒布之，此即所謂「欽定學堂章程」，是爲中國有現代體系之學校制度之始。光緒二十九年清廷更命張之洞會同張百熙、榮慶等重定學堂章程，此即所謂「奏定學堂章程」。此項章程即爲自光緒二十九年至宣統三年中所實行學校制度。（此項章程，以日本學校制度為藍本。）

「奏定學定章程」之宗旨，在以忠孝為本，以經史為基，而後以西學瀹其智識。簡言之，即以「中學為體，西學為用」為教育之宗旨也。此項章程所規定之學校系統，表列如左：

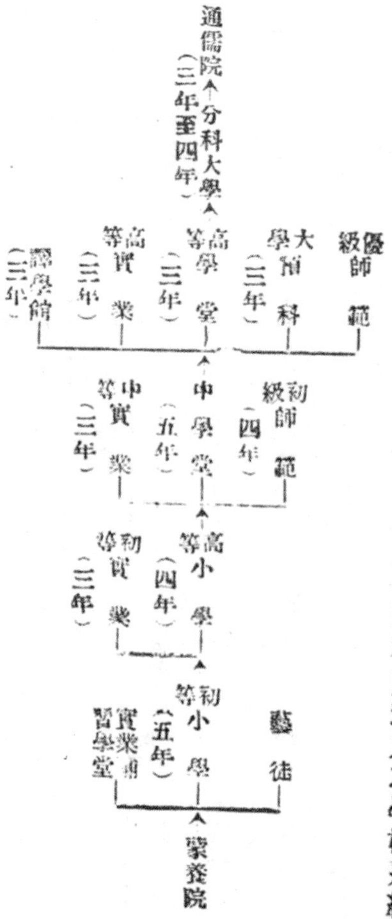

管學大臣

至於此時期之教育行政機關，當欽定學堂章程時，僅由舉辦京師大學堂之管學大臣兼綜全國學校事宜。「奏定學校章程」頒布後，則另設京師大學堂總監，而以管學大臣專理全國學校之事。光緒三十一年始設立學部，是為教育行政有專管部之始。同年於各省設一提學使司，而將以前之學政裁撤，是為有省教育行政機關之始。州縣教育行政事

學部之設立

宜，則規定由勸學所管理，於是地方各級教育行政機關皆成立。

第九節　民國成立後之教育

民國成立後之教育行政機關

民國成立，中央設教育部以代學部。民國十七年國府奠都南京後，實行大學區制，以全國一切教育行政事宜，總於中央大學院，而取消教育部。民國十八年廢大學區制，仍恢復教育部。地方教育行政機關，民國成立之初，則於都督署內及縣知事署內各設教育科管理其事。民國四年始設教育司，後改爲廳各縣教育行政機關頗不一律，直至民國十二年始有縣教育局之規定。至於學校制度，自民國成立迄今，凡經三變，茲分述之如左：

民國之學制凡經三變

民國二年所頒布之學制

1　第一期之學制（自民國元年至十年）　民國二年教育部先後頒布普通教育暫行辦法及各種學校章程，改革學制。其最重要之改革爲：（一）學堂名稱改爲學校，定初級小學爲國民教育，且定其名稱爲國民小學。（二）國民小學可男女同學。（三）定中學爲普通教育，文實不分科，大學預科亦廢分科制。（四）國民小學，高等小學，中學校之修業年限各減一年，大學本科則延長一年。（五）與高等小學平行者有乙種實業學校，與中學平行者有甲種實業學校及師範學校，與大學預科平行者有專門學校，預科一年，本科三年。

(十六)提高女子教育程度，凡高小以上得設女子高小，女子中學，女子師範及女子高等師範。

新學制

2　第二期之學制（自民國十一年至民國十六年）　民國十一年教育部頒布新學制，其系統見於左圖：

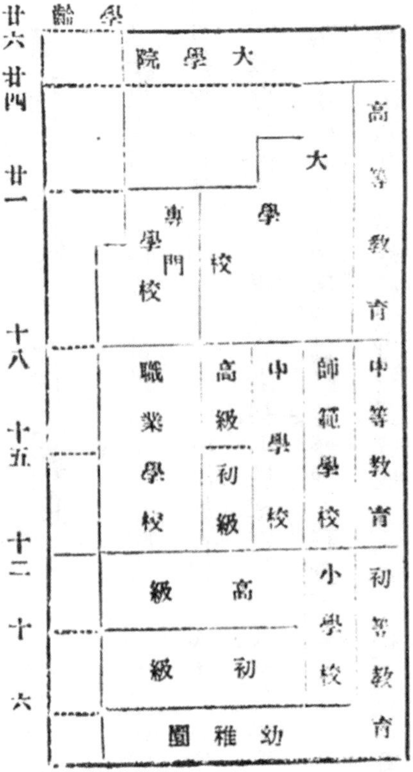

民國十一年改革學制

此次改革學制之準標爲：(一)適應社會上之需要；(二)發揮平民教育精神；(三)

制之標準

個性之發展；（四）注意國民經濟；（五）注意生活教育；（六）使教育易於普及；（七）多留各地方伸縮餘地。其精神則杜威之「教育即生活、學校即社會」兩語可以盡之，於是美國式之教育制遂代已往之日本式而行於中國。

3 第三期之學制（自民國十七年至現在） 此期之學制，大抵與前期無甚出入，祇中等教育一級中略有變更，即：（一）初級中學與高級中學得單設；（二）高級中學得分普通科、師範科及農工商各科；（三）為補充鄉村小學教育之不足得酌設一年畢業之鄉村師範學校。

又此期中教育改革之最重要者，莫如三民主義的教育宗旨之確立。十七年大學院頒布中華民國教育宗旨為：

民國十七年所頒布之教育宗旨

「恢復民族精神，發揚固有文化，提高國民道德，鍛鍊國民體格，普及科學知識，培養藝術興趣，以實現民族主義。

灌輸政治知識，養成運用四權之能力；闡明自由界限，養成服從法律之習慣；宣揚平等主義，增進服務社會之道德；訓練組織能力，增進團體協作之精神；以實現民權主義。

養成勞動習慣，增高生產技能；推廣科學之應用；提倡經濟利益之調和；以實現民生主義。

提倡國際正義，涵養人類同情，期由民族自決進於世界大同。」

附：清末以來之教育宗旨

一　光緒二十八年欽定學堂章程以「端正趨向，造就通才」爲宗旨。

二　光緒二十九年奏定學堂章程以「忠孝爲本，以經史爲基，而後以西學，瀹以知識」爲宗旨。

三　光緒三十二年學部奏定以「忠君，尊孔，尚公，尚武，尚實」爲教育宗旨。

四　民國元年所定之教育宗旨爲「注重道德教育，以實利教育輔之，更以美感教育完成其道德。」

五　民國四年袁世凱所頒之教育宗旨爲「愛國，尚武，崇實，法孔孟，重自治，戒貪爭，戒躁進。」

六　民國十一年新學制頒布時廢止教育宗旨，僅規定教育標準七條（即當時改革學制之標準）。

七　民國十七年頒布三民主義之教育宗旨（原文見前）。

第十三章 攷選制度

第一節 傳疑之古代選士制

周代之選士制

古代選舉制，於夏尚無所聞，至周始有選士之法。王制載其內容爲：

「命鄉論秀士，升之司徒，曰選士。司徒論選士之秀者而升之學，曰俊士。升於司徒者不征於鄉，升於學者，不征於司徒，曰造士。大樂正論造士之秀者，以告於王，而升諸司馬，曰進士。司馬辨論官材，論進士之賢者，以告於王，而定其論。論定然後官之，任官然後爵之，位定然後祿之。」

此種制度，平民似亦有被選舉之資格，惟當時教育之權，操於貴族，平民是否能與貴族同入大學而取得進士資格，尚屬疑問。

第二節 漢代之選舉制

春秋戰國時代平民參政之特別機會

東周以來，貴族政治漸趨破壞，列國競爭，爭相延攬人才以自佐，平民有一技之長者，無不立致官達，如白起、王翦之徒，以技力得官；蘇秦、張儀之輩，以口舌爲相，布衣將相之局，遂由是開矣。然當時任人之法，實爲平民參政之特殊機會，不能視爲定制。

漢代考選制

降至漢代，國家須材孔亟，始定選舉制度，其取人之法，約有三種：

1　賢良方正　文帝在位之二年下詔曰：「二三執政舉賢良方正能直言極諫者，以匡朕不逮。」是爲漢代舉賢良方正之始。文帝在位之十五年，又令諸侯王公卿郡守舉賢良能直言極諫者。

2　孝廉　武帝時令郡國舉孝廉各一人，是爲漢代舉孝廉之始。

3　博士弟子　武帝令太常選民年十八以上儀狀端正者，補博士弟子，令郡國縣官選「好文學、敬長上、肅正教、順鄉里、出入不悖」者，一同從博士受業如博士弟子。

大抵賢良方正與孝弟兩科，係皇帝臨時詔舉有名之士，以備錄用。博士弟子則係歲之常選，且必須從博士受業一年，加以攷試能通一藝之後，始得依次補官。

東漢沿用舊制，諸科無所更變，惟東漢安帝時，尚書令左雄以舉人太濫，乃爲限年之格，非年至四十以上者，不得被舉。儒生被舉者，須試章句，文吏被舉者，須試章奏。此實爲選舉制度過渡至考試制度之先聲。

第三節　九品中正制

漢代選舉制之流弊與九品中正法之創立

漢代選舉制度，其選士之權，操於郡、國、縣官之手，行之既久，勢有請託之弊，結果遂形成「凡所選用，莫非情故」之現象。漢代選舉制既不能拔選眞才，於是魏文帝時尚書陳羣乃創九品官人法。

九品中正法之內容

其制：凡各州、郡、縣各置大小中正，各以本處人任之，爲之區別所管人物，以其學行，定爲九等。（上上、上中、上下、中上、中中、中下、下上、下中、下下。）先由郡邑小中正定人材之品，乃上之大中正，大中正檢其實，乃上之司徒，司徒再檢，乃付尚書，然後加以選任。

兩晉南北朝皆以九品法取士

魏、晉以後，南朝至於梁、陳，北朝至於齊、周，選舉之法，雖互有損益，然九品中正不廢，（至隋始能）故兩晉、南北朝之取士制度，要皆不出九品中正制之範圍。

九品法之流弊

九品中正制，舉人之權，操於中正之手，中正又皆爲本地之人，定品之際，自不免循情作弊，於是中正所論必門戶，所議莫賢能，而有所謂「上品無寒門，下品無世族」之現象發生，從此貧寒之士，雖有奇才異能，亦無由入選。

第四節　隋唐科舉制

科舉考試制始於隋

九品中正制自魏以來，數世行之，流弊叢生，隋煬帝有見及此，遂廢中正制，乃建進士科，是爲科舉攷試之始，而鄉舉里選之法，遂不復行。唐興，沿用隋制，惟其法更爲完備，茲述唐代制度之內容如左：

唐代科舉考試制

1　取士之科有三　一爲生徒科，即由京師諸學館（國子學、大學、四門學、弘文館、崇文館）與州縣各學校所舉出受試者。一爲鄉貢科，即由州縣所舉出送至京師受試者。一爲制舉，此爲天子詔舉，所以待非常之才者。

2　攷試科目　有秀才、明經、進士、俊士、明法、明算、明字等類，而以明經，進士兩科爲重。

3　攷試法　秀才試方略策五道，以文理精通爲主；明經先試帖經墨義，後答時務策三道。進士試策，帖經，其後改重詩賦。惟唐代舉子登科後，並不即受官職，必須通過吏部

唐之釋褐試

之釋褐試後，始授之以官。韓愈三試吏部無所成，故十年猶爲布衣，此唐代舉士與舉官區爲兩事也。

唐代科舉之流弊

唐代科舉考試制行之既久，流弊亦因之而生。試詩賦，其弊流於浮華；帖經墨義，其弊陷於記誦。加以唐代說經義，專以孔穎達之五經正義爲標準，於是士宗一義，經無異說，唐代學術思想之所以荒落，卽因此也。

第五節　宋代科舉考試制度之改革

宋初之殿試

宋之科舉制與唐代大同小異。宋太祖爲杜除科舉流弊起見，擇中選者，親爲殿試，然唐以來科舉制之弊害，仍未能盡除。至宋神宗時，王安石變法，始決意改革科舉制。安石主張以學校養士，代科舉取士，因此安石更增修太學，而立三舍法，（初入學者爲外舍生，以

王安石之改革科舉

次升入內舍上舍參看第十二章王安石之立三舍法）。然此法行之不久卽罷，結果仍祇就科舉制加以改革而已。於是罷諸科，獨存進士，廢詩賦，而改革帖經墨義爲大義，使士子着重於實學，然結果亦無成效。哲宗後，遂依舊恢復詩賦與經義並行。

第十八節　明淸八股科舉制

隋、唐科舉改試制，至明、清而又一變因改試文章限以八股，故可稱爲八股科舉制。（顧炎武日知錄謂經義之文，即八股，始於明憲宗以後。）

明代之科舉考試制

明代科舉有鄉試會試殿試三種：

1 鄉試　各省於子、午、卯、酉之年，試其府、縣之肄業生員，謂之鄉試，中式者曰舉人。

2 會試　鄉試之明年（即丑、未、辰、戌年）各省舉人至京師，應禮部試，是謂會試。

3 殿試　會試之中式者，由天子試於殿中，是謂殿試。殿試及第者分三等：一等爲一甲，限三名，第一曰狀元，第二曰榜眼，第三曰探花，皆賜進士及第。二等爲二甲，賜進士出身。三等爲三甲，賜同進士出身。二、三甲無定額，狀元授修撰，榜眼、探花授編修，二、三甲考選庶吉士者，皆爲翰林官，其他或授主事中書諸官，或授府推官、知州、知縣諸官。

科試科目

至於考試，初場試四書義三道，五經義四道；二場試論一道，判五道，詔、誥、表內科一道；三場試經史時務策五道。鄉試會試皆同，殿試則僅試策一道。經義一尊程朱之說，（因自明太祖以來，即尊重程、朱之說，成祖時更以胡廣、楊榮諸儒採宋、元諸儒之說，撰四書大全，五經大全，性理大全，故明、清應試者，即依此立言。）

清末之廢科舉

清興，科舉之制，大抵皆因明之舊，惟於鄉試之前，尚有歲試。至於康、乾間所開之博學鴻儒科與博學鴻詞科，則係天子之制舉，非常制也。清末，以國勢不振，康有爲謀變成法，於是廢科舉興學堂，其後戊戌政變，改革卒歸失敗。至光緒三十一年，清政府以袁世凱、張之洞之請，始正式廢科舉。自隋、唐以來束縛人心之科舉制度，遂徹底廢除。

第七節　國民政府之攷試制

考試法之公布

自民國十七年五院制之國民政府組織法公布後，遂成立考試院，以行使考試銓敍職權。關於考試事宜，則設考選委員會掌理之，關於甄別銓敍，則有銓敍部司之。

民國十八年八月一日，國府公布考試法，分考試爲普通考試，高等考試及特別考試三種。普通考試在各省區舉行，高等考試在首都或考試院所指定之區域行之兩種考試皆以每年或間年舉行一次。其所試項目，均以國文及黨義爲第一試，分科考試爲第二試，成績審查爲第三試。應試及格人員，由院發給證書並登記之。十九年考試院製定高等及

各種考試法規之公布

普通各種考試法規公布之計有高等考試，外交官、領事官，教育，衞生，財務各種行政人員，會計統計人員，司法官律師，監獄官，西醫師，藥師等考試條例十種。普通考試，則頒布行政人員，教育衞生行政人員，監獄官，書記官等考試條例五種（二十二年，考試法規復有一度之修正，詳見二十二年與二十三年申報年鑑）二十年七月十五日第一次高等考試

高等考試之舉行

在南京舉行。二十二年十月南京北平等處舉行第二次高等考試。二十四年又於京，平等處舉行第三次高等考試。至於普通考試，原擬於二十一年舉行，後因國難一再展期，至二十二年始有山西、河北、綏遠、河南等省舉行。

第十四章 司法

第一節 刑法之起源

五刑之用起于苗族

相傳唐、虞之世，卽已有刑法，其刑有五：曰墨、劓、剕、宮、大辟，皆爲肉刑。此種五刑，蓋起於苗族，尚書「苗民勿用靈，制以刑，惟作五虐之刑曰法，殺戮無辜，爰始淫爲劓、刵、椓（卽宮）黥，越茲麗刑。」自黃帝以至唐、虞，漢族與苗族之競爭甚烈，而漢族卒代之以起，因是乃沿用苗民之刑法，以制苗民，其後更用之以治本族，故唐、虞之設官，特設「士」以司五刑之事，從此五刑之制，後世皆沿襲以行之。

第二節 周代之司法制

周之九刑

左傳「夏有亂政而作禹刑，商有亂政而作湯刑，周有亂政而作九刑。」禹刑、湯刑其詳已不可考。（或卽古之五刑。）若周之九刑，殆指刑書而言，猶今人之習稱法典，逸周書所謂刑書，蓋卽指此夏、商、周三代之刑，皆由亂政而作，是夏代以後之刑法，專爲壓制叛亂而作，不復如前此之專對異族矣。

呂刑所載之周代刑制

至於周代刑制，其目亦有五；周書呂刑「墨罰之屬千，劓罰之屬千，剕罰之屬五百，宮罰之屬三百，大辟之罰其屬二百，五刑之屬三千。」又五刑之外，更有贖刑，徒刑，鞭朴之刑與流宥之刑。

周代貴族在法律上所享之特殊保障

又周代係貴族政治，貴族在法律上得有特殊之保障，如：

「凡命夫命婦，不躬坐獄訟，凡王之同族，罪不卽布」（周禮）

「公族無宮刑。」（禮記文王世子）

「禮不下庶人，刑不上大夫。」（曲禮）

周官司寇更有八議之法：「一曰議親，二曰議故，三曰議賢，四曰議能，五曰議功，六曰議貴，七曰議勤，八曰議賓。」此等八議之法，皆所以寬宥親貴、有功之人，故夏僧佑謂：「其時劓、刵、椓、黥之法，惟行之於平民，而貴族無之；貴族有罪，止於殺而已，其次則爲執爲放。」

戰國時代司法制度之變革

迨至戰國，周初法制，大有變革：

法律平等

第一　戰國時代，貴族階級崩潰，貴族在法律上所享之特權，隨之取消。故商鞅治秦，法及太子。（史記衛鞅曰：「法之不行，自上犯之」，將法太子，太子嗣君也，不可施刑，刑其傅公子虔，黥其師公孫賈。）

各國法律之互異　李悝法經

第二　當時諸侯力政，不統於王，各國法律至不一致，於魏有李悝之法經，韓有韓符，趙人則有國律之制。李悝之法經凡六篇，一爲盜法，二爲賊法，三爲囚法，四爲捕法，五爲雜法，六爲具法，中國有可信之成文法典，當以此爲始。

各國用法之殘酷

第三　戰國時代，各國用法，較古爲殘酷。秦刑有夷三族、七族、十族、剖腹、腰斬、梟首諸法；齊有烹，又有斮，又有車裂；楚有滅家，又有枝解，又有冥室櫝棺諸此用法之殘，亦可見戰國政治之暴戾矣。

第三節　自秦漢至南北朝之司法制

秦法之苛

用法至戰國已嚴酷，迨秦代統一中國，又從而甚之，專制刑法，躬操文墨，斷獄理書，晝夜不閒，其刑之至重者曰坑、曰斬、曰夷族、曰具五刑。（先黥劓，斬左右趾，笞殺，梟其首，菹其骨肉於市，其誹謗咒詛又先斷舌，故謂之具五刑。）

漢高祖之除秦苛法

漢有中國，用法較寬。高祖初入關，下令除秦苛法，與關中父老約法三章：「殺人者死，傷人及盜者抵罪。」迄統一以後，因三章之法不足以禦奸，乃令蕭何摭拾秦法，爲作九章六律。叔孫通又益以律之所不及，作傍章十八篇。其後張湯復爲越宮律二十七篇，趙禹復爲朝律六篇，合爲六十篇。中國法典之事，雖淵源於李悝之法經，迄至漢代，法典事業之增進，始爲之大著。

漢律六十篇

魏、晉、南北朝之用法，唯梁爲最寬，蓋梁武帝專精佛法，深信好生戒殺之說也。北魏孝文之世，刑罰亦省。至此時代之法典則有：

魏之新律

魏文帝時陳羣所作之新律十八篇

晉律

晉武帝時所作晉律二十篇，武帝嫌新律科網太密，故命賈充改作。

梁律

南朝梁時所作之梁律二十篇。

北齊律

北齊作齊律十二篇。

北周律

北周又作周律二十五篇。

第四節　自隋唐至清之司法制

唐代司法制

中國司法制度，完成於唐代，而唐制多沿隋舊，玆述唐制如左：

唐律十二篇　六典　律令格式

1　唐代法典之編纂　刑法典有唐律十二篇，太宗命長孫無忌等所纂。行政法典，則有六典。正律之外，又有律、令、格、式，以補律之不足。律以正刑定罪，令以設範立制，格以禁違正邪，式以軌物程事。

五刑　十惡　八議

2　唐代刑名之確定　唐代刑名有五，即笞（即古之朴，）杖（即古之鞭）徒（即奴辱之法，）流、死（分絞刑與斬刑兩種）此外沿北齊律有十惡之名，即：謀反、謀大逆、謀叛、謀惡逆、不道、大不敬、不孝、不睦、不義、內亂。又有八議之法，即：議親、議故、議賢、議能、議功、議貴、議勤、議賓；此即沿周代八議之法而成。惟犯十惡之條，雖當八議之例，亦罪在不赦。

宋元明清之司法制多承唐舊

宋元刑名，均仍唐舊。至於宋代法典，幾每易一帝，必有一次法典之篇纂，然其範圍，要皆以唐律為張本。明代法律亦如唐制。當大明律草創之初，律令總裁官李善長議：「歷代之律，皆以漢九章為宗，至唐始集其成，今制宜遵唐舊，」太宗從之。清代司法，則多遵明制，至於清末之改良司法制度，語詳下節。

明之「廷杖」

明之「廠衛」

又明代刑法之異於古者，約有兩端：一曰「廷杖，」其刑始自太祖，京官犯罪輒予廷杖。一曰「廠衛，」太祖常置錦衣衛掌侍衛緝捕刑獄之事，其後錦衣衛之勢日張，誅戮多無道，與東西廠合稱廠衛。東廠之設，始自成祖永樂間，以內監掌之，專司緝案。憲宗時復置西廠，刺事使宦者汪直領之。明人寃死於廠衛者極衆，明代刑獄之濫如此。

第五節　民國成立後之司法制

民國成立之初，其司法制度，係修改清末之法制而成。茲先述清末司法制度之改革：

領事有裁判權之始

光緒時命伍廷芳等修訂法律設各級審判廳

清代司法之制，本仍明舊，前已言之。惟審判之時，每用非刑，以勒口供，名曰刑訊。海通以後，各國以中國法律野蠻爲辭，要求領事裁判權，而卒於天津條約（咸豐八年，一八五八年）中予之。中國司法主權完整之破壞，自茲始矣。光緒末，清廷欲自動改良司法，以爲取消領事裁判權之準備，因命沈家本、伍廷芳等修訂法律，更於三十三年頒布高等以下各級審判廳試辦章程，規定全國審判機關爲四級三審制，卽初級審判廳，地方審判廳，高等審判廳，大理院四級，各級又有檢察廳之設，以執行搜查案證監督裁判爲主。惟各級審判廳，以係試辦性質，故施行範圍不廣，成效亦未著。

民國成立，審判機關完全沿用清末四級三審制，至於民刑法律，亦係修改清末之新律草案而成。此清末與民國北京政府時代之司法制度也。

國民政府成立後之司法制度

國民政府成立，以全國司法制度複雜異常，因於民國十六年頒布統一司法制度之命令，改各級審判廳爲各級法院，其後又略有修改。十七年五院制之國民政府成立，司法院遂爲全國之最高司法機關，

三級三審制之成立

至於最近之司法制度，係採三級三審制（二十一年國府公布），即同一案件，可經地方法院，高等法院與最高法院三級之審判。檢察制度，則最高法院設檢察處，其他法院及分院各設檢察官若干人。檢察官之職權爲：實施偵察，提起公訴，實行公訴，協助自訴。檢察官僅服從監督長官之命令，對於法院，獨立行使其職權。

第十五章　兵制

第一節　傳疑之古代兵制

唐、虞之世，兵事制度，傳聞不詳，惟觀其征伐苗族。「班師振旅」之語，可知彼時即有所謂師旅。迄乎夏、商，相傳天子有六軍，而兵事之政，專之於司馬，然其制亦不詳。至於周代，兵制始備，其制：

周代之兵制

「凡制軍，萬有二千五百人為軍；王六軍，大國三軍，次國二軍，小國一軍；軍將皆命卿。二千五百人為師，師帥皆中大夫；五百人為旅，旅帥皆下大夫；百人為卒，卒長皆上士；二十五人為兩，兩司馬皆中士；五人為伍，伍皆有長。」（周禮夏官序）其隸屬之法，有如下表：

軍
（五師，12500人）
↑
師
（五旅，2500人）
↑
旅
（五卒，500人）
↑
卒
（四兩，100人）
↑
兩
（五伍，25人）
↑
伍
（五人）

當時服兵役者皆爲農民，至於徵調之法，相傳係每家出一人。周之郊內立六鄉，每鄉凡萬二千五百家，家出一人爲兵，適可得兵一軍。凡六鄉，故天子得有六軍。郊外立六遂，其制與鄉同，亦家出一人爲兵，以爲鄉之副。（周代鄉遂之制，詳見第十一章。）

第二節　秦漢之兵制

戰國時兵制之亂

周初兵制，至春秋之世，漸趨破壞。迄於戰國，列國互競，時相征伐，幾形成全國皆兵之局，故蘇秦遊說列國，輒謂：「大王之國，有帶甲數十萬。」當時因井田制之破壞，兵士徵調之法，亦與古不同，而往往出於召募。

秦代之兵制

秦一六國，兵數仍濫。其時京師之兵，置衛尉，中尉掌之，地方之兵，皆郡尉典之。

漢代之京師兵制

漢興，兵制始稍加整理。茲分述之：

1　漢代京師兵制　京師有南北軍，南軍衛宮城，衛尉主之；北軍衛京城，中尉主之。武帝時更於北軍增置八校，（中壘校尉、屯騎校尉、步兵校尉、越騎校尉、長水校尉、胡騎校尉、射聲校尉、虎賁校尉）改中尉爲執金吾以掌北軍；於南軍增置羽林，期門兩軍。

漢代之地方兵制

2　漢代之地方兵　郡國則選行關蹶張材力武猛之人，以爲車騎（即騎兵）材官（即步兵）樓船（即水兵）三者之兵，多於秋後講肄課試，各有定額。車騎用於平地，材官用於山地，樓船用於水泉，各隨其地之所宜，以爲支配，於此亦可見漢代兵術之有進步。

漢代兵術之進步

漢代兵役之徵調法

3　漢代兵士徵調之法　漢初定制民年二十三爲正，一歲爲衛士（即入京師南北軍，）二歲爲材官騎士，年五十六乃得免爲庶民，就田里。京師南軍多徵調於郡國，北軍多調於三輔。武帝時所增置之八校尉，則爲召募之兵。至於東漢，郡國之材官騎士，一切罷遣，地方之兵，悉出於召募，於是漢初寓兵於農之法廢，而郡國轉無可恃之兵。

東漢地方之兵悉出於召募

第三節　魏晉南北朝之兵制

晉代州郡兵備甚薄而王國兵備甚大

魏繼東漢而興，京師南北軍如故。晉初始略改魏制，於京師置左尉、右衛、前軍、後軍、左軍、右軍、驍騎，皆有將軍，而總之於中領軍。平吳以後，大減州郡兵備，大郡不過武吏百人，小郡僅五十人。惟王國則皆制大軍，大國三軍共五千人，次國二軍共三千人，小國一軍凡千人。晉初諸王之起事，互相攻伐，其故即在此。

晉室東渡，京師兵制，屢有變更，地方兵力，且較中央為大，致釀成王敦、蘇峻、桓玄等之叛亂。

北周之府兵

南朝兵制，其詳不知，至北周時，始創立府兵制，頗為重要。其制：選民之魁健才力者為兵，而蠲其租，令刺史以農隙教練，號曰「府兵」：合為百府，每府一郎將主之，分屬二十四軍。領軍者謂之「開府」；一大將軍統兩開府，一柱國統二大將軍。共有郎將一百人，開府二十四人，大將軍十二人，柱國六人。

第四節 隋唐之兵制

唐代之府兵制

隋、唐仍北周之舊，行「府兵制」，而組織更為完善。唐制：於各道設折衝府，置折衝都尉領之。折衝府分三等：上府統千二百人，中府千人，下府八百人。唐初天下分十道，共置六百三十四府，關內一道，有二百六十一府，故唐初國家兵權，實集於中央。府兵之編制：十人

府兵制之優點

為火，火有長；五十人為隊，隊有正；三百人為團，團有校尉。見於兵籍者，年二十而為兵，六十

而免。平時從事耕種教練皆在農隙。事變起時，則待契符之下而從征，事平，各還其鄉。至於將官，亦係於征伐時臨時任命，征伐既終，兵歸於府，將上其印，故當時無擁兵之人。

府兵制破壞之原因

彍騎

唐高宗以後，府兵之制漸壞，蓋當時府兵屯駐一地，積日既久，因家室資業之累，其精神遂形渙散，而番戍更代多不以時。至玄宗時，宰相張說乃奏請行募兵以供宿衛，號曰「彍騎。」自是「府兵」益壞，馴至有額無兵，而「彍騎」之法，亦不講求，故天寶亂起，唐室不能平，終至天下大亂。亂後，兵在藩鎮，不復受朝廷之命令，唐室從此遂不振矣。

第五節　宋代之兵制

宋代之兵共分四種

禁軍

廂軍

鄉兵

蕃兵

宋史兵志言：「召募之制，起於府衛之廢。蓋籍國內良民以討有罪，三代之兵與府衛是也；收國內獷悍之兵以衛良民，召募之兵是也。唐之就衰，府衛之制廢，故宋初遂行召募。」宋代召募之兵共分四種，選諸路之精卒集於京師者，謂之「禁軍，」用以守京城，備征伐。因宋代鑑於唐末五代藩鎮跋扈之弊，故以精兵集於中央，其老弱流於各州者，謂之「廂軍，」以供役使。此外有「鄉兵」與「蕃兵。」鄉兵，教之以武事，而爲防守之用者。蕃兵，即塞下內屬諸部團結以爲藩籬之兵者。各地要塞多爲禁軍出守，一年一換，謂之番戍。後因宋室對遼、夏用兵，禁軍日增，教練反疏，而不堪用。至神宗時，王安石變法，遂裁減禁軍，改番戍制，置將統兵，分駐各地。又創行保甲法，以實行寓兵於民之政策。其法：以十家爲保，保有長；五十家爲大保，有大保長；十大保爲都保，有都保正副各一人。戶有二丁者，以其一丁爲保丁。每一大保，夜輪五人備盜。保丁教以弓弩，戰陳，使漸習爲兵，有事即徵發之。後王安石罷相，保甲之法，卒未久行。

王安石改革軍治

保甲法

第六節　元代之兵制

元代之蒙古軍與探馬赤軍

漢軍

新附軍

漸丁軍

元初兵制有蒙古軍與「探馬赤軍」，前者爲其本族人，後者則爲諸部族人。蒙古取金入中原後，始發民爲兵，謂之漢軍。平宋以後所得之兵，謂之新附軍。其成兵之法：凡男子十五以上七十以下者皆爲兵，幼孩稍長，籍而爲兵，謂之漸丁軍。蒙古爲遊牧民族，上馬則備戰鬥而爲兵，下馬則屯聚牧養而爲民，故蒙古兵民不分，而爲一種通國皆兵制，此蒙古族武力之所由盛也。至於漢軍，則無定法。其軍官：世祖時於中央置前、後、中、左、右五衛，各制親軍都指揮使，以總宿衞。外則萬戶之下置總管，千戶之下置總把，百戶之下置彈壓，而以樞密總領之有征伐，則設「行樞密院」，事畢卽廢。

樞密院總領軍政

宋明之際軍器之改進

至於軍器，宋、明之際，大有改進，已知使用火藥。北宋時已有造火藥之成法。宋太祖時有火箭之名，宋眞宗時有火球之名。金元之戰，及宋金之戰，皆曾使用火器。南宋與金，采石之戰，虞允文卽用霹靂炮以攻敵。

第七節　明代之兵制

二十六衞

五軍都督府管轄全國之兵

明興，盡革元制，而師法唐代「府兵」之遺意，訂立兵制。其制：京師立二十六衞及前、後、中、左、右五軍都督府。二十六衞係天子親軍，謂之上直衞。五軍都督府，設左右都督，管轄全國之都司、衞、所。每省設一都司，以都指揮使爲長官而統轄衞、所；然衞、所亦有直隸於軍都督府者。衞，設指揮使爲之長，統五千六百人。所，分千戶所與百戶所兩種，千戶所，有千戶爲之長，統千二百人；百戶所以百戶爲之長，統百二十人。從衞指揮使以下，官多世襲。凡衞所之兵，無事從事屯田，有事則命將統率，出征，事畢，將上所佩之印，兵亦歸還衞所，是皆師唐代府兵之遺意而行者也。統率之權，操於都督府，征伐調遣，則由兵部。

第八節　清代之兵制

八旗　**蒙古八旗**　**漢軍八旗**

清初有滿洲旗兵，分正黃、正白、正紅、正藍、鑲黃、鑲白、鑲紅、鑲藍八旗。其始舉國皆兵，故以八旗爲之編配，凡屬滿人皆隸旗下，故滿人又稱旗下人。其後滅蒙古取中國，又立蒙古八旗與漢軍八旗，共二十四旗。其滿洲八旗分駐於各地者曰駐防八旗。八旗兵皆係世襲，一兵受餉，全家坐食。其編制：每旗有都統一人，副都統二人，凡轄五參領；一參領轄五佐領；一佐領統三百人。

綠營

此外，有「綠營」，均以漢人充當，隸於各省提督總兵，而歸督撫節制，爲平定內亂之常備軍。

鄉勇

嘉慶以後，旗兵綠營皆已腐敗，故川、楚教匪之亂作，政府不得不另募鄉勇。太平軍興，亦賴曾國藩等所募集之湘勇、淮勇討平。後湘勇自動解散，淮勇遂成爲全國兵力之重心。

練軍

中日甲午戰後，以勇營不足恃，於是乃有改革兵制之議，於勇營之外，挑選精壯，加餉重練，謂之「練軍」。其始仍用舊法操練，至張之洞練自強軍於吳淞，始用西法。光緒二十

新建陸軍

一年袁世凱練「新建陸軍」於小站，自是北洋新建軍，遂代淮軍而為全國兵力之重心。清末更定全國新軍為三十六鎮，分駐各地，又行徵兵制，於各省設督練公所，未及大行，而清室已亡。

第九節 民國成立後之兵制

民國兵制沿清末之舊

民國成立，陸軍編制，大體仍清末新軍之舊而略加改變，分為師、旅、團、營、連、排、棚，以師為最高單位。軍之科別有步、騎、砲、工、輜重五種。軍官分三等九級，曰將、校、尉三等，三等之中各分上、中、少三級，共為九級。民國以來，連年戰爭，地方各自招兵，軍隊遂極龐雜而無統系，至國民政府成立，始從事編遣。據申報年報統計，中國現在陸軍動員力約有二百萬人。

此外，民國以來之練兵，更有一重要之事，不可不述，即黨軍之建立是也。孫中山先生以北洋軍勢力瀰漫全國，為軍閥私人之工具，作帝國主義者之爪牙，欲求國民革命成功，非另建有主義的信仰的黨軍不可，於是於十三年創辦中國國民黨中央軍官學校於廣州之黃埔，以蔣介石爲校長，授以三民主義與極嚴格之軍事訓練，就學其間者多爲各地富有革命思想之青年學生。其後國民黨之肅清廣東軍閥與十五年以後革命軍北伐，其成功之速，卽由於黃埔軍校練黨軍所致之成績也。國民政府奠都南京後，黃埔軍校遂亦遷南京，惟於廣州武漢洛陽成都等處設立分校，以造就中國之軍事人才。

中國之興辦海軍

至於中國之海軍與空軍，力量甚弱。海軍之設，始自清季，光緒元年籌辦鐵甲兵船，六年始購鐵甲兵船，設水師學堂於天津，光緒十四年北洋海軍始成軍。其時北京設海軍衙門，總理海軍事務。中日甲午戰後，海軍全沒，因廢海軍衙門，宣統末年復立海軍部，然以短於經費，缺乏人才，故其成績無甚可觀。民國成立，海軍亦無進展，迄至最近，中國海軍共僅三萬七千五百六十噸（民國二十一年海軍部統計）以之與日本八十五萬噸比，相隔不啻天壤。（國際聯盟一九三二年軍備年鑑載日本海軍總噸數爲八五〇、三〇八噸。）

中國之興辦空軍

中國之軍事航空，濫觴於光緒三十四年，其時湖北、江蘇、直隸等省陸軍各備有日本「山田式」氣球一具。民國成立，軍用飛機，雖時有增置，然以內亂頻仍，財政困難，航空事業，始終不能發達。民國二十一年淞滬中日戰起，以事實之教訓，方使國人注意於軍事航空，於是遂引起近數年來之航空救國運動。至現在中國軍事航空設施情形，因關係國防祕密，不可詳知，其爲有迅速之進步，則無疑也。

國民政府頒布之兵役法

關於國民服兵役之法，亦經國民政府公布（二十二年六月十七日公布），其要點：爲男子滿十八歲至四十五歲，不服常備兵役時，服國民兵役平時受規定之軍事教育、戰時以國民政府之命令徵集之。

第三編　學術史

第十六章　語言文字

第一節　文字之起源

文字演進之三階段

我國文字之演進，有三階段，最先爲結繩，次爲圖畫，最後始有書契。

1　結繩　太古人民，皆以結繩記事，我國古代，亦復如是。易繫辭：「上古結繩而治，後世聖人易之以書契。」至於結繩之法，已不可攷。

伏羲畫八卦

2　圖畫　社會進化，人民生活繁複，太古結繩記事，不夠應用。於是始有圖畫之發明。相傳伏羲氏畫八卦，以代表各物，是爲我國有簡單圖畫之始。（八卦：（1）乾，其畫爲☰，其義爲天；（2）坤，其畫爲☷，其義爲地；（3）震，其畫爲☳，其義爲雷；（4）離，其畫爲☲，其義爲火；（5）艮，其畫爲☶，其義爲山；（6）坎，其畫爲☵，其義爲水；（7）巽，其畫爲☴，其義爲風；（8）兌，其畫爲☱，其義爲澤。）

倉頡造字

3　書契　至黃帝之世，簡單圖畫仍不夠用，於是黃帝之史官倉頡乃造書契，是爲我國有文字之始。許慎說文序：「黃帝之史官倉頡，見鳥獸蹏迒之迹……初作書契。」又謂：「倉頡之初作書，蓋依類象形，故謂之文。其後形聲相益，即謂之字。」

六書之作至周始備

4　六書　世以倉頡作書之時，即有六書，實爲錯誤。倉頡作書止有象形、指事二種，其他至周代始備。許慎說文序：「周禮八歲入小學，保氏教國小，先以六書：一曰指事，指事者，視而可識，察而見意，「上」、「下」是也。二曰象形，象形者，畫成其物，隨體詰詘，「日」、「月」是也。三曰形聲，形聲者，以事爲名，取譬相成，「江」、「河」是也。四曰會意，會意者，比類合誼，以見指撝，「武」、「信」是也。五曰轉注，轉注者，建類一首，同意相授，「考」、「老」是也。六曰假借，假借者，本無其字，依聲託事，「令」、「長」是也。六書俱備，文字之用遂愈廣矣。

第二節　文字形體之蛻變

大篆

古代文字之形體與書法，極不一致，周宣王爲求統一書體起見，遂以太史籀作大篆。

秦始皇統一文字

然東周以後，諸侯力政，文字異形，言語異聲，文字仍未能統一。秦始皇兼併天下，李斯乃奏

同之，罷其不與秦文合者，李斯等因取史籀大篆，加以省改而作小篆。（小篆）

秦始皇時既通行小篆，然其時天下事繁，仍以篆書爲不便，始皇遂令程邈作隸書，以趨簡約。（隸）

漢元帝時，史游作急就篇，解散隸體，創作草書。又東漢時王次仲作楷書，謂之眞書，於是字體大備。

（作書之工具　蔡倫造紙）古人作書之工具，多用竹木或帛。竹爲之者，謂之簡或策；木爲之者，謂之版、或牘、或槧；帛爲之者，謂之縑素。至漢，蔡倫始造紙，文字工具遂得一大進步。筆之製造，始於秦時蒙恬、墨之由來，已不可考，惟漢時人書中，數見其名，如韋誕墨，隃麋墨。

第三節　音韻學

（反切與四聲）音韻本發乎天籟，人類有語言，卽有音韻，惟我國古代音韻學，不甚發達。漢代佛教流入中國，波羅門書以十四字統一切音之術，亦從而傳入，音韻之學，始漸發達。至魏孫炎，本印度之音學，乃創「反切」。南北朝時，字音之研究尤精，於是梁之沈約乃創爲平、上、去、入四聲之分。唐代名僧守溫，又有三十六字母之作，今日國語注音字母之聲母，卽係損益此三十六字而成。

第四節　國語統一運動

我國文字，雖自秦以來，卽已統一，惟以幅員遼闊，語言仍屬歧雜，在政治上，經濟上，文化上處處爲統一之障礙。淸末以後，始有語言統一運動之發生，茲略述此種運動之始末如次：

盧戇章之音字運動

1　國語統一運動之第一期　我國首起從事音字運動者爲福建盧戇章。盧氏依羅馬式之字母製成一種所謂「中國第一快切音新字」，時在光緒十八年也（公元一八九二年）光緒二十一年盧氏攜帶其新字至北京請求政府採用，結果，被駁退回，故當時盧氏之國語運動，於社會尙未發生影響，此爲國語運動之第一期。

勞乃宣之簡字

2　國語運動之第二期　繼之而起者，則有王照之「官話合聲字母」此種字母，係摹仿日本之片假名，採漢字中之一部份製成，共得字母六十二個。其時勞乃宣增王氏之字母爲一百一十六字母二十韻定名爲簡字，迭請學部強令國人學習，遷延至宣統三年，學部始將其事付決於中央教育會議。惟「國語統一辦法案」通過未久，武昌起義，此案因之擱淺，此爲國語統一運動之第二期。

3 國語運動之第三期　民國成立以後，國語統一運動之健將吳敬恆、王照、錢玄同、黎錦熙、汪怡、趙元任等努力提倡，同時教育部亦注重其事，國語統一運動遂大有進展。

注音字母之製定

民國二年教育部召開讀音統一會於北京，結果乃有「注音字母」之採定。民國七年教育部重以教育界之要求，於是乃正式公布注音字母，令全國傳習。隨後，更組織一國語統一籌備會，預備討論修正，以期利於注音字母之推行，故此項注音字母以後尚有多次之修改。民國十七年教育部製定規章，設立「國語統一籌備委員會」，仍聘吳敬恆爲主席，以錢玄同、黎錦熙等爲常務委員，籌謀此項運動之進行。

注音字母改稱注音符號

民國十九年國語統一籌備委員會開會，議決改「注音字母」爲「注音符號」，並提出中國國民黨中央執行委員會通過，函知國民政府轉飭教育部分令所屬各機關傳習，從此國語統一運動，始稍收有實際上之成效。此爲國語統一運動之第三期。

（關於國語運動之詳細歷史，可參攷最近三十五年來之中國教育下卷，黎錦熙之三十五年之國語運動）

附注音字母表

（民國八年教育部所頒布者）

ㄅㄆㄇㄈㄪ　ㄉㄊㄋㄌ　ㄍㄎㄫㄏ　ㄐㄑㄬㄒ　ㄓㄔㄕㄖ　ㄗㄘㄙ　ㄧㄨㄩ　ㄚㄛㄝ　ㄞㄟㄠㄡ

ㄢㄣㄤㄥ　ㄦ

（民國九年增置「ㄜ」一韻母）

第十七章 學術思想（甲）——先秦學術思想

第一節 先秦學術思想發達之原因

春秋、戰國，爲我國學術思想之黄金時代，考其所以發達之原因，約有數點：

1 由於禮治之反動 禮教壓迫過甚，人民對禮教發生疑問，故老子首先立論反對禮教。禮教既動搖，思想因此活躍。

2 由於民生之困苦 春秋以降，井田破壞，工商業興起，社會貧富懸殊，民生困苦。加以戰禍連年，人民無蘇息之望，於是有志之士遂著書立說，以求人生問題之解決。

3 由於教育之解放 自孔子以有教無類之精神，聚徒講學後，知識遂普及於平民，教育既得解放，學術思想當隨之發達。

4 由於蓄積之富厚 東周承禹湯文武周公教化之後，文化基礎確立。

5　由於列國之相競養士　其時列國並立，均欲招攬人才以圖強，於是才智之士輩出。（如秦孝公，梁惠王，乃至孟嘗等，皆以禮賢下士相尚。）

第二節　道　家

老子謂：「有物混成，先天地生，獨立而不改，周行而不殆，可以爲天下母吾不知其名，字之曰道。」道家之得名，或即以此。玆分述此派哲學於次：

老子事略

1　道家之開創者老子　老子姓李名耳，楚人，約生於周靈王時（公元前五七〇年）長孔子二十歲，爲當時思想界之最先鋒，著有道德經。其學說之要點：

老子學說要點

反對禮　老子謂：「禮者忠信之薄，而亂之首者也。」又謂：「絕仁棄智，民復孝慈。」又謂：「聖人不仁，以百姓爲芻狗。」又答孔子問禮曰：「子所問者，其人與骨皆已朽矣。」凡此皆老子反對禮治之言論。

反對天　當時戰爭紛擾，民生困苦，因此有怨天之思想，故謂：「天地不仁，以萬物爲芻狗。」

主無名　老子謂「道可道，非常道，名可名，非常名，無名天地之始，有名萬物之母。」老子之意，以爲所有之「名」皆係主觀的認識，既係主觀，則所謂某「名」爲相對的，而非絶對的，故謂「善之與惡，相去何若？」

主無爲　老子謂「道無爲而無不爲。」其意即謂要「無爲」，然後才能「無不爲」。換言之即以「無爲」爲法則，以達到「無不爲」之目的，故謂「我無爲而民自化，」是即「無爲」而「無不爲」之效也。又謂「民之難治，以其上之有爲，」是即「有所爲」而結果「無能爲」之論也。

順自然　老子之基本理想，爲「順自然，」故謂「天法道，道法自然。」其「無名、」「無爲」之説，無一非順自然之論。老子之意，以爲能順自然，則社會自然安寧，自然可達到「小國寡民，美其服，安其居，樂其俗，鄰國相望，鷄犬之聲相聞，民至老死而不相往來」的社會。

莊子思想較老子尤爲激烈

2 莊子　傳老子之説者，以戰國時莊周爲最著。莊子蒙人，其生卒年月不可考，有莊子一書傳世。莊子思想較老子尤爲激烈。老子「無爲」、「順自然」之説仍係講處世之道，莊子竟倡出世主義，故謂「天地與我並生。萬物與我爲一。」

3　道家別派　有楊朱許行等：

楊朱之學說

楊朱或謂字子居，其生卒年月不可考，倡爲我主義，謂：「損一毫利天下不爲也，悉天下奉一身不取也。人人不損一毫，人人不利天下，天下治矣。」此其說卽脫胎於老子之「無爲」主義。楊朱無書傳世，僅列子楊朱篇記其事。

許行之學說

許行倡並耕之說，謂君須幷耕而食。其說卽脫胎於老子之「民之飢，以其上食稅之多，是以飢。」許行生卒年月不可考，其學說僅見於孟子滕文公篇。漢書藝文志列入農家。

4　老子在學術思想界之地位　司馬談論道家曰「使人精神專一，動合無形合儒墨名法各家之長，無所不宜。」其實老子思想實一種違背社會進化之虛無主義，其說之不能行，卽以此。惟處當時禮教高壓之下，老子能樹起反對禮教之旗幟，則其在思想界之地位，實爲最先進，故後來各家學說，無不淵源於老子。

第三節　儒家

儒家之開創者，為孔子，傳至戰國，儒家哲學分為兩派：一為孟子之大同派，一為荀子之小康派，茲分述之：

孔子事略

1　孔子　孔子名丘，字仲尼，魯之曲阜人，生於周靈王二十一年，死於周敬王四十一年（公元前五五一——四七九年）初作魯國之官，因不得行其志，遂棄官而周遊列國，其道亦不得行，因回魯，專事著述與教育事業，於是將古代官書，删成為尚書；删歷代詩歌為三百篇，訂定禮與樂；更出其讀易心得，作易繫辭傳，又作春秋（此即所謂六經，）此外尚有其弟子所記之論語。

孔子學說要點

至於孔子學說之要點，就道德言，孔子主張以「孝悌」「忠恕」為作人之本，而以「仁」統攝諸德，就政治言，孔子以「天下為公」之「大同」之治，為其最高之理想政治，以「正名」為「為政」之先決條件，以修身齊家治國平天下，為其實行之步驟茲將其主要學說，徵引於次：

孝悌忠恕仁諸德

孝悌忠恕仁　論語：「其為人也孝悌，而好犯上者，鮮矣；不好犯上，而好作亂者，未之有也。君子務本，本立而道生，孝悌也者，其為人之本歟。」又謂：「君子去仁，惡乎成名。」此孔子論孝悌與仁之言。論語子貢問：「有一言而可終身行之者乎？」子曰：「其恕乎，己所不欲，勿施於人。」又謂：「執事敬與人忠。」又曾子曰：「夫子之道忠恕而已矣」。此孔子論忠恕之言也。

「大同」論

大同之說　禮記禮運：「大道之行也，天下爲公。選賢與能，講信修睦，故人不獨親其親，不獨子其子，使老有所養，壯有所用，幼有所長，矜寡孤獨廢疾者，皆有所養，男有分，女有歸，貨惡其棄於地也，不必藏於己；力惡其不出於身也，不必爲己；是故謀閉而不興，盜竊亂賊而不作，故外戶而不閉，是謂大同。」

「正名」論

正名　論語：「子路曰：衛君待子而爲政，子將奚先？子曰：必也正名乎！子路曰：有是哉，子之迂也，奚其正？子曰：野哉由也！君子於其所不知，蓋闕如也。名不正則言不順，言不順則事不成；事不成，則禮樂不興；禮樂不興，則刑罰不中；刑罰不中，則民無所錯手足。」

孔子在中國歷史上之地位

孔子學問淵博，無所不窺，實爲集古代學術思想之大成者。其學說直爲中國一切政教之基本，二千年來中國之歷史，卽孔子一人思想之歷史，其地位之重要，無與倫比。維清末以來，中國社會以受西歐學術影響而大爲變動，孔子在社會上之獨尊地位，始爲動搖。

孟子事略

2 孟子 孟子名軻，字子輿，鄒人，生於周烈王四年，死於周赧王二十六年（公元前三七二——二八九年）從子思受業，（子思即孔伋，孔子之孫，子思之學出於曾參）學成遊齊、梁、滕、宋諸國，以與當時合縱連橫之術不合，終不能行其志，遂退而與其弟子萬章之徒記錄其與時人問答之語成孟子七篇。其學說之要點為：

孟子學說要點

主性善 孟子告子：「惻隱之心，人皆有之；羞惡之心，人皆有之；恭敬之心，人皆有之；是非之心，人皆有之；惻隱之心仁也；羞惡之心義也；恭敬之心禮也；是非之心智也。仁義禮智，非由外鑠我也，我固有之矣。」由此可見孟子謂人之性皆善

民貴君輕 孟子既謂人人之性皆善，則人人無差別，人人皆可為堯、舜，故曰：「舜何人也？予何人也？有為者亦若是。」君主既人人可為，自無足貴，故又曰：「民為貴，社稷次之，君為輕。」此其論，實代表中國最古之民權思想

荀子事略

3 荀子 荀子名況，又稱孫卿，趙人，仕楚為蘭陵令，其生卒年月不可考（後孟子約六十年）其學說要點：

荀子學說要點

主張性惡 荀子反對孟子性善之說，謂：「人之性惡，其善者偽也。今人之性，生而有

有好利焉，順是，故爭奪生而辭讓亡焉……」（見荀子性惡篇。）

主張隆禮尊君　因人性既惡，非上立君，明禮義，則不足以防人之惡性，故曰：「今人之性惡，必將待師法然後正，得禮義然後治……立君上，明禮義，爲性惡也」（見性惡篇。）荀子隆禮尊君之說，影響其弟子韓非、李斯者甚大，韓、李之法治思想，卽導源於此。

第四節　墨家

道、儒兩家之外，尚有墨學，頗爲盛行，分述其學說如次：

墨子事略

1　墨子　墨子爲墨家之祖，名翟，宋人，約生於周敬王二十年與三十年之間，死於周威烈王時，有墨子五十三篇傳世。墨子之學與儒家極有關係。淮南要略：「墨子學儒者之業，受孔子之術，以其爲禮煩擾不悅，厚葬靡財而貧民，久服傷生而害事」，由此可見墨子受儒術，以儒術不足以救世，遂乃別創學說。

墨子學說要點

墨子中心思想爲「兼愛」主義與實利主義。因主兼愛與重實用，故又提倡非攻、節用、薄葬、非樂之說，分別徵引於次：

兼愛　墨子之意，以爲一切亂惡，皆起於不相愛，惟能兼相愛，則亂惡自止。故墨子謂「若使天下兼相愛，國與國不攻，家與家不亂，盜賊無有，天下則治。」（見兼愛）

明天志　墨子恐世人不奉其兼愛之說，而必假以天志，故墨子曰：「天欲人之相愛相利，而不欲人之相惡相賊，順天意者兼相愛，交相利，必得賞；反天意者，別相惡，交相賊，必得罰」。

非攻　墨子以當時戰禍不息，故主兼愛，因主兼愛，故倡非攻。公輸般爲楚造雲梯以攻宋，墨子聞之，遂自魯至楚說止公輸般，公輸般九攻之而械盡，墨子九守之而有餘，楚遂不攻宋。（見墨子公輸篇）

節用　墨子謂戰爭之起，由於不足，不足之念不去，則攻戰無已時，消除「不足」之道，首在節用。（見墨子節用篇）

薄葬非樂　墨子因主節用，故又主薄葬非樂。墨子謂儒家厚葬久喪之害有三：第一國必貧，第二民必寡，第三政必亂，因此墨子主張桐棺三寸，衣衾三頭，下毋及泉，上無通臭，無服，爲三日之喪。墨子又謂，樂之害有三：第一有樂器之費，第二有時間之費，丈夫爲樂，廢耕稼，婦人爲樂，廢紡織，第三有樂人之費，樂人美服，消耗特多。

尚賢　墨子既主兼愛，故反對貴族政治，而倡導賢人政治，墨子曰：「尊尚賢而任使能，不黨父兄，不偏富貴，不嬖顏色，賢者主而上，富而貴之，以爲官長；不肖者抑而廢之，貧而賤之，以爲徒役。」（見墨子尚賢篇）

2　別墨　戰國時，傳墨子之學者，有惠施、公孫龍與宋鈃、尹文之徒，前者倡「堅白異同」之說，後者倡「禁攻寢兵」之論。

第五節　法家

法家思想之來源

法治思想萌芽於春秋時之管仲，然至戰國末年韓非子出，始成爲有系統之學說。其學說係取儒家之正名主義，道家之自然主義與墨家之平等主義而成。

法家所受於儒家的正名主義者——尸佼子：「是非隨名實，賞罰隨是非，」是名實不正，則是非不明，是非不明，則賞罰不中，由此可見法家思想，一面實淵源於儒家之正名主義。

法家所受於道家之自然主義者——法家既主張同奉一法，則法之立，須有一客觀標準，始爲公正。所謂客觀標準，實卽自然律，由此可知法家思想，一面又淵源於道家之自然主義，

法家所受於墨家之平等主義者——法家主張同奉一法，無貴賤親疏之別，一律平等，此其說實本於墨家之平等主義（卽博愛）與尚賢之說。

韓非事略

韓非學說要點

法家之成立，始於韓非，韓非韓國之公子，與李斯同從荀卿受業。韓國雖不能用其學，秦始皇卻稱其術，嘗謂：「寡人得見與此人遊，死無恨矣。」有韓非子五十五篇傳世，其學說之要點，爲反對賢人政治，而專主法治，謂君主奉法而行，不必待聖君賢臣，而後可以治國。（見難勢篇）且主張法應與時而變，故謂：「治民無常，惟治爲法，法與時轉則治，治與時宜則有功……時移而治不易者亂。」（見心度篇）

第六節　其他各家

先秦諸子，派別繁衍，司馬談嘗歸爲六家，卽陰陽家、儒家、墨家、法家、名家與道家，而於

道家備極推崇。漢書藝文志本劉歆七略，則又區爲十家，十家者卽：儒家、道家、陰陽家、法家、名家、墨家、縱橫家、雜家、農家與小說家。藝文志謂：「其可觀者九家而已，」故除小說家，又稱之爲九流。此十家中獨立成一家之言者，實僅上述之道、儒、墨、法四家而已，其他各家故從略。（欲知其詳，可參看漢書藝文志。）

第十八章 學術思想(乙)——秦漢時代學術思想之專制與漢代經學之特盛

第一節 秦皇漢武之學術專制

中國政治,至秦、漢成大一統之局,中國學術,至秦、漢亦成專制之局,秦皇專制於前,漢武繼起於後。此兩君者固中國之雄主,亦學術界之罪人,茲分述其事於後:

秦始皇焚書之原因

1 秦始皇之焚書與專重法治 始皇之焚書,起於當時學者(卽儒生)以其所學,非議當世,而發動則由於封建與郡縣之爭。其時博士淳于越主復封建,李斯則本其法治學說,力主廢封建行郡縣,且爲杜絕儒生非議政令起見,更請焚天下詩書(博士官所藏除外),始皇從其議,遂實行焚書。於是造成我國學術思想上第一次大厄難。

2 漢武帝之獨尊儒術 漢武帝雄心,不亞始皇,皆欲爲絕對專制之君主。秦以法治專斷於前，漢武遂獨尊儒術於後，兩人所尚雖不同，其目的則同爲統一思想。

漢武帝獨尊儒術之原因及其影響

漢武尊儒之策，係出自董仲舒。董主張：「不在六藝之科，孔子之術者，皆絕其道，勿使並進。」武帝既罷黜百家，獨尊儒術，於是百家學說以受政治之壓迫，遂不復昌明，此後中國學術思想，除受佛教影響稍有變動外，數千年來之思想而毫無變動者，即受武帝獨尊儒術之影響所致。此爲中國學術思想上第二次大厄難。

第二節　漢代經學之特盛

漢代經書特盛之原因

西漢既獨尊儒術，則孔子所删定之經書，遂成爲必修之科學，經學之所以特盛，即由此也。當時樂經已亡，所餘者僅五經（易、詩、書、禮、春秋）。迄西漢末年，經學有兩派之分，即今文經派與古文經派。西漢時惟有今文經，至西漢末平帝時，始有所謂古文經出見，茲分述今古文經之來源及其不同之點：

今文經

1、今文經　所謂今文經者，爲當時老師口授傳經，而以漢代通行之隸書寫之者，因漢代通行隸書，故曰今文。經文既憑口說傳授，於是家法各異。史記儒林列傳，載西漢五經傳授爲：一言詩，於魯則申公；於齊則轅固生；於燕則韓太傅（嬰）。言尚書，自濟南伏生。言禮，自魯高堂生。言易自菑川田生。言春秋，於齊魯自胡母生；於趙自董仲舒。

古文經

2 古文經 所謂古文經者，爲後來所發見之原本古籍，而用秦以前之大篆寫之者。大篆漢已不通行，故曰古文。古文經之來歷爲：

易 費直之易，行於民間。

書 魯恭王壞孔子宅所得，由孔安國讀之者（孔安國，漢武帝時人）。

詩 毛萇之詩（河間獻王所獻。毛萇漢武帝時人）。

禮 魯恭王在孔壁中所得之逸禮與河間獻王所獻之周禮（即周公居攝時所訂之禮）。

春秋 張蒼所獻之秋春左氏傳，劉歆見之於秘府者。（張蒼漢高祖時人）

今古文之爭

3. 今古文之爭 西漢末年，劉歆倡古文經學，反對今文經，於是今古文之爭遂起。王莽時劉歆爲國師，倡六經皆史之說，遂廢今文而立古文經博士。光武中興，復廢古文，然從此今古文並重矣。東漢末馬融、鄭玄等提倡古文經（其時惟何休主公羊）古文經勢力大盛，自是以後，直至清嘉慶間，所行者皆古文經。

今古文經之不同

4 今古文經之異點　今古文不同之點，其最重要者爲：

A 今文經家以六經皆孔子所作，係託古改制之書；古文經家則以六經皆史。

B 今文家崇奉孔子，認孔子爲政治家，哲學家；古文經崇奉周公，認孔子爲史學家。

C 今文家信緯書，講微言大義；古文家斥緯書妄誕，謂六經皆史。

D 今文家斥古文經爲劉歆所僞造；古文經斥今文經爲秦火殘缺之餘。

漢代經學與方士之術相糅合之原因

5 漢代經學與陰陽讖緯之關係　漢代經學有一特點，卽與陰陽家之言相糅合。陰陽五行之說，始自戰國時之鄒衍，以金、木、水、火、土與陰、陽相生相尅之理，而預卜人事。讖者卽爲預言，所謂立言於前，有徵於後。讖之起源甚早，夏有「亡夏者桀」之讖，至漢代讖與陰陽家附合，而與緯並行。緯者因經而立名，所謂「經陳其常，諱究其變」。至於儒家何以能與方士之術相糅合，推原其故，約有數端：

第一　六經中之易、書、春秋、禮本有與方士附合之可能，如易之占卜，書之洪範五行，春秋之講災異，禮之重祭祀皆可與方士之術相附合也。

第二　儒家尊君與方士之講長生不死之術皆爲君主所喜，二者既同爲君主之所喜，則其勢必相糅合。

儒家與方士之分離

至王莽時，劉歆倡六經皆史，竭力反對陰陽五行讖緯之說，於是師法孔子之儒家始與方士分離，然迷信心理，則已隨儒學而深入人心，迄至現在，尚未能打破也。

（註十三經——古爲六經（易、詩、書、禮、樂、春秋，）後樂經佚亡，遂稱五經，繼而禮又分爲儀禮、周禮、禮記，稱七經。復次春秋又分爲公羊傳，穀梁傳，左氏傳，稱九經，至宋代加入孝經、論語、孟子、爾雅，遂稱爲十三經。）

第三節　兩漢學術思想之貧乏與王充之思想

漢代學術思想貧乏之原因

1　兩漢學術之貧乏　兩漢學術思想以受獨尊儒術之影響，本已貧乏，而儒學本身，復雜以陰陽家之言，於是儒學眞諦，更不能闡發，其後儒生復爲今古文門戶之見所困蔽，因此漢代學術思想，益爲貧乏。統觀兩漢學者，除史學大家司馬遷與批判家桓譚，王充數人外，即號稱醇儒之董仲舒與鄭玄，亦皆爲陰陽五行之說所蔽。董仲舒所著之春秋繁露天地陰陽第八十一中有「天，地，陰，陽，木，火，水，土，金，九與人而第十者，天之數畢也」之語。其自五行對以下至五行五事凡二十餘篇，無不講陰陽五行。鄭玄亦以緯釋經，且爲緯書作註。

王充在漢代學術界之地位

2 王充之思想 漢代陰陽讖緯之說特盛，儒生均爲所困。當時雖有桓譚反對圖讖，（桓譚東漢初人，著有新論）然能獨樹一幟，對當時思想界施以批判者，實僅王充一人而已。王充字仲任，東漢初人，博通衆流百家之言，以爲俗儒守文，多失其眞，乃閉門潛思，著論衡八十五篇傳世。其思想之特點，在勇於懷疑，對當時五行之說，神仙之言，概反對之，幷倡無鬼論。漢代迷信特盛，獨王充不爲所惑，毅然獨樹一幟以正時俗，其在漢代思想界地位之重要，可想知矣。

第四節 漢代在學術上之貢獻

漢代訓詁之學

漢代在學術上有一小貢獻，即訓詁之學是也。原我國古代典籍，經秦始皇焚燬之後，民間存者殆盡，再經項羽之燒咸陽，官家收存者，亦付之一炬，至漢惠帝時，以古籍蕩然無存，遂除挾書之禁令，且進而徵求遺書。惟遺書雖得，然遺書中之古文奇字，不易通曉，於是不能不爲之校勘詁釋，訓詁之學，卽於茲以起。至東漢末年，馬融、鄭玄等更專心於箋註，訓詁之學，因之大盛。

第十九章　學術思想（丙）——魏晉南北朝時代之清談與玄學

第一節　清談玄學之特盛

魏、晉、南北朝，爲懷疑主義時代，亦儒、佛兩宗之過渡時代。其時學術思想之特徵，即爲清談與玄學。考清談玄學所以特盛之原因，約有數端：

清談之風盛行之原因

1　由於戰爭的擾亂使學者生厭世觀念　自東漢末葉以至晉室，戰禍不息，民生塗炭，學者多生厭世之想，王粲所謂「出門無所見，白骨蔽平原，未知身死處，安能兩相完，」即可表示一般之厭世觀念。此爲促成清談玄學特盛之根本原因。

2　由於兩漢訓詁之反動使學者思想趨於談理　兩漢經學家專重訓詁，且各存門戶，重訓詁，其流弊涉於瑣屑。守門戶，則流於固陋，故其反動，遂使學者由訓詁而趨於談理，由爭執門戶之見而趨於解放。

3 由於禮教之反動使學者思想趨於放誕 自東漢光武帝提倡氣節後，士子砥礪氣節，風氣爲之一變。及曹操欲謀篡漢，以此種氣節之風，不利於己，於是崇奬跅弛之士，而禮法遂壞。此時學者復目擊軍閥之篡竊，又必假禮義美名，遂更覺一切禮教，原不過爲欺人盜世之工具，至是遂發出「禮豈爲我輩設哉」之呼聲，而趨於放誕矣。

第二節 清談

清談之意義及風氣之始

清談，卽鄙棄世俗不問而專務玄理空談之謂。其風始自魏廢帝正始中之何晏與王弼。何晏王弼祖述老莊，以爲「天地萬物皆以無爲本，」此風雖倡於何王，然至阮籍、嵇康出，其風始盛。

清談風氣之盛

嵇康好言老莊，尚奇任俠，與阮籍、阮咸、山濤、向秀、王戎、劉伶相友善，號爲「竹林七賢，」皆崇尙虛無，輕蔑禮法。其後甚者縱酒，散髮，去衣，無所不爲，而自命爲曠達，至是禮教掃地無餘，思想大爲奔放。阮籍嘗作大人先生傳謂：「世之所謂君子，惟法是修，惟禮是克，手執圭璧，足履繩墨。行欲爲目前檢，言欲爲無窮則。少稱鄉黨，長聞鄰國。上欲圖三公，下欲爲九州牧，獨不見羣蝨處褌中，逃乎深縫，匿乎壞絮，自以爲吉宅也。行不敢離縫際，動不敢出褌襠，自以爲繩墨也。然炎丘火流，焦邑滅都，羣蝨處於褌中，而不能出也。君子之處域內，何異乎羣蝨之處於褌中乎。」據此，可見當時反對禮教之激烈矣。

第三節　玄學

何尙之立玄學

淸談之風既盛，於是劉宋文帝，遂命何尙之專立「玄學，」以相教授，迄乎梁代，更以老、莊、周易總謂「三玄。」談論則爲玄言，著述則爲玄部，玄學之盛，達於極點。惟當時談玄者多雜有佛家思想，蓋老、莊之學，多有與佛學相通者。當淸談玄學特盛之際，更有鮑敬言者，倡一非君主制度之說。

鮑敬言之思想

鮑敬言之生平不可考，其思想僅見於葛洪所著抱扑子詰鮑篇。敬言嘗謂「曩古之世無君臣，穿井而飲，耕田而食，日出而作，日入而息……禍亂不作，干戈不用……機心不生，含哺而熙，鼓腹而遊……君臣既立，衆慝日滋。」於此可見鮑氏之根本思想，卽在反對君主制度。

第四節　魏晉南北朝時代之經學

魏晉南北朝時代之經學家

此時思想既大解放，於是學者說經，無不與漢儒家法相異。茲將此時代之重要經學家及其所著之經，分列於左：

1 魏時，王弼注周易（捨象言理，與漢儒不同。）

2 魏時，何晏作論語集解（不盡用鄭玄之義。）

3 晉時，王肅作孔安國尚書傳（所說與鄭玄立異。）

4 晉時，杜預作左傳集解。

5 晉時，郭璞作爾雅注。

6 晉時，范甯作穀梁集解。

南北朝學風之異趣

南北朝時，北朝風氣，變動較晚，故當時南北經學亦不相同。大抵南人喜治周易，北人喜治三禮；南人簡約，得其英華；北學深蕪，窮其枝葉。其後唐一天下，唐太宗命孔穎達撰五經正義，易則用王弼注，書用孔安國，左傳用杜預之集解，從此南學遂獨盛。

第二十章　學術思想（丁）——唐代學術思想之衰落

第一節　唐代學術思想之衰落

中國學術思想，自受秦皇、漢武之束縛後，甚少發展，魏、晉以降，因禮法之破壞，玄學之盛行，思想界始復呈活躍之象，然至隋、唐，學術思想，又歸衰落，當時除佛學外，幾無思想可言，考唐代學術思想所以衰落之原因，約有數端：

唐代學術思想衰落之原因

1　受科舉制度之影響　當時士子均醉心于功名利祿，除致力於詩文經義以外，皆束書不讀，處此風氣之下，自無學術思想家產生。

2　受政府統一經說之影響　唐太宗命孔穎達撰五經正義，以一經說，學術思想遂無自由發揮之餘地。

第二節　李翺之復性書

李翺爲唐代之唯一思想家

唐代思想之衰落，既如上述，然自唐中葉後，思想界亦有轉變，而轉變唐代思想之關鍵人物，即爲李翺。李翺爲韓愈弟子，其思想見於其所著之復性書，其論性之主張爲：「屏情以明心，明心以見性。」又謂：「人之所以爲聖者性也；人之所以惑其性者情也。」韓愈謂人之性情，各有上、中、下之差，翺則以性爲無差，而性之差別，由情之惑也；此其說實取老、莊、孟、荀之性論與佛家禪宗之性論融合而成，他日宋代理學卽導源於此。（佛教禪宗在中國始於南朝梁武帝時之達摩。達摩本南印度高僧，其教不講經、不著書，以直指本心見性成佛爲義，但以衣鉢傳授爲信法，因其宗「禪那，」故謂之禪宗。「禪那，」梵語謂：任心於一境冥想禪論。）

第二十一章 學術思想（戊）——宋明時代之理學

第一節 儒家思想之一大轉變

漢代儒學與宋代儒學之異趣

宋代理學之發生，乃爲儒家思想之一大轉變，蓋宋以前爲「說經義」與談「修齊治平」之儒家，宋以後則轉變爲談「理氣心性」的儒家。朱熹謂：「秦、漢以來，聖學不傳，儒者唯知訓詁章句之爲事，而不知復求聖人之意，以明夫性命道德之歸。」由朱氏此言可知宋儒之學在講求「性命道德」而不復拘於訓詁章句間矣。故此後儒學遂有漢、宋之分。

第二節 理學之成分

宋儒所倡之理學雖以復「聖學」爲招牌，其實理學之成分，已雜有佛、道兩教之哲

宋明理學為儒釋道三家哲學之合流

學。原儒家立說，尊重人事，但有魏、晉、南北朝、隋、唐與佛道兩教猖披以來，儒學家大受釋、老學說之影響，而亦講求性命之學。如唐代李翱之「儒表佛裏」「儒表道理」之復性書，即其例證。李翱之復性書，亦即為儒學大轉變之渡橋。然何以知宋儒理學有佛道兩家之成分？

第一　朱震之漢上易傳謂：「陳摶以先天圖傳种放，种放傳穆修，穆修以太極圖傳周敦頤，敦頤傳程顥。」按陳摶為隱居華山之大道士，而宋、明理學，實淵源於陳摶，由此可知宋、明理學有取於道家之成分。

第二　空谷景隆之尚直編謂：「穆修又以所傳太極圖，授於濂溪周子，已而周子叩問東林聰禪師太極圖之深旨，東林為之委曲剖論，周子廣東林之語而為太極圖說。」敦頤亦嘗自嘆曰：「吾此妙心，實啓迪於黃龍（黃龍山僧慧南），發明於佛印（廬山歸宗寺僧）；然易理廓達，非自東林開遮拂拭，則無由表理洞然。」由此可知宋、明理學又有取於佛家之成分。

總之，宋、明理學家，皆出入釋、老以求六經，故宋、明理學實為儒、釋、道三家哲學之合流，亦可謂中、印哲學之合流也。

第三節 宋代理學勃興之原因

宋代理學勃興之原因

由上所述，可知宋代理學勃興之主因：第一由於訓詁章句之反動；第二由於佛、道兩教盛行之影響，除此以外，尚有助因數端：第一由於宋代書院之發達與講學之風盛行，（宋代書院之勃興見於第十二章教育制度）。第二由於印刷術進步因印刷進步，得書較易，得書既易，學術思想亦因之發展。（五代時發明雕板術，至北宋仁宗時，布衣畢昇更發明活字版。）

第四節 宋代之理學

宋代理學分濂、洛、關、閩四派，此外則有「象山學」。分述於次：

周敦頤

1 濂學（周敦頤） 周敦頤字茂叔，宋神宗時道州濂溪人，為理學之開創者。著太極圖說，明天理之根源，究萬物之終始。又著通書四十篇。其學說之出發點為道家的無極（老子曰：「天下式，常德不忒，復歸於無極，」一）由無極而太極，由太極而有陰陽——動靜。然必須「靜」以立人極，惟靜則無欲，無欲故明心，明心故見性。周子學說，表面上雖本周易立說，實則所言皆佛、老之精髓。

程顥程頤

2　洛學（程顥、程頤）　兩程洛陽人。程顥字伯淳，十五六歲時即與其弟頤，同受業於周敦頤。顥與頤因其個性之不同，成就亦略有殊異。顥之德性寬宏，規模闊大，光風霽月爲懷，故其學近於禪，所以不重講學，而重身體力行，明心見性。嘗謂：「心即性，性即心，」此其說，即陸九淵之學所自出。頤氣質方剛，文理密察，性拘謹，故其學近於儒，所以講大學「格物致知」之說。嘗謂：「窮理即是格物，格物即是致知，」頤之學，以朱熹集其成。頤字正叔，世稱爲伊川先生。顥，世稱爲明道先生。

陸學出於程顥

張載

3　關學（張載）　張載字子厚，長安人，世稱橫渠先生。學古力行，爲關中人士之宗師，著書號正蒙，又作東銘、西銘、正蒙之作，多本於易，西銘則多本於中庸，而以孔、孟之仁爲主。東銘，爲戒戲言戲動與過言過動而作，不及西銘之精深宏大。大抵橫渠之學，「以易爲宗，以中庸爲體，以孔、孟爲法」（見宋史）。此時尚有邵雍與二程、周、張並稱爲理學五子。邵雍字堯夫，獨長象數之學，著書甚多，有（皇極經世、觀物內外篇等著作）

理學五子

朱熹

4　閩學（朱熹）　朱熹安徽婺源人，後僑居福建。字元晦，又號晦翁。紫陽、考亭、晦庵，遯翁皆爲其稱號。學問淵博，著述極多，實爲集宋代理學之大成者。所著之書，重要者有：易本義、啓蒙、大學中庸章句、論語孟子集註、太極圖通書西銘解等；所編次之書，重要者有：通鑑綱目、宋名臣言行錄、近思錄等。其爲學，主張卽物窮理以致其知，反躬以踐其實，而以居敬爲主。此其說不失伊川「今日格一件，明日又格一件」之精神，頗與近代科學上之歸納法相似。

朱子爲學之方法

5　象山學（陸九淵）　陸九淵字子靜，自號象山，學者稱象山先生。江西金谿人，常與朱子會講鵝湖，論多不合。朱主先慧後定，道問學卽物窮理；陸主先定後慧，尊德性。謂：「心卽理。」故嘗謂：「學苟得道，六經皆我註腳。」如以現代名詞釋之，則朱子之爲學尚經驗，爲歸納法；象山之爲學重直覺，爲演繹法。

朱陸學說之不同

6　理學思想之變動　理學家之立說，重修養，而不重事功，自周敦頤以至朱、陸，莫不然也。與朱熹同時而相友善者，有呂祖謙，講理學而兼博史學，則變理學之主旨，教人必致用爲事，此實開浙東事功派之先聲。其友陳亮、葉適，且詆斥理學而倡言事功。陳亮嘗謂：

呂祖謙等之倡言事功

金履祥

事功派理學興起之原因

「今之儒士，自謂得正心誠意之學者，皆風痺不知痛癢之人也。舉一世安於君父之大讎，而方且低頭拱手以談性命，不知何者謂之性命乎。」南宋末之金履祥，亦傳朱子之學，然亦重實用，嘗建議從海道以圖燕薊。凡此皆趨於事功之言，已一變北宋理學之面目。其所以變動者，實由於南宋偏安之局，及金、元之逼，士大夫皆志切恢復，有以使然也。（呂祖謙、陳亮、葉適皆浙江東路人，故亦稱事功派諸學者爲浙東學派。）

第五節　元代之理學

趙復事略

蒙元滅宋，擄宋儒趙復北歸，趙復本傳朱熹之理學者，至是爲理學之傳以北上。其後，推衍朱熹之說者有許衡、劉因。融合朱、陸者有吳澄。浙東事功派之學，則以受政治上之壓迫，無傳之者。許衡元初之河內人，字仲平，學者稱魯齋先生，有魯齋心法、魯齋遺書。劉因，元初容城人，字夢吉，號靜修，有靜修集。吳澄，元初崇仁人，字幼清，著學基、學統二篇，學者稱草廬先生。趙復，南宋末河南德安人，字仁甫，元初擄其北上，建太極書院，延復爲師，復乃錄其所記程、朱之書，以教學者。爲人耿介，終不受祿，雖燕居不忘故土，以江漢自號，學者因稱江漢先生。

第六節　明代之理學

明初理學不外程朱之說

1　明初之理學　明初政府編訂四書大全、五經大全、性理大全，一以程朱之說爲準，不得出其範圍；薛瑄諸人，即皆恪守紫陽家法者，故明代前半期之學術思想，大抵仍受程、朱學說所支配。陳獻章則稍變面目，而近於陸學。薛瑄號敬軒，著有讀書錄、從政名言；其學以躬行爲主。瑄爲山西河東道人，故稱其學爲河東派。陳獻章廣東新會江門人，居白沙里，門徒稱白沙先生。其學出入朱、陸，以無欲主靜爲宗旨。因其爲江門人，又稱其學爲江門派。

王陽明之學說

2　王守仁之學及其流變　程、朱學說之末流，過於篤信謹守，其弊爲拘迂，故君主頗利用之，用以範圍一世之人心。至明憲宗時有王守仁出，程朱學說之地位，始爲王學所奪。王守仁餘姚人，字伯安，學者稱陽明先生。其學遠溯孟子，近溯象山，創「致良知」與「知行合一」之說。嘗謂：「知是行的主意，行是知的工夫，知是行之始，行是知之成。」又謂：「知之眞切篤實處便是行，行之明覺精察處便是知。」其意謂知與行本二而一體，而不可分離者，若强分作兩件去做，則終身不能行，亦終身不能知。其持論直捷簡易，一時學者，翕然從之，宗王學者遍天下。厥後王學傳入日本，日本學者多宗之。

王學之流變

王學本重個性，及其末流，則趨於放誕，以爲「滿街皆是聖人」，「酒色財氣無礙菩提路」（如何心隱、李贄之徒，無不放浪形骸，蔑視禮教，爲世所詬。何心隱卒爲張居正所殺，李贄則被目爲妖人。）

第七節　宋明理學總論

宋、明理學，派別繁衍，以其學理分之，不外程、朱與王、陸兩派，其實此兩派皆同出於周敦頤，惟前者較偏於儒，後者較偏於釋。但陸、王之學雖近於釋，然亦不能謂非儒；程、朱之學雖偏於儒，然亦不能謂無釋之成分。要之兩者皆係融會老、孔、孟、荀與佛、道之言，不過各有所偏而已。由此亦可知兩派表面上雖皆謂承孔、孟之道統，實質上則兩派理學，已另具體系，而皆非孔、孟之眞面目矣。

第二十二章　學術思想(己)——清代學術思想

第一節　清代學術思想之轉變

清代學術思想之轉變，前後約有二次：

清初經世致用之學風形成的原因

第一　清初學者之講經世致用　清初學術思想，以明末王學之反動與異族入主之關係，一時學者如顧炎武、黃宗羲諸氏，皆以「經世致用」之學為務，於是形成清初講「經世致用」之學風，此為第一個變動。

清代提倡文化之用意

乾嘉考據學派形成之原因

第二　乾嘉時代之考據學　清初經世致用之學風，於滿清大不利，清政府遂一面假提倡文化之美名，羅致學者，編纂圖書，校刊經史，以期消滅學者講致用之精神，而使其埋頭於故紙堆中；一面則大興文字獄，以箝制士人之言論思想，至此遂形成乾、嘉時代特盛之考據學，此為第二個變動。

漢學衰微與今文學派復興之原因

第三　今文學派　考據學既盛，而其反動亦隨之以起。蓋乾、嘉以後，此種斤斤於名物訓詁之漢學，一則因其發展已致窮途，一則因其內容涉於瑣屑，故在學術上之地位，遂衰落而動搖。其時學術界爲欲打破此種因襲之考據學，故不得不另闢境地，結果乃發現西漢之今文學。此其學至晚清康有爲出而益盛，有爲且轉而包容內外之民主思想，將其學應用於實際政治，結果乃形成晚清政治之維新運動，此爲第三個變動。

第二節　清初講經致用之四大學者

顧炎武之民族精神

1　顧炎武（明萬曆四十一年——清康熙二十一年，公元一六一三——一六八一年。）

略傳　炎武字寧人，號亭林，學者稱亭林先生，江蘇崑山人，當明亡清師下江南時，亭林嘗糾合同志舉義兵，後崑山城破，遂遍遊天下，以謀恢復。亭林之學，無所不通，尤好地理、經濟之學。康熙間詔徵博學鴻儒，諸公卿爭欲羅致之。亭林乃預使門人辭之曰：「刀繩具在，勿速我死；」其民族精神有如此。亭林嘗於山西之五台等地，墾田牧畜，以實行其經濟政策。

顧炎武之反對理學

學說　亭林以鑑於晚明王學，類於狂禪，故極反對理學，嘗曰：「古今安得別有所謂理學，經學卽理學。」又曰：「置四海窮困不言，而終日講危微精一，我勿敢知也。」顧氏既反對性理之學，於是歷覽二十一史以及天下郡縣志書作天下郡國利病書，以見其經世致用之懷抱，其爲學重考證，其所著之日知錄最足表示其博證求眞之精神，乾、嘉漢學之規模，卽由顧氏所樹立。

顧炎武之重要著作

2　黃宗羲（明萬曆三十八年——清康熙三十四年）

黃宗羲之民族精神

略傳　宗羲字太冲，號南雷，學者稱梨洲先生，浙江餘姚人。時清兵入江南時，梨洲嘗糾合里中弟子從魯王，魯王敗，梨洲遂閉門著述。清康熙時，詔徵博學鴻儒，亦力拒不出。

黃宗羲之治學方法

學說　梨洲之學，雖出於王派理學，但主通經史求致用，以救學理之空疏，嘗曰：「明人講學，語錄之糟粕耳，不以六經爲根柢，束書不讀，而從事於遊談，學者當先求經，然拘執經術，不足以經世，欲免爲迂儒，必兼讀史。」又謂：「讀書不多，無以證斯理之變化，多而不求諸心，則爲俗學。」由此可見梨洲之爲學，以經史爲根本，以經驗與推理爲治學之方法，以經世致用爲目的。

黃宗羲之政治學說——民主

梨洲既精研史學，熟於古今治亂興亡之迹，故其政治主張，獨具見地。大抵梨洲政治思想以民主爲本，其說見於其所著之明夷待訪錄之原君。晚清今文學派之梁啓超、譚嗣同等，皆受梨洲民主思想之影響甚深。當時維新志士，且密印明夷待訪錄數十萬部散發全國，故梨洲思想影響於晚清革命運動甚大。（梁啓超清代學術概論，述此甚詳。）

梨洲之著作

梨洲著述最重要者，除明夷待訪錄外，尚有明儒學案等書，我國之有學術史以此爲始。有清一代之史學，梨洲實爲其宗師。

3 王夫之（明萬曆四十七年——清康熙三十一年）

略傳 夫之湖南衡陽人，字而農，號薑齋。清兵入湖南，夫之曾起兵抗之，戰敗走肇慶，爲桂王行人。桂王敗，夫之遂隱遁不出，晚年居衡陽之石船山，學者稱爲船山先生。臨死之前，夫之自題其墓曰：「明遺臣王某之墓」，其民族思想之深有如此。

王夫之之民族精神

王夫之之學說

學說　夫之反對王學最力，謂王學爲亂明之源，其講經世致用，與黃、顧相同。其政治思想，在明華夷之辨，嘗謂：「即使桓溫翟功成而篡，猶盛戴異族以爲中國主。」（讀通鑑論）船山著述甚多，其重要者，有噩夢、黃書、俟解等書，現均收入船山遺書中。

4　顏　元（明崇禎十年——清康熙五十一年）

顏元之人格

略傳　顏元字渾然，號習齋，直隸博野人。習齋生長窮境，志氣堅固，行事澈底，且躬耕講學，一世皆仰其人格。

顏氏之實用主義

學說　習齋反對理學最烈，於陸、王、程、朱，一概反對，嘗謂：「必破一分程、朱，始可近一分孔、孟。」習齋且根本反對以讀書說理爲學，嘗謂：「以讀書說理爲學，非孔子之學，以讀書之學解書，並非孔子之書。」平日教人，必習六藝而躬行實踐之。又嘗教弟子曰：「生存一日，當爲生民辦事一日。」此種絕對的實用主義，極類似墨子。其弟子李塨頗能實踐顏氏之教。李塨死，習齋之學竟中絕而無傳者。顏氏最重要之著作，有四存（即存學，存性，存人，存治。）

第三節　清代考據學之特盛

顧炎武爲考據學之啓蒙者

閻若璩　胡渭　姚際恆

1　考據學之初期　清代攷據學之啓蒙者，當推顧炎武。此外閻若璩、胡渭、姚際恆等，亦皆爲攷據學之先鋒。閻著古文尚書疏證，專辨東晉晚出之古文尚書爲僞書。胡渭著易圖明辨，取宋人用道家陳摶所附會之河圖、洛書等講易之圖，一一辨證其非出於古，凡漢儒附會之談，宋儒變亂之論，一掃而空之。姚際恆著古今僞書攷，疑周禮等書，其懷疑精神，異常熾烈。

2　攷據學之確立　清代考據學雖由顧炎武與閻若璩開其端緒，然確立此種學問者，首推乾隆時之吳派惠棟與皖派戴震。

惠棟之治學方法

吳派惠棟　惠棟吳縣人，字定宇，世傳經學。著有九經古義等書。其治學之方法，專以「古今」定「是非。」梁啓超清代學術概論謂惠棟治學方法爲「凡古必眞，凡漢皆好。」

戴震之治學方法

皖派戴震　戴震安徽休寧人，字東原，著述極多。其最精者有聲音考、爾雅文字考、古曆考，投水經注等書。晚年作孟子義疏證，揭出孔、孟眞面目，以樹立其哲學。其治學方法，最有科學的精神每遇一疑難必(一)參互考驗曲證旁通；(二)實事求是不主一家；(三)不以人蔽己不以己自蔽此種分條析理之方法皆為以後考據家所襲用，戴氏有功於一代學術，亦卽在此。

段玉裁　王念孫　王引之　趙翼　錢大昕　晚清之考據家

3　考據學派之繼起人物　戴門後學名家輩出，而以金壇之段玉裁（有說文解字等書）高郵王念孫（有讀書雜志等書）與其子引之（有經義述聞等書）為最著。其時考證史學者，則有趙翼（著二十二史劄記）錢大昕（有二十一史考異）與崔述等（著考信錄）以上諸氏皆為乾嘉時代人物，可知考據一學，特盛於乾嘉。咸、同間之俞樾（著羣經平議，古書疑義舉例等書）孫詒讓（著墨子閑話，周禮正義等書）以及清末之章炳麟，則為考據學派之後勁矣。

第四節　今文學派

1，清代今文學之倡始　今古文之爭，本經學家自身之內訌，其爭端始於漢代，清代今文學家之興起而攻漢學，不過為舊案重提。

莊存與　劉逢祿　龔自珍　魏源　王闓運　康有爲事略及其思

清代首倡今文學以與漢學對抗者，爲武進莊存與（戴震同時人。）存與著春秋正辭，專講求其所謂「微言大義，」而不斤斤於名物制度之訓詁。其後武進劉逢祿繼起，著左氏春秋考證，謂此書本名左氏春秋，不名春秋左氏傳，乃記事之書，非解經之書凡解經之處，皆劉歆所竄入。於是經之眞僞問題以起

2　今文學之盛　道光時仁和龔自珍精通公羊春秋，說經宗莊、劉，爲清代今文學之健將。自珍往往引公羊譏切時政，清末思想之解放，自珍實與有大力。（見梁啓超清代學術概論）

道光末邵陽魏源著詩古微，攻毛傳及大小序，於是詩之眞僞問題以起。又著書古微，謂東晉晚出之古文尚書爲梅賾所僞作（梅爲晉人，又作梅頤；）於是書之眞僞問題以起。

清末傳今文學者，則有湘潭王闓運，及其弟子四川廖平。後南海康有爲師其說，乃全部推翻古文諸經傳。

3　康有爲之學說　有爲原名祖詒，字廣夏，號長素，廣東南海人，世以理學傳家。有

思想之來源

爲幼年時卽有志聖賢之學，鄉里俗子嘗戲號之曰「聖人爲」。早年專心於理學，後受廖平之影響，盡棄其舊說而致力公羊。又因其道過香港、上海，見西人殖民政治之完整，於是乃盡讀當時所譯西籍，以求西人致富强之由。結果以公羊所謂「通三統」「張三世」之義，衍爲專制、立憲、與共和政治進化三階段之理論。其後再集雜以膚淺之西學，遂形成其維新運動之中堅思想。

康有爲之重要著作

有爲最初所著書曰新學僞經考。僞經者，謂周禮、逸禮、左傳及詩之毛傳，凡西漢末劉歆所爭立博士者。新學者，謂新莽之學。其時，清儒誦法許（愼）鄭（玄）者，自曰漢學，有爲以爲此皆新代之學，非漢代之學，故更其名焉。有爲旣以漢代古文經皆爲劉歆所僞造，於是清學正統派之立脚點根本動搖，同時一切古書皆須從新檢查估價，此誠晚清思想界一大颶風也。其書甫出一年，卽遭清廷燬版，故傳習頗稀。此外著作尚有孔子改制考與大同書。孔子改制考謂六經皆孔子所作，係孔子託古以改制之書。經典堯、舜之盛德大業，皆孔子理想上所構成者。所謂堯、舜，其人有無不可知，卽有亦極尋常。有爲所謂改制者，卽藉孔子爲護符，而發揮其政治革命與社會改革之意味也。以故，有爲治公羊，喜言「通三統」

喜言「張三世。」三統者，謂夏、商、周三代不同，當隨時因革也。張三世者，謂據亂世，昇平世、太平世，愈改而愈進也。有為政治維新之主張，實本於此。

至於康有為之維新運動與清末思想之解放，實大有關係，故附述之：

康有為變法之背景

原晚清自英法聯軍之役失敗後，李鴻章等以震怵於西人之船堅礮利，特效仿西法，興辦洋務，以為圖強之計。迨甲午喪師，洋務失敗，識者始知「船堅礮利」不足救國，而必須求政治上之根本改造，於是康有為遂以其變法維新之主張相號召。其進行之方法，則

強學會

設立學會與開辦報館為着手點，於是創立強學會於北京，更立分會於上海。北京強學會發行一種報紙曰中外紀聞，上海強學會則刊行一種強學報。後強學會被封閉，其弟子梁啓超遂在上海發行時務報。其文字大受時人歡迎，梁名因之大噪；康、梁遂並稱於世矣。甲午戰後，至光緒二十四年，德國強租膠州灣之事發生，康有為乃在北京極力活動，最後以徐致靖之疏薦，得見德宗，痛陳變法之利。是年（即戊戌年）四月二十三日德宗遂下詔定

維新實現

國是，並以康有為為總理各國事務衙門行走。維新運動，從此遂實行。後康有為更行薦楊銳、劉光第、林旭與譚嗣同四人為軍機章京上行走。其時舊黨勢力仍大，如西太后，如軍機

處之裕祿，如直隸總督榮祿，皆爲反對新政最力之人物，以故，維新運動，不過百日，政變卽起；結果，西太后復垂簾聽政，一概能除，康、梁逃難日本。楊深秀、劉光第、康廣仁、楊銳、林旭、與譚嗣同等六人被殺（卽所謂戊戌六君子）至是轟動一時之維新運動告終，康有爲之政治生命與學術上之貢獻，亦止於此矣。

戊戌政變

第二十三章　學術思想（庚）——新文化運動

第一節　新文化運動前之學術界

新文化運動之方向有兩面，即一面引進西歐之文化，一面改革中國傳統之文化。此種文化革命運動雖倡之於民國初年之陳獨秀與胡適，然清末嚴復、梁啓超諸人，對此種運動之發生，實大有關係，茲分述嚴梁兩人之學術，以明新文化運動前學術界之向趨。

嚴復之事略

1　嚴復　嚴復字又陵，一字幾道，福建閩侯人，同治時入馬江學堂習海軍，光緒初奉派赴英國肄業於格林尼次海軍大學。歸國後於海軍無何貢獻；甲午戰役我國失敗後，嚴氏以鑒於我國之貧弱，其根本在於學術，乃專力從事於譯述介紹歐西學術思想，先後譯出者有：

嚴復之譯著

天演論　十九世紀英儒赫胥黎(Hexley)所著，原書名爲Evolution And Ethics。

原富　十九世紀英儒亞丹斯密 (Adam Smith) 所著，原書名爲 An Enquiry into the Nature and Causes of the Wealth of Nations。

羣學肄言　英儒斯賓塞爾 (Herbert Spencer) 所著，原書名爲 Study of Socialogy

羣己權界論　英儒穆勒 (Jhon Stuart Mill) 所著，原書名爲 On Liberty。

穆勒名學　英儒穆勒所著，原書之名爲 A System of Logic。

法意　法儒孟德斯鳩 (Montesquieu) 著，原書之名爲 Espirites des Lois。

嚴氏譯書對於中國文化之影響

嚴復以前，所譯之書，多從日文譯來，嚴氏所譯者則皆從西文直接譯出；且所譯之書，均歐西名著，凡西歐之哲學、政治學、社會學、論理學、經濟學、法學，無不由其介紹至中國，中國學術思想界亦因之起一大變動。嚴氏譯述，雖多有失原文之本意者，然其篳路藍縷之功，不可沒也。

2　梁啓超

清末梁任公對政治之主張

梁啓超字卓如，號任公，廣東新會人，爲康有爲之有力弟子，戊戌政變後，梁氏亡命日本，其言論思想漸脫離康氏羈絆，而獨樹一幟。蓋任公之爲學能融合中外，不執偏見，而與時代同進也。任公在日本時，先後主辦清議報、新民叢報與國風報，發揮其政治上與學術思想上之主張。當時任公政見與革命黨政見立於反對地位，革命黨主張種族革命，彼則主張政治革命；革命黨主張共和政體，彼則主張君主立憲，其時革命黨所辦之民報與新民叢報針鋒論戰者，且半年而不息。至其學術思想，更一反康有爲之主張，

梁氏之反對孔教

時康有爲提倡孔教，任公則力反孔教，以爲中國學術之不發達，實受孔教束縛之影響，故主張跳出孔教圈套，以求眞理，其時任公雖未倡言打倒「孔家店」，而新文化運動中打倒「孔家店」之呼聲，實由任公啓之也。自戊戌政變以至辛亥革命之十餘年間，任公在思想界與言論界實握極大之威權，於破壞舊思想一點，尤有功勞。其晚年專以著術講學爲事，不問政治。所著書中年類多報章言論，此等字文，輯錄爲飲冰室文集。晚年所著，乃純粹研究學術之書，有墨子學案、墨經校釋、清代學術概論、先秦政治思想史、歷史研究法、中國近三百年學術史、辛稼軒年譜等書。任公之學雖博而不專精，然其在學術上之貢獻，實有足多者。（任公亦自知病於博，嘗題其女令嫻藝衡館日記云：吾學病愛博，是用淺且蕪，尤病在無恆，有獲旋失諸。百凡可效我，此二無我如。）

梁啓超之重要著作

第二節　新文化運動之起因

新文化運動在革新整個民族之精神

甲午戰後，國人鑒於李鴻章武備革新之失敗，遂轉而主張改革政治，大抵自戊戌以至辛亥易元，爲政治革新時代。辛亥以後，國體雖號民國，然實則爲北洋軍閥所盤據之民國，人民精神仍然充滿封建思想，以致民國以來，禍亂相尋，數十年來之政治革命，結果又告失敗，愛國之士至此遂覺悟，欲改造中國，必須從革新整個民族之精神着手，於是新文化運動以起，此新文化動運發生之基本原因也。民國六年（公元一九一七）俄國布爾塞維克黨革命成功，推翻俄國一切舊制度與舊精神，此種革命狂潮，震蕩全球，我國思想界亦因之受其影響而趨於激烈，此爲促長中國新文化運動之助因也。

第三節　新文化運動之發展

新文化運動發動於民國六年北京大學文科學長陳獨秀及教授胡適等，其時蔡元培長北大，凡新舊學者，如守舊派之劉師培、黃侃、辜鴻銘等，新派之陳獨秀、胡適、錢玄同等，均爲蔡氏所羅致。蔡氏對教授言論思想，任其充分自由發表，對學生亦任其自由研究，於是北京大學遂爲當時新舊思潮大決戰之場所，當時陳獨秀發行新青年，除介紹思想外，並揭櫫文學革命與思想革命之主張，於是孔子與舊禮教遂爲被攻擊之目標，此種風氣，全國青年，靡然從之。於時北京大學學生中亦發行國故雜志，以與新文化運動相對抗，林紓更以綱常名教之說責蔡元培。惟新文化運動之發生，實具有時代與社會之背景，並不因舊勢力之阻撓而遏止。至民國八年五四運動發生後，新文化運動益爲開展，惟是此種運動，偏於破壞而少建設，故迄今中國新文化尚未能建設完成。

陳獨秀之新青年

國故雜誌之反對新文化

第四節　中國本位文化建設問題

中國本位文化建設運動發生之原因

民國二十四年新年中何炳松、薩孟武等十教授發表一「中國本位的文化建設宣言」，於是中國之文化運動，又走入一新階段。此種運動發生之原因，實由於過去文化運動之失敗，因過去守舊派之「中學爲體西學爲用」之精神，不能改革中國文化，而五四以後急進派之「全盤西化」論亦不能建立一適合中國國情之新文化，因此薩、何諸教

建設之方法

授遂提倡根據「此時此地之需要」而另行建設一種「中國本位的文化。」其建設之主要方法爲「不守舊，不盲從，根據中國本位，採取批判態度應用科學方法，來檢討過去，把握現在，創造將來。」因其方法如此，故十教授對于中國固有文化，主張「去其渣滓，存其精英；」對于世界新文化，則主張「取長捨短，擇善而從。」十教授之宣言發布後，大引起學術界之注意。各重要都市，如北平、上海、南京等處先後有文化建設座談會之舉行；同時有各種宣揚文化建設運動之刊物出版。（如文化建設月刊）此種運動盛行後，胡適等則對之不表贊同。（胡著「試評所謂中國本位的文化建設」一文，反對此種運動，載於二十四年三月三十一日天津大公報星期論文欄。）

對中西文化之態度

文化建設運動之發展

第二十四章　文化之流變（詩、賦、詞曲、散文、小說）

第一節　詩之演變

文學起源於詩

文學起源於風謠，由風謠再進一步而爲詩，詩故亦爲原始之文學。風謠與詩少有區別，就其內容言風謠係未成熟之作品，詩爲較成熟之文學作品。再從表現的工具言，詩用文字爲表現的工具，風謠則以言語爲表現的工具。由此可知風謠爲無文字時代之文學，詩則爲文學時代最早之文學。茲將詩之演變，略述於次：

詩經

1　詩經爲最古之詩歌　詩經三百篇，孔子所選錄，其內容除商頌外，餘均爲周代之民間文學及朝廟樂歌。春秋末葉，王迹熄而詩亡，於是中原文學衰，而荊、楚文學代之以起。

楚辭

2　楚辭　楚辭凡十七篇，劉向所集，均荊、楚一帶作家之作品；其重要作家，爲屈原與宋玉。漢代以崛起於楚地而統一中國，故楚風亦代國風而爲中國文學之中心，後之詩賦，均從楚辭脫胎而出。

五言詩之始

3　五言詩體　漢武帝時蘇武、李陵贈答詩及古詩十九首，皆以五言爲句，是爲五言詩之始。

七言詩之始

4　七言詩體　漢武帝在柏梁臺聯句，均以七言爲句，是爲七言詩之始。

漢之樂府

5　樂府體　詩、可被之管弦者，爲樂府體，始於漢高帝時唐山夫人之房中樂。漢人樂府佳作極多，如陌上桑、孔雀東南飛諸作，音節蒼涼，辭樸意茂，無意於工而自工，洵極妙之品。東漢末葉後，樂章亡絕，不可復知。

近體詩

6　近體詩　至唐代更有近體詩。所謂近體詩，即以別於古體詩而言，所謂古體詩，則指漢、魏、六朝之詩。古體詩雖亦以五言、七言爲句，惟篇中之句數不一，至於近體詩中，又有絕句與律詩之分，律詩又分五言律與七言律，兩者通常爲八句四韻。絕句亦有五言、七言之分，通常每章四句。

唐代詩學之特盛

唐代科舉考試重詩文，故唐代之詩極盛，而爲其文學上之特色，名家極多，李白、杜甫是爲一朝之代表，李白有「詩仙」之稱，杜甫有「詩聖」之號。

白話詩之始

此外唐代尚有高僧寒山、拾得，以受佛家語錄之影響，純用語體為詩，實開後世白話詩之端，茲錄寒山詩一首於下：

「我見百十狗，箇箇毛鬇鬡，臥者渠自臥，行者渠自行，投之一塊骨，相與啀喍爭，良由為骨少，狗多分不平。」

唐以後之詩家

自唐代詩體大備後，宋、元、明、清均不能出此範圍。宋代詩人之最著者，有蘇軾、黃庭堅、陸游等，黃之勢力尤大，學之者，號稱江西詩派，因黃為江西人也。金、元間之詩人則以元好問（遺山）為最著，明則以李夢陽為有名，清初以王士禛（漁洋）為首出，其後以袁枚（子才）之詩最盛行。

第二節 賦之演變

賦亦出於詩，故班固兩都賦序謂：「賦者，古詩之流也。」賦者，鋪也，鋪采摛文，體物寫志也。賦體開創於屈原，大盛於漢代。漢人之賦尚辭，可稱為辭賦，司馬相如、揚雄與班固等皆為辭賦大家。

辭賦 駢賦

辭賦一變，遂為駢賦，駢賦專用排偶，競尚奇巧，其氣勢遠不如辭賦，六朝最盛行之，如庾信之哀江南與江淹之別賦，皆屬此體。

律賦

駢賦一變，遂爲律賦，唐、宋盛行之，因唐詩有律，故賦亦有律，專重音律對偶，爲賦之下品。王勃、楊炯等卽爲唐代之律賦家。由律賦一變，遂爲文賦，文賦卽散文而兼有韻者。歐陽修之秋聲賦，蘇軾之赤壁賦，卽屬此體。

文賦

第三節　詞曲之興起

詞者詩之餘，曲者詞之餘。因詩句整齊不便合歌調，故一變而爲長短句詞，至宋代而極盛，實爲宋代文學之特色。後金、元入中國，詞不合胡樂，不悅北人之耳，於是詞一變爲曲，遂爲金、元文學上之特色。茲將各代詞曲名家分述於左：

詞曲之演變

1　詞家　唐之李白、白居易、南唐李後主、宋之蘇軾、秦觀、周邦彥、辛棄疾、李清照、朱淑眞，以及清代納蘭性德等，皆爲最有名之詞家。

元代之北曲與南曲

2　戲曲　元王實甫之西廂記，爲北曲中傳流最廣者。元末又有南曲，高則誠之琵琶記，爲南曲中之最著者。北曲家除王實甫外，尚有關漢卿、馬致遠、鄭光祖與白樸四大家

崑曲

南曲除琵琶記外，尚有荊釵記、拜月亭記、與殺狗記等曲南曲亦稱傳奇，每劇無一定之齣數，且以數人合唱，視北曲限以一人唱者爲進步矣明時魏良輔（崑山人）更革新法，兼備衆樂，號「崑曲」，視元曲又進步矣清代戲曲，則以孔尚任之桃花扇與洪昇之長生殿爲有名。

第四節　散文體之演變

秦漢之散文家

散文韻文之分，至秦、漢始明。李斯、賈誼、司馬遷皆當時有名之散文家，司馬遷之文，尤爲後世古文家所師法。

駢文盛行於六朝

東漢後，文體大變，每以單行之句，運排偶之文，建安七子出，其風更盛，於是形成駢四儷六之文體。因其盛行於六朝，故亦稱「六朝文」（建安七子：孔融、陳琳、王粲、徐幹、阮瑀、應瑒、劉楨。）

韓愈之倡古文

唐初駢文仍盛，迨韓愈、柳宗元出，力主復古，效法秦、漢，由是駢文衰而古文起。宋代歐陽修、曾鞏、王安石、蘇洵、蘇軾、蘇轍繼起，古文遂爲文章之正宗，迄至清末，不能改易。（上八人合稱爲唐、宋八大家。)

語體文 民國六年，胡適、錢玄同等，主張文學革命，以語體代古文，古文之勢遂衰。

第五節　小說之演變

小說之始 中國之有小說，始於漢初之虞初周說，其內容如何，因書失傳已不可知。漢代以後，小說之作甚多。茲分述之：

神怪小說 1　故事式之神怪小說　自東漢以及南朝，所有小說，多言神怪，因其時方士之說與佛、道兩教盛行，故小說所記亦多以神怪爲背景。此等作品，不過道聽途說，隨筆記錄，在文學上殊無價值，此時代中之重要小說有：

A　託名東方朔撰之神異經。

B　託名晉干寶撰之搜神記。

C　託名班固撰之漢武內傳。

D　託名梁吳均撰之續齊諧記。

唐代之奇傳

2 傳奇　藉小說以紓寫文學上之情緒者，實以唐之所謂傳奇體者開始。唐人作意好奇，假小說以寄其筆端，由是神怪式之小說，一變而爲傳奇體。唐代小說名著，有：

A 樂史之太眞外傳（言史事）

B 張說之虬髯客傳。（言俠）

C 元稹之會眞記。（言情）

D 李公佐之南柯記。（寓言）

章回小說之始

3 章回體小說　章回小說，始於宋之宣和遺事，是書不載作者姓名。元以後，章回小說始成熟。元、明、清三代著名之章回體小說有：

A 元代　有施耐庵之水滸傳。

B 明代　有羅貫中之三國演義，吳承恩之西遊記。

C 清代　有曹雪芹之紅樓夢，吳敬梓之儒林外史，及燕北閑人之三俠五義等書。

第二十五章　美術（畫、書）

第一節　繪畫

古代之圖畫

圖畫之應用，本在文字之前，惟圖畫至周代始進步。周時有宮殿中之壁畫，所繪爲堯、舜、桀、紂等人之像，大抵爲一種人物畫。韓非子有一畫犬馬難，畫鬼魅易一之語，大抵戰國之畫家，仍以寫生畫爲難。漢代之畫，亦以人物爲主。漢元帝時有畫家毛延壽善畫像，好醜老幼畢肖。東漢時佛畫輸入，我國畫風，遂爲一變。

六朝繪畫之盛

東吳以後，中國畫學大爲發達，六朝實爲中國畫學之發煥時代。吳時有曹不興以畫聞名，相傳孫權使其畫屏風，誤落墨點，即就之爲蠅。畫人進，權以爲眞蠅，以指彈之。

東晉時有顧愷之，嘗畫人不點睛，蓋恐點睛而即爲眞人也。

南朝宋時有陸探微，工畫人物故實，參虛酌妙，動與神會。其時又有宗炳創山水畫。氏嘗遊衡山巫山等名勝之地，後病歸江陵，將所遊之地，一一繪之於壁，以備臥遊。

南齊時有謝赫綜合畫法，創爲六法論。六法者即：氣運生動，骨法用筆，應物像形，隨類賦彩，經營位置，傳摹移寫。

南梁時有張僧繇，用印度之染暈法，創爲沒骨法，爲融合中印畫法之成功者。相傳繇畫四龍不點睛，人固請之，點二龍，二龍即飛去。

唐代之畫 畫家四祖

唐承六朝之後，畫家輩出，實集繪畫學之大成。其時名家有：

吳道子（道玄）　道子之畫無所不能，山水人物獨步古今。世人稱顧愷之、張僧繇、陸探微與道子爲畫家四祖。相傳唐玄宗徵道子於大同殿，畫嘉陵江三百餘里山水，一日而畢，道子與玄宗前往觀，道子忽從畫中遁出。

李思訓　思訓以金碧山水開北派之祖，重筆氣與着色，世稱「李將軍山水。」

王維（摩詰）　維以破墨山水開南派之宗，重用墨，尚雅秀，蘇軾謂其「詩中有畫，畫中有詩。」

宋代畫風之變

宋代畫學亦盛，宋徽宗時，專設畫學，命題試畫，且所命之題，多取抽象之詩句，由是畫風又從寫實而超於寫意矣。李成、董源、米芾、蘇軾等皆宋代之名畫家。

元代畫家

明清之畫家

元代畫家有趙孟頫、黃公望、倪瓚諸人，黃倪之畫寫意逸俊，開文人畫之風氣。

明、清之畫家，明以王紱、董其昌等爲最有名；清代繪畫極盛，王翬、惲格、鄭燮等爲最有名，晚清彭玉麐之梅花，亦極有名。

第二節 書法

鍾繇衛覬

王羲之

自漢代王次仲作楷書後，始有以書名家者。魏時之鍾繇、衛覬備長各種書法，爲後世書家所祖，東晉王羲之師法鍾書，總百家之精，兼諸體之妙，其書稱爲古今第一。南北朝時，南朝宗鍾、王，北朝則宗衛覬，於是書分南北兩體。大抵南書多圓筆而姿媚，北書則方筆而瘦硬。

唐代書法之盛

宋代書家

唐代置書學博士，而太宗尤好書法，因此書法極盛。名家有歐陽洵、虞世南、顏眞卿、柳公權等人。宋代書家則有蘇軾、黃庭堅、米芾、蔡襄等人，宋人書法以生動豪放爲宗，視唐人之板重爲解放。

元明之書家

元代書家以趙孟頫爲最著，明以董其昌爲有名，清代書家最多，而以惲格、錢灃、劉墉、

何紹基、翁同龢等爲最著名。其他如鄭燮（板橋）之字，亦以奇怪見稱

第二十六章　史地學

第一節　尚書與春秋

相[illegible]設古之史官[illegible][illegible]

國語式[illegible]

中國史官，設置最早，相傳黃帝以倉頡爲左史，以沮誦爲右史，若所傳不虛，則吾國於公元前二千年以前卽有史官矣。至於史書，最古者，當推尚書與春秋。尚書凡二十八篇，上起堯、舜，下迄秦穆，然其書是否可全部認爲正當史料，尚屬問題。春秋一書成自孔子，以年繫事，爲編年體之祖。至春秋戰國間，左丘明作國語與左傳，敍事有組織，視「文選式」之尚書與「帳簿式」之春秋爲大進步矣。（詳見梁任公中國歷史研究法）

第二節　二十四史

二十四史之稱，始自乾隆。明刊監本正史，以十七史合宋、遼、金、元四史，而稱二十一史。

自乾隆四年明史既成，又詔增舊唐書與舊五代史，共爲二十四史。茲分述之：

中國史學之宗師

1 史記 中國有體例完備之史，應以司馬遷之史記爲始，司馬遷實爲中國史學界之宗師。史記上起於黃帝，下訖漢武，爲通史體之祖。其書以十二本紀、十表、八書、三十世家，七十列傳組織而成。本紀以紀帝王，以事繫年，取則於春秋。其八書詳紀政治，蛻形於尙書。其十表稽牒作譜，印范於世本；其世家列傳，既宗雅記，亦采瑣語，則國語之遺規也。諸體雖皆非遷所自創，而遷實集其大成。（詳見梁任公中國歷史研究法）

漢書爲斷代史之祖

2 漢書 東漢班固撰，上起漢高，下訖王莽，爲我國斷代史之祖。

3 後漢書 劉宋范曄所撰。

4 三國志 晉陳壽撰。

（以上四書，合稱四史。）

5 晉書 唐太宗命房喬等所撰。

唐以後史書多由官家修撰

唐以前史書皆係私撰，而成於一人之手，唐以後正史遂多由官家修撰

6 宋書 梁沈約撰。

7 南齊書 梁蕭子顯撰

8 梁書 唐姚思廉與魏徵撰。

9 陳書 唐姚思廉撰。

10 南史 唐李延壽撰，其書上起宋世，下訖陳代，爲南朝之通史。

11 魏書 北齊魏收撰，其書褒貶肆情，號稱穢史。

12 北齊書 唐李百藥撰。

13 周書 唐令狐德棻撰。

14 北史 唐李延壽撰。

15 隋書 唐長孫無忌等撰。

16 舊唐書 後晉劉昫撰。

17 新唐書 宋歐陽修等撰。

18 舊五代史 宋薛居正等撰

19 新五代史 宋歐陽修撰

20 宋史 元脫脫等修。

21 遼史 元脫脫等修。

22 金史 元脫脫等修。

23 元史 明宋濂等修。

24 明史 清張廷玉等修。

新元書

晚清有山東柯劭忞（鳳蓀）撰新元史。編纂取材，視元史為佳，故有將新元史列入正史，而合稱為二十五史者。

第三節 編年體之史 資治通鑑等書

資治通鑑

所謂編年體，即以年為經，以事為緯，其體例始自春秋，前已言之。宋代司馬光作資治通鑑亦係編年。光之資治通鑑意在續左傳，故其書上起戰國，下終五代，所記凡一千三百六十二年（公元前四〇三——公元九五九年）按年紀載，一氣銜接，取材宏富，體大精思，洵為中古以降一大創作。

通鑑綱目

其後朱熹因其書稍加點竄，作通鑑綱目。又因光之書訖於五代，故後人紛紛踵而續之者甚多，然未有能及光者。（清代畢沅有續資治通鑑）光之史學可比司馬遷，故吾國史界有「前後兩司馬」之稱。

第四節　紀事本末體之史——九種紀事本末

通鑑紀事本末

所謂紀事本末體，卽以事爲主，始於宋時袁樞之通鑑紀事本末。樞就司馬光資治通鑑之文，以一事爲一單位，各詳其事之本末，成書四十二卷。樞書一出，明、清兩代踵其體例，而作者甚多。明代陳邦瞻撰宋史紀事本末與元史紀事本末；清代高士奇撰左傳紀事本末；李萍撰遼史紀事本末，與金史紀事本末；張鑑撰西夏紀事本末；谷應泰撰明史紀事本末；楊陸榮撰三藩紀事本末。以上各種紀事本末與袁樞之通鑑紀事本末，合稱爲「九種紀事本末」。此外清馬驌之繹史，亦屬紀事本末體。

第五節　專言典章制度文物之史——九通

通典爲文化史之祖

唐杜佑作通典，自唐肅宗上溯黃帝，綱羅百代，總而貫之，凡典章制度沿革興廢無條載實爲中國有文化史之祖。宋代馬端臨仿杜佑通典作文獻通考，鄭樵則作通志，合通典總稱爲三通。清乾隆時，敕撰續通典續文獻通考，續通志，皇朝通典，皇朝文獻通考，皇朝通志，與三通，遂合稱九通。

第六節　評史之書

史通爲史評諸書之始

唐劉知機撰史通，爲後世史評諸書之始，劉書事理縝密，識力敏銳，勇於懷疑，勤於綜核，其書中疑古，惑經諸篇，雖於孔子亦不曲循，可謂有最嚴正之批評態度。清世章學誠作文史通義，議一家著述，注重史意，其價值可比史通。

文史通義

第七節　學術史

明儒學案爲中國有學術思想史之始

清初黃宗羲作明儒學案，是爲中國有學術史之始。宋元學案，亦羲所著，而由全祖望續成之。晚近梁啓超之清代學術概論，亦屬於學術史之範圍。

第八節　清代歷史考據學

二十二史劄記與十七史商榷二十一史考異

清代考據學極盛，故其時之史學亦重考據。趙翼之二十二史劄記，王鳴盛之十七史商榷，錢大昕之二十一史考異，皆以考證史蹟，訂僞正謬爲目的。

第九節　歷史地理學

地理在歷史中佔極重要之位置，故四庫全書史部有地理類之分。茲錄其最重要之地理書籍於次：

1 水經注　水經舊題漢桑欽撰，爲地理中重要之作；至北魏酈道元始作水經注。清戴震有校水經注，楊守敬有水經注疏。

2 大唐西域記　唐玄奘由印度返國時，其弟子辨機所記，爲記載西域地理最重要之書。

3 太平寰宇記　宋樂史著，內敍歷史、名勝、人物、物產，爲考古地理之重要書。

4 讀史方輿紀要 清顧祖禹著，其書以地爲經，以史爲緯，有組織，爲清代地理學之名著。

5 禹貢錐指 清胡渭著，爲考證禹貢之書。

6 歷代地理沿革圖與歷代疆域志 清楊守敬所作，守敬實爲集清代地理學之大成者。

楊守敬所製輿圖

7 海國圖志 清魏源著，爲考求外國地理之書。

中國歷史地理學，除專書外，他如二十四史中之地理志與三通中之言州郡、言邊防各卷以及地理略，皆屬研究歷史地理學之最重要書籍。

第二十七章　科學

第一節　中國物質科學之不發達

中國物質科學不發達之原因

中國物質科學，迄至晚清仍未發達，考其所以不發達之原因，約有數端：

1　中國地理宜於農業，且歷代行抑商重農政策，以致工商業不能發達；工商業既不發達，故無啓發物質科學研究之動力。

2　中國士人階級，數千年來，均沉淪於精神文明中，對物質科學向不重視。

中國物質科學雖不發達，然與農業有關係之天文、曆數，亦非無發明，特於下節述之。

第二節　天文曆數

中國科學發達最早者，首推天文、曆數。

1 天文　天文曆數之發明，與農業極有關係，因農業上播種收穫，須以節候寒暑爲定準。中國農業發明最早，故天文曆數之發明亦極早，相傳黃帝時之容成，即作曆法。帝堯時以璿爲璣，以玉爲衡，以觀天地之運轉，是爲後世所稱之渾天儀之濫觴。堯時又察日月五星之運行，以三百六旬有六日爲一歲，積其餘創置閏月，是爲後世所謂陰曆之祖

堯時之曆法

迄於漢代，天文學更有進步，宣帝時耿壽昌以銅鑄渾天儀，以觀日月星辰之所在，後張衡又作候風地動儀以配之。至於漢代曆法，則有三統曆

渾天儀

候風地動儀

唐代李淳風又作銅渾天儀與麟德曆，更有由西域傳入之九執曆。

李淳風作銅渾天儀

元代郭守敬出，精研曆數，實爲集古代曆法之大成者，守敬作有天文儀，歷代用之。清初南懷仁所製之天文儀，即係仿守敬之法稍爲更改而成者。

郭守敬

明初有大統曆，其後太祖改用由西域傳入之回回曆。明末利瑪竇來中國，西方曆法遂由其傳至中國，明廷且開局於北京，用西人熊三拔修改曆法，然新曆未及實行，而明室亡矣

明末西曆之傳入中國

清初用西人湯若望掌欽天監，頒行西法之時憲曆書，曆法測驗之精確，較前爲大進

步矣。

2 數學　數學與曆法有深切關係，故曆數並稱；我國數學亦甚發達，相傳黃帝命隸首作算數。數學專門書籍，最古者有假託周公所作之周髀算經與九章算經（大概爲東漢人所作）。劉宋時祖沖之發明圓周率爲三・一四一五九二六七，視歐人所發明之圓周率爲尤精。唐之李淳風，元時之郭守敬，無不精通數學。明末利瑪竇來中國，西方數學由是亦輸入中國。當時所譯者有利瑪竇之幾何原理、勾股義等書。清代以數學稱著者，清初以王錫闡、梅文鼎等爲宗師，晚清則以李善蘭、華衡芳爲最著。

（隸首之算法）（祖沖之發明之圓周率）（明末西方數學之輸入中國）（清代之數學家）

第三節　醫學

（內經）相傳神農「味草木之滋，察其寒溫平熱之性，辨其君臣佐使之義，……遂作方書，以療民疾。」又相傳黃帝咨於岐伯而作內經，命俞跗等察明堂，究脈息。此其說是否全部可信，當屬問題。惟黃帝之世，生活進步，醫藥上之有發明，則無疑也。

（張仲景）至東漢張機（號仲景）出，中國始有真正之醫學。傷寒諸病論、金匱玉函經等書即爲仲景所著以後歷代醫學治病皆不外仲景之說。

明代李時珍著本草綱目，中國藥物學遂得一大進步，至今中醫用藥，仍以本草綱目爲標準。

第四編　社會史

第二十八章　社會階級

第一節　社會階級之發生

社會階級發生之原因

太古民族社會，其結合本於血統關係，各民族成員均立於平等地位，其時社會之結構，無階級之差別，其後民族與民族之間，發生鬥爭，戰勝者遂居於統治階級之地位，戰敗者乃居於被統治階級之地位，降爲奴隸，社會階級，由是發生。

第二節　貴賤階級

貴賤階級之成立

社會階級發生後，統治者遂成爲貴族，被統治者即爲賤民。其後周代專崇禮治，上下貴賤之分特嚴，且西周諸侯公卿大夫，均係貴族所世襲，於是貴族與平民，劃然成爲社會兩個集團，迄至東周，列國競爭，貴族乃時有變遷，或國破，或家亡，輒失其政治上原有地位。

東周以後貴族階級之崩潰

同時因私家之學說與平民中之傑出者，爭露頭角，復以各國之競養遊士，延攬社會上之人才，於是平民亦可致卿相（如張儀、蘇秦皆以布衣而取卿相）至此貴族階級之壁壘，不得不動搖，平民之地位，則轉而增高，此為古代社會階級之一大變動也。

第三節　貧富階級

秦廢井田後社會貧富階級之發生

秦廢井田，土地任人買賣，兼併之風漸起，遂致富者愈富，貧者愈貧，於是貧富階級遂代貴賤階級而起。以後歷代對私有財產，不加限制，因此社會貧富階級，日益懸殊。

第四節　士庶階級

士庶階級發生之原因

南北朝時，社會上又有所謂士族與庶族之階級發生。此種階級之發生，實因於九品中正制之流弊。南北朝時中正官專以門閥之高下，品定人物，以致列上品者無寒門，列下品者無世族。由是寒門之家，世為寒門，世族之家，恆為世族，士庶之分因以形成。其時士庶之分極嚴，不得相坐語，不得通婚姻。門閥高下，以姓別之。江南以王、謝為大，北方則以崔、盧、李、鄭為大。宋孝武帝時，其外戚路瓊之詣王僧達，僧達了不與語。路去，王僧達使人焚瓊之所坐牀，後路太后以其事泣訴於帝，帝亦無可如何，由此可見當時士庶之不得相坐語也。

士庶不得相坐語不得通婚姻

梁侯景大軍閥也，欲婚於王謝，請於武帝，帝不能爲力，且曰：「王、謝門高非偶，」由此可見當時士庶之不得通婚姻也。

士庶階級成立後對於國家之影響

社會士庶之分，影響於國家者極大，蓋士庶分別既嚴，人民惟知以增高其家族門第爲榮，知有家閥而不知有國族，中國人之無國家觀念，即受此影響所致。

唐以後士庶階級破壞之原因

士庶階級自唐代起，即在動搖之中。至五代而完全破壞。其所以破壞之原因，爲：

第一　唐代庶族，可應科舉考試，而公卿世族，又盛行榜下擇婿之風，於是庶族遂有與世族聯姻之機會。

第二　唐代義兒制度與賜姓之風盛行，譜系由是混淆，譜系既亂，門閥遂無由分別。

第三　五代之世，義兒可以繼承國位，至是士庶階級遂不復存在。

此後社會固定之階級雖破，而人民重視家族門第與輕視國家之傳統觀念，卻根深蒂固而不可拔。

第五節　奴婢

古代奴婢之來源

秦漢時代之奴婢如同財貨可以買賣

清雍正後奴婢漸減少

上古之世人民戰爭失敗被俘或因犯罪，遂被沒爲奴婢。其沒入官者，謂之皁、輿、隸、僕等。其未沒入官者，則爲貴族之私奴。秦代常以奴婢爲私產，視之如牛馬，可以買賣。漢書王莽傳：「秦爲無道，置奴婢之市，與牛馬同欄。」由此可見秦代之奴婢一如牛馬，可以陳列於市，發售。漢承秦舊，奴婢仍同於貨財，可以買賣，沒收，賞賜，豪富吏民皆可多畜。王莽、光武諸帝，頗嘗厲行改革此種惡習，終積重難返，奴婢之制，終未能革除。元魏時，奴婢之買賣益盛，甚至與畜產同定價值（魏書食貨志：「一牛二十當奴婢八」）。唐至五代仍之，無所改革。元初平定諸國，以所俘男女配爲夫婦，謂之「驅口」。明清兩代奴婢之風，仍極盛行。至於奴婢之來源，除上述戰敗者與犯罪者外，其後人民亦有因貧無所歸，而自願賣身投靠，以爲奴婢者。自清雍正免一丁稅後，貧民因無納稅之負擔，故賣身投靠者漸少，奴婢制遂漸動搖，迄至現在社會上已鮮見之矣。

第二十九章 宗教

第一節 上古宗教之起源及其與禮教之關係

宗教信仰起於祈求與報答之心理

1 上古宗教之起源 上古人類，知識幼稚，以自然界之變化，均有神在冥冥中作主宰，於是遂發生天神地示之觀念。人類處此天神地示作主之自然界中，一面覺自然力之偉大，不能不有所祈求；一面又覺自然力于人類恩惠極大，又不能不有所報答；此種「祈求」與「報答」之心理，卽宗教信仰之起源。中國人太古崇拜自然——天。至殷代除拜自然外，尤崇拜祖先。周人除拜天與祖先外，更拜社稷。（社爲土神，稷爲穀神）因周代農業發達，人民對土地五穀之觀念極深，故崇拜土神與五穀之神也。

禮起於祭祭爲宗教之儀式

2 宗教與禮教之關係 古代人民既拜天、拜祖先，與拜社稷，則必須出以儀節表示之，表示崇拜之儀節者，則爲「祭」。祭時之儀式則爲禮。故「禮」起源於「祭」。禮記謂：「禮

古代祭禮為一切政教之張本

有五經，莫重於祭」可知古代祭禮，極為重要，而所謂祭禮者，實即宗教之儀式也。其後更以「祭禮」為一切政教之張本，以為從祭禮可以見事鬼神之道，可以見君臣之義，可以見父子之倫，可以見貴賤之等，可以見親疏之殺，可以見爵賞之施，可以見夫婦之別，可以見上下之序。（見禮記祭統）禮之儀式既適用於一切政俗及個人行動，於是周代遂成為禮治之國。其時有吉、凶、軍、賓、嘉五禮之分。（禮之作用為別貴賤，定上下）

第二節　列國時代之術數

迷信之起

五行之術

古人既信宇宙萬物皆為天地鬼神所主宰，則鬼神之意，禍福之機，未始不可立術以探測之，於是五行之說，讖緯之言，相繼以起。五行之說，始自戰國時之鄒衍，其術以金、木、水、火、土五物相生相尅之理，以推測天地萬物之變化，其後之讖緯、占卜、相命，無不本五行以立論，中國迷信，遂因此大盛。

神仙之說

戰國之世，燕齊之方士，又有競為神仙之說者，謂海中有三神仙山（即蓬萊、方丈、瀛洲）有仙人及長生不老之藥在焉。因其說，能為人求長生之藥，故當時君主，無不信以為真。秦、漢之世，此其說，且與儒術相結合矣。（詳見第十八章）

第三節 道教

道教之創立

秦、漢之世，方士之術本與儒學相結合，迄王莽時劉歆竭力反對以陰陽五行之說解經後，於是方士遂離儒家而獨立，張陵乃根據方士之說，以創道教。陵，東漢光武時人，嘗遍遊名山，因其能爲人降魔治病，故奉之者甚衆。學其道者，須出米五斗，故又稱五斗米道。陵因其教無學理根據，乃奉老子爲教主，而自爲天師，其實老子與道教無關也

道教之分南北派

魏、晉以後，道教有南北派之分。

南派（丹鼎派）晉時葛洪所創以修養鍊丹之術，求長生不死，與道教之本來面目遂不同。此派盛行於南方。

北派（符籙派）仍以張陵所傳之符籙爲主，行於北方，至寇謙之出，此派勢力甚大，然謙亦講鍊丹術。

唐代道教特盛之原因

迄至唐代，道教特盛，因唐室姓李，自以爲與老子同姓，故特別崇信道教，爲老子立廟，尊老子爲玄元黃帝，唐玄宗且親注老子道德經，於是道教遂盛行全國

第四節　佛教之傳入與三教之爭

「佛」字之意義

佛像佛經之傳入中國

1　佛教之入中國　佛教爲印度迦毗羅衛城釋迦牟尼所創。釋迦生於公元前六世紀(557—481B.C.)相當中國孔子時代其教以慈悲忍辱衆生平等忘卻人我之見爲主，而以成正覺爲其最高之理想。中國譯爲「佛」者，即取「覺」之義也。西漢哀帝時有博士弟子秦景憲，從大月氏使者伊存口受浮屠經，是爲中國知佛教之始。東漢明帝時，嘗遣蔡愔往天竺求佛法，得經典與西域僧竺法蘭、攝摩騰等回洛陽，是爲佛經與西僧入中國之始。其時佛教雖入中國，然尚無正式削髮爲僧者，至魏文帝時，始有朱士行者最先出家爲僧。

佛教盛行於中國之原因

2　佛教之盛行　自魏、晉經南北朝至隋、唐之世，佛教極爲盛行。其所以盛行於中土之原因：

第一　由於清談與玄學盛行之影響因清談看破世俗之義與佛學相近，故佛教爲當時人士所歡迎。

第二　由於胡族君主提倡之關係，如十六國中之後趙石勒卽信佛圖澄，後秦姚萇卽奉鳩摩羅什。

第三　由於西域交通發達之關係。交通既便，於是西行求佛者絡繹於途，而西域名僧來中國者亦多（如佛圖澄、鳩摩羅什、達摩等皆西域所來。）

玄奘與義淨

3　唐時印度佛經之輸入　唐玄宗時有名僧玄奘由陸路往印度留學，於佛教精淺，多所研究，後得經典六百餘部歸國。同時又有義淨者由海道入印度，後亦得經典四百餘部歸國，於是佛教哲理，闡發無餘。

三教學理上之爭

三教武力之爭

4　宗教之爭　魏、晉以來，儒、釋、道三教，因於同時同地盛行，彼此故發生激烈之爭。儒家以禮教排佛，道教則假老子化胡之說毀佛。劉勰之「佛教三破論」一部為「以僞攻釋」之代表。（三破者，卽謂佛教入身破身，入家破家，入國破國。）晉王浮之作老子化胡經，則又為「以道攻釋」之代表。此三教學理上之爭也。至北魏太武帝，因其信道教，遂大殺佛教徒，毀佛像，焚佛經，於是三教由學理之爭而變為武力之爭矣。其後，北周武帝，因信儒學，於是令沙門、道士還俗，而廢佛、道兩教。唐武宗又以道士趙歸眞之言，復痛抑佛教，故

三武之禍

後世佛家指魏太武帝、北周武帝與唐武宗爲「三武之禍」。

第五節　隋唐時代國外宗教之輸入

外國宗教，除佛教於漢時傳入中國外，隋、唐時代又有回教、景教、祆教與摩尼教之傳入。茲分述之：

回教之傳入中國

1　回教　公元七世紀初阿拉伯人謨罕默德所創。氏遣其徒撒哈八等自大食由海道入中國傳教，建寺於杭州、廣州，是爲回教入中國之始；陸路則於元初由回紇人傳入。

景教之傳入中國

2　景教　景教爲耶穌教之別派，公元五世紀初，東羅馬人乃司脫利安(Nestorius)所創。唐初由波斯傳入中國，其教徒阿羅本攜經典入長安，唐太宗命譯其經，并爲建大秦寺，名其教曰景教，嗣後景教遂流行中國。武宗獨崇道教，景寺與佛寺遂并廢。

祆教之傳入中國

3　祆教　祆教一名拜火教，原爲波斯國教，公元前千年頃爲波斯人瑣羅亞斯德(Zoroaster)所創。唐時傳入中國，甚流行，嘗爲置「祆正」。

摩尼教之傳入中國

4　摩尼教　摩尼教爲三世紀時波斯人摩尼(Mani)所創，係合祆教、佛教、耶教而成。唐初由波斯人傳入中國，嘗建摩尼寺，後以受唐武宗之壓迫其教遂衰亡。

第六節　基督教之傳入

元明時基督教徒之來中國傳教

基督教最初入中國者，始於唐代之基督教別派之景教，然不久即中絕。元時有基督教徒入中國傳教（其時稱也里可溫教），亦未能流行。明末歐洲有宗教革命其舊教徒創耶穌社，派遣教徒東來傳教。明神宗時來中國之利瑪竇、龐迪我等，即耶穌社中人也。利瑪竇頗能順從中國習俗，交結中國官場，故其傳教事業，頗爲發達。自是基督教遂流行中國，而歐西天文、地理、數學諸學，亦隨利瑪竇傳入中國。此實爲歐西科學輸入中國之第一聲。

歐西科學隨利瑪竇傳入中國

清道光時，新教育有莫利遜（Morison）來中國傳教，於是基督教之新舊兩派，同行於中土矣。咸豐間中國與英、法訂天津條約，其中規定英、法教士傳教之自由權，基督教因得有條約之保障，傳教事業，遂益爲發達。

第七節　喇嘛教

喇嘛教之起源

喇嘛教爲佛教之一支派，起於吐蕃（今西藏），專以祈禱禁咒爲事。唐初吐蕃棄宗

喇嘛分兩派——紅教與黃教

班禪與達賴

活佛之始

弄贊信佛教，曾遣人至印度求經典，唐玄宗時，印度高僧巴特瑪撒巴巴來吐蕃，參以吐蕃人民習俗，遂創喇嘛教。

明初喇嘛教分爲兩派，一爲紅教，一爲黃教。先是明初以前，喇嘛教士，服色尚紅，其徒不禁娶妻，頗流於腐化，明永樂時有改良喇嘛教之宗喀巴出，尚苦行，排幻術，禁娶妻，教徒服色尙黃，對舊教則別稱之爲紅教，自稱爲黃教。宗喀巴有大弟子二：一曰達賴，一曰班禪，其教謂達賴班禪皆不死，而以「乎畢爾罕」之法，輾轉出現以救世（所謂乎畢爾罕卽轉生或後身之意）達賴死，適達賴一世爲藏王後裔，於是黃教遂握有西藏政治權。後達賴三世有高德，蒙古信仰之，俺答迎至漠南說教，已而自前蒙、青海以至漠北、漠南，皆爲黃教之勢力範圍。漠北喀爾喀族且奉宗喀巴第三大弟子哲卜尊丹巴之後身，置之庫倫，稱爲「活佛，」是爲庫倫「活佛」之始。至於紅教，則被壓迫，僅行於後藏而已。清初平西藏後，對

喇嘛教，備極崇奉，迄至現在，政府對達賴，班禪，亦時加封號。

第三十章 婚姻與喪葬

第一節 婚姻之起源

太古之亂婚

相傳伏羲制嫁娶之禮

近世社會學者，多言人羣之始，先有母系而後有父系。母系云者，以母爲家族中心，子孫皆從母爲系屬，祇知有母，而不知有父，旣不知有父，可知太古時之男女，必無一定之配偶，而爲亂婚。其後父系代母系而興，婚姻必先之成立，否則子孫仍不知有父，父系卽不能成立。至於中國婚姻制之起源，相傳始於伏羲之制嫁娶，惟事太荒遠，無從證實，然觀夏禹傳子，知當時父系社會必成立，而婚姻制之確定，必更在其前也。

婚姻制之確立必在夏以前

掠奪婚姻

婚姻旣立，自必有成婚姻之方法。古代成婚姻之方法，據社會學者之研究，謂最初爲掠奪婚姻，次爲買賣婚姻，然後始成爲契約婚姻。中國古代之婚姻，似亦經過此種階段。易爻辭中屢見「匪寇婚媾」之文，由此可見中國古代婚媾所取之手段與匪寇爲異，是卽

買賣婚姻　西人所謂之掠奪婚姻，至於買賣婚姻，在中國古代典籍中雖無確證，然周代婚禮納徵納幣（詳見下節）皆以財貨爲禮，其由古代買賣婚姻之習俗蛻化而來，實顯而易見，可知中國古代婚姻亦經過買賣婚姻之一階段。

第二節　歷代之婚禮

周代之婚禮　中國之有一定婚禮，實自周始。周禮地官媒氏，以仲春會男女，男女非有行媒，不相知名，於是「父母之命，媒妁之言」之婚姻制度遂成立。周之婚禮有六，即：

「納采」　使人至女家徵同意，女氏許之，然後使人納其采擇之禮。

「問名」　既納采矣，然後遣使者至女家問其名以卜之。

「納吉」　卜於廟得吉兆，以告女氏，則婚姻定。

「納徵」　既納吉矣，遂使納幣於女氏，以成婚禮。

「請期」　婚期定，於是備禮物，並以吉日告女家。

「親迎」　吉日既屆，婿親迎於女家。

歷代婚禮皆沿周制

此等禮式，上下通行，垂三千年，而至今日，除都市中一部分人士以新式禮結婚外，全國猶率其舊。

婚姻年齡

漢代以後盛行早婚

關於婚姻年齡，周代規定，男女三十而娶，女子二十而嫁（見周禮）春秋以後，婚期較早；越語記，越王勾踐令男二十，女十七不嫁娶，其父母有罪，蓋務增殖人口也漢代以後，早婚之風日盛，而政府且常爲法令以助其燄。漢惠帝令「女子十五以上不嫁者五算」一（即五倍其丁稅）晉武帝令「女年十七父母不嫁者，長吏配之。」唐太宗時，令「男年二十女年十五以上無家者，州縣以禮聘娶。」尤可駭者，北周武帝唐玄宗皆下詔以男十五女十三爲嫁娶期。迄至今日，早婚之風仍盛。

妾媵問題

婚姻制度中，尙有一重要問題須附述者，厥爲妾媵制度。妾媵制度由多妻制蛻變而來。多妻之來歷，起於掠婚時代，男子強有力者得多妻。迄至周代，因行封建制度，特定立嫡庶之制，以弭除繼承封土之爭。子有嫡庶之分，而母之嫡庶，遂不得不預爲規定，妾媵之制，遂於此確立。此種制度，相沿數千年不改，直至最近國民政府立法院以畜妾制之不合理，始取消妾媵在法律上之地位。

同姓不婚自周始

此外「同姓不婚」之規定，亦爲中國婚姻制度中特異之點，其制，至周代始確立。大傳云：「繫之以姓，雖百世婚姻而不通者，周道然也」此制行之近三千年，莫敢或違，迄至最近，始行打破。

第三節 婦女之貞操問題與離婚問題

古代婦女無所謂貞操觀念

婦女貞操，我族最重，然此恐秦、漢以後爲然耳。遠古勿論，當春秋時文物郁郁，不可謂野，而左傳所載魯、衞、齊、晉諸國之公卿大夫，淫辟之事，更僕難數，其甚者，親族尊屬卑屬間上烝下報，恬不爲怪。（如齊桓公有姑姊妹不嫁者六人，衞宣公奪子伋婦，晉惠公烝賈姬等）秦、漢以後，此風漸革，其原因蓋有二：

秦漢以後婦女注重貞操之原因

其一由儒家之昌明禮教。因儒學盛行，夫婦有別之倫理觀念入人日深，而養成貞操之風氣。

其二，由法家之嚴厲干涉。始皇會稽刻石紀功，內有整飭男女風俗之事。當時法律效力日強，誅罰所加，豪強就範，淫亂之事，遂較前爲少。

古代離婚頗自由

離婚與再嫁，在後世頗爲社會賤視，然在古代，頗爲自由。如漢代朱買臣妻憎買臣貧而求去，唐楊志堅妻求離婚，而顏眞卿不能斷其復合。唐中宗之新寧公主前後三嫁，後周郭威四娶，又皆爲再醮婦。

宋代以後離婚再嫁之婦女不見齒於社會

自宋代程頤倡「餓死事小失節事大」以後，女子受貞操之桎梏特甚，離婚再嫁之事遂不多見，必欲爲之，即不見齒於社會。迄至民國婦女解放運動興起，社會道德觀念轉變，離婚再嫁，均可自由，而皆爲法律所允許。

第四節 喪葬

喪葬之禮至周始詳

喪葬之禮，至周代始有詳細之規定。今所傳者，有士之喪禮，當人始死，先由一人，升屋北向，呼死者之名字而以衣招之，是謂之「復」（冀死者之魂復歸體魄）。其後則沐浴，飯含（即以米及玉納死者之口中），小斂（即易死者之衣），大斂（即入棺），期而小祥（即過年之祭），又期而大祥（即奉死者之主入祭於廟）。此等儀節，皆所以表示孝子不忍其親之死，故事死如事生也。至於喪服，亦所以表示生者哀戚之情，依親疏、承繼等宗法上之關係，而爲之區別。大抵子爲父斬縗三年；孫爲祖父承重齊縗三年；父在，爲母齊縗杖期；孫爲祖父母及爲人後者爲其父母，齊縗不杖期。其詳見於儀禮喪服，此等儀節，通行迄今，無大改變。

紙錢之始

元魏後，有七七百日齋僧之俗，是爲後世七七、百日、齋僧之始，亦卽喪禮用佛事之濫觴。又自周以來，葬皆瘞錢，至唐代王璵，始以紙錢代之，是爲後世冥錢之始。

風水之說

又自晉郭璞倡爲風水之說後，葬期遂多不遵古禮，或久延不葬，或葬而復遷，蓋皆以得葬地爲期，而又須擇時日也。

第三十一章　姓氏名字與謚法

第一節　姓氏之起源

古代之姓與氏不同

今世姓氏相混，古則不然。鄭樵云：「三代以前，姓氏分而爲二，男子稱氏，女子稱姓。」一姓之字從女生。相傳古之天子皆以其母之居住地爲姓，如神農之母居姜水，因以爲姓；黃帝母居姬水，因以爲姓；則是沿初民知母而不知父之俗也。因生以爲姓，故「姓」爲母系時代之產物。其後父系社會成立，男子遂稱氏。「氏」本部落之意，其時部落之酋長，皆爲男性，故男子遂各以氏稱之。自政治上之關係言，氏之別，更重於姓。其始，同姓而不必同國，如周初之晉、鄭、魯、衛皆姬姓也；其後，由同國而更別以氏，如魯之三桓（孟孫氏、叔孫氏、季孫氏）晉之六卿（范、中行、知、韓、趙、魏六氏），皆各以氏表示其門閥。

戰國以後姓與氏遂無分別

戰國之後，貴族階級破壞，自是無人不有氏，而不復爲貴族所特有，於是重疊之姓氏，亦消失爲普通平等之標記，不復有分矣。

第二節　名字與謚法

周之冠禮男子二十而字

自稱以名稱人以字

別號

以籍貫之稱而代人稱

古之人但有名而無字，至周行冠禮，男子年二十則於名之外更命以字；女子許嫁笄而字。周時男子之字必稱「某父」，「父」通作「甫」，「甫」，君子之美稱也。女子之字見於古代彝器者多曰「某母」，「母」爲女子之美稱也。命「字」之制既立，由是自稱概用名，而稱人以字，以其成人而敬其名也。至後世，更有所謂別號者，其始蓋起於逃名避世之士，如范蠡在陶號朱公，葛洪號抱朴子，陶潛號五柳先生。然自唐以後，別號之稱漸濫，如賀知章號四明狂客，元稹號漫郎，蘇洵號老泉，蘇軾號東坡，幾人人皆有別號，於是交接之際，皆以稱其別號爲最敬。又古者於達官尊之則稱其官位，明中葉後，又以別號不足示敬，官位不足示異，乃至以其籍貫之稱而代人稱，如張居正爲江陵人，則稱之爲江陵，嚴嵩曰分宜，曾國藩曰湘鄉。下如袁世凱之流，亦專其縣名而曰項城。是等名詞，且形諸公私文牘，有如隱謎，莫知所指。

謚法起於周

秦毀謚法

漢復謚法

「死而謚周道也，」後世謂之易名大典。周制，稱天而謚，美惡必以實，「名之曰幽厲，孝子慈孫不能改，」故周書謚法篇，惡謚不少。後秦始皇以爲「臣子議君父，不道，」遂廢謚法。漢興而復行之，迄清末不替。民國建立，始行革除。惟漢以後之謚，有美無惡，去周代行謚法之用意遠矣。

第三十二章　社會風氣

班固謂：「繫水土之風氣，故謂之風；好惡取舍，動靜無常，隨君上之情欲，故謂之俗」。可知風隨地異，俗隨時轉；時地既遷，風俗自異，故歷代社會風俗，各有不同。茲擇要述之：

第一節　古代醇樸之風

上古人心敦厚，其醇樸之風，遠非後世所及。古史所傳：黃帝之世，田者不侵畔，漁者不爭隈，道不拾遺，市不豫賈，城郭不閉，邑無盜賊。帝堯之世，不賞而民勸，不罰而民治。此其說雖有疑爲後代儒家所虛構者；然考之社會進化史，太古人民生活之樸質醇厚，則無疑也。

第二節　列國至漢初任俠之風

宣周以後風氣漸壞

周初禮制大興，風俗甚美。迨周轍東遷，禮教動搖，人心爲之一變，風尚因以改觀。或大潰決此之防，而荒淫之弊集；或反革其拘墟之習而任俠之道成。茲就任俠一端述之：

東周以來任俠風氣盛行之原因

1　任俠風氣盛行之原因　任俠之風，起於春秋，盛行於戰國，迄至漢初，餘風猶在。考此種風氣盛行之原因，約有數端：第一由於禮教束縛之反動；第二由於列國養士之影響，因各國既招養遊俠之士，故俠士輩出；第三由於墨學盛行之結果，墨子之徒，多能赴湯蹈火，此種精神，遂為遊俠所宗。

專諸　程嬰　豫讓　荊軻

2　著名之俠　春秋之世，有刺吳王僚之專諸，救孤之程嬰等。戰國則有刺趙襄子之豫讓，刺韓傀之聶政與刺秦王之荊軻等。秦代亦有博浪沙中之大力士。漢初則有朱家郭解之流。大抵此輩皆能忘身家，許死生，為人所不敢為，其急公好義之精神，實有足多者。惟俠盛犯禁，人主所忌，百端摧殘，此風漸泯，漢武以後，遊俠之士，遂寥若晨星矣。

3　任俠風氣盛行之影響　任俠之風，影響於社會者甚大：

第一　使暴君污吏有所恐懼。

第二　廉頑立懦，養成急公好義之社會精神。

第三節 兩漢社會風氣之不同

兩漢風氣，前後不同，西漢之士風重勢利，東漢之士風則重氣節。分述於後：

漢武帝後風氣轉變之原因

1 西漢之重勢利 漢初任俠之風盛行，漢武帝後風氣始爲之一變，而趨尚勢利。其所以轉變之原因：第一由於漢武帝以儒術爲利祿之途，養成世人干祿趨勢利之風。第二由於漢代對人文教育之忽視，世人既趨於勢利，於是廉恥道喪，士風日敝，王莽篡漢而士大夫趨之若鶩，其居攝時頌德者，竟遍於天下，由此即可見西漢士風之下

漢光武之提倡氣節

2 東漢之重氣節 光武中興，懲西漢末年士大夫附莽之多，乃竭力提倡氣節，以矯西漢之弊，於是尊禮周黨、嚴光，崇其不事王侯之志；封卓茂爲褒德侯，旌其不事二姓之風。至此士大夫無不以名節相砥礪，東漢風俗遂媲美三代矣。及其末流，太學生專事標榜，終致釀成黨錮之禍

第四節 魏晉南北朝之社會風氣

曹魏時代貪詐之風

東漢末葉曹操獎勵貪詐，社會風氣爲之驟變。曹操以氣節之風，不利於其覬覦神器之野心，遂獎詐弛之士，下令求負辱之名，見笑之行，不仁不孝，而有治國用兵之術者。自是禮爲之破壞無餘，氣節爲之蕩然以盡。此後南朝人士則好淸談，而行動流於放誕；北朝人士則爭學鮮卑語，以求自媚，風氣日益卑下矣。

南北朝風氣之卑下

第五節　隋唐五代風氣之卑鄙

隋唐五代風氣之卑鄙

隋、唐行科舉制後，士風益鄙，投牒自媒，不以爲恥，卽賢如韓愈亦三上書宰相以求仕，平日之士風不振，故當唐室滅亡之際，絕少效忠死節之人。迄乎五代，世亂益亟，士大夫對於國家之興亡存滅，亦視若無覩，於是中原則有歷事五姓自以爲榮之馮道（道自號長樂老），川中則有世修降表之李家，士氣之卑鄙，於斯爲極。（前蜀之亡於後唐，其降表爲李昊所草，後蜀之亡於宋，降表亦爲昊所草。蜀人因夜書其門曰：「世修降表李家。」）

第六節　宋元明之風氣

葉伯巨之論宋代風氣

宋元之風尚，明人葉伯巨言之甚中肯要，茲錄葉氏之言以見其大概。葉伯巨論宋代風尚之言曰：「昔者宋有天下，蓋三百餘年，其始以禮教其民。其當盛時，閭門里巷，皆有忠厚之風，至於恥言人之過失。洎夫末年，忠臣義士，視死如歸，婦人女子，羞被汚辱，此皆教化之效也。」

葉氏論元代之風氣

葉氏論元代風尚曰：「元之有國，其本不立，犯禮義之分，壞廉恥之防……」

明代士風至東林諸賢出始稍振作

至於明代風氣，其初以嚴興文字獄，積威之下，民俗遂轉失於優柔，觀於士大夫之逢迎宦官，概想知矣。後東林諸賢砥礪氣節，士風雖為稍振，然卒無補於國家社會。

第七節　清代之風氣

清初士風敗壞之原因

清初以懸於明代遺臣之以氣節相高，於是興文字獄，以鉗制言論，開科舉以利祿麻醉人心。士大夫處此高壓與牢籠兩重政策之下，遂皆成為麻木不仁之流。清中葉以後，貪汚奔競之風甚盛，知廉恥者甚鮮。至晚清，以懾於西人之勢力，士人由盲目排外而為媚外。形成一種卑怯之風氣，晚近中國民族之不振，原因固多，而有清一代士風之敗壞，實為原因之一。

第八節　最近社會風氣與新生活運動

新生活運動發生之原因

晚近以來，社會風氣益壞，上下人士，莫不精神萎靡，行爲卑鄙，虛僞散漫，思想邪亂，生活奢侈，若全國民族之生命，即將滅亡者然。蔣介石先生有見乎民族生命之危險，遂於民國二十三年二月十九日在南昌倡導新生活運動，冀以最簡易而最急切之方法，滌除我國國民不合時代及不適應環境之習性，而建設一以禮義廉恥爲基礎之合理的生活。

新生活運動倡始於南昌

其時蔣先生駐節南昌，遂於南昌設新生活運動促進總會（現已遷京）以主持其事，稍後全國響應，各省市縣，皆相繼設立新生活運動促進分會，實行革新生活。

新生活之內容

至於新生活之內容約而言之：一要生活藝術化，使國民生活高尚；一要生活生產化，使國民生活富足；一要生活軍事化，使國民生活鞏固，此三者實現，則可謂生活合理化。合理化所賴以實現之規律曰：「禮、義、廉、恥」，所賴以表現「禮、義、廉、恥」之事項，則爲「衣、食、住、行。」使我全體國民以「禮、義、廉、恥」爲規律，實現於「衣、食、住、行」之中，則我國民之

新生活運動爲復興民族之基本工作

生活內容充足，條件俱備，新生活之建設，即於是完成，中國民族復興之基礎，亦於茲奠定。據此可知新生活運動，實即民族復興運動之一面，凡屬國民，皆應努力革新其生活，以完成復興民族之偉業。

中華民國二十五年十月初版
中華民國三十六年十月滬一版

中國文化史略

全一冊 定價國幣五元五角
（外埠酌加運費匯費）

編著者 王德華
發行人 吳秉常
印刷所 正中書局
發行所 正中書局

（593）

威（鉅）印 11

基本知識叢書之二
中等學校教科及自修適用

中國文化史略

陳竺同著

文光書店印行

基本知識叢書之二

中等學校教科及自修適用

中國文化史畧

陳竺同著

文光書局印行

基本知識叢書之二

中國文化史略

定價國幣陸元伍角正

著者　陳竺同

發行人　陸夢生

發行所　文光書店
總店：上海河南路三二八號
分店：重慶中山一路二一八號

分發行所　聯營書店
漢口　重慶　成都

利羣書報聯合發行所
上海河南路三二八號

民國三十七年一月初版（滬）

總 5602-28　　基叢（164P.）1-5000

目錄

第三章　從產業分析有史期第一階段的文化生活

第一章　先史期的序幕文化

第一節　史前文化的內容

「先史」怎樣解釋呢？「先史」是指人類在有文字的記錄以前的一段歷史，先於歷史記錄的一段歷史。「先史」也是歷史的一部分。歷史的基礎，雖然建築在文字的記錄上，可是在沒有文字記錄以前的人羣文化，另有其他重要的文化遺產。因此，「先史」與「歷史」不過在史實取材的資料上具在相對的意義；而在廣義的使用下，從最初的人類一直到現在，都是人類的文化歷史。尤以近三十年發見我國偉大的石器時代的文化遺產，顯現先史的文化內容與輪廓的眞實。這確是先史期的文化史料的新獲得。古史學者陳寅恪氏說：「一時代之學術，必有其新材料與新問題。取用此材料，以研求問題；則爲此時代學術之新潮流，……此乃古今學術史之通義，非彼閉門造車之徒所能同喻。」

我們生在今日，從石器時代的遺物，曠觀先史期文化的演進，乃是極榮幸的事。這一大批的驚人的先史期文化的遺產，乃是從前整理史料的人們所未曾看過的。從商周以來的學者，對於先史期的文化，只靠些傳說，各做各的憧憬而已。例如，列子記載了昔者成湯向夏棘曰：「古初有物乎？」夏棘答曰：「古初無物，今鳥得物？使後之人，而謂今之無物可乎？」這只算是憧憬着先史期的文化輪廓而已。又如東漢王充也說：「古之水火，今水火也，……人民好惡，以今而見古，由此而知來，千世之前，萬歲之後，都可以推知」（見論衡）這也是徒然憧着先史期的文化。宋朝更有一個編路史的羅泌，對這另有說明。他以為：『五帝之時無傳人；非無賢人，久故也。五帝之中無傳政，非無善政，久故也。……傳近則詳，傳久則略，略則舉大，詳則舉細。」（見循蜚紀）這因為文化流傳，時代接近便詳明；時代久遠，那就簡略了。這雖是肯定史前期確有創造文化事業者，但是為着時代的久遠，沒有史料遺傳下來，只有從略而已。我們歡幸地生在發見石器時代的偉大遺物的今日，對於先史文化，比較前人是得到眞實地「知其然，」與

「知其所以然。」

我們要了解先史期的文化體系，決不是單從那時所殘留的神話裏觀念分析，便算完事。我們應該從鋤頭新發見地下的文化實物，而依據生產發展的規律，把那時各種工具及使用自然對象的物質財富條件，一一加以分析。這樣才得披露了史前期各種文化的萌芽、滋長、成熟、以及產生後世另一種新文化的潛在的動力。原來，文化的本義，是指一般勞動而言。在拉丁語，文化作 Ku tura ，乃是土地底耕作的意思。演進至今日，對文化 Ku tura，稱爲人類所以優越自然的一切努力底成果，——完成生活的一切成果。那末，工具、原料、運輸手段——關於勞動交換的一切技術——以及語言、藝術、習慣、組織、規律——一切都是史前文化底構成要素。總而言之，文化的內在，包含整個的生產領域與思維領域，也可以說前者是產業體系的物質文化，後者是觀念體系的精神文化。不但先史期，任何階段的文化過程，是包含着經濟生活的過程，政治生活的過程，精神生活的過程。

四

先史文化是中華文化的基石。我們如果要了解整個文化的過程，我們首先對於先史文化演進的動態，要「知其然」與「知其所以然。」先史期由石器文化進展到陶器文化；由陶器文化，更進展到銅器文化的原始作。然後，有史期的殷周便發展了青銅器的燦爛文化，再由青銅器文化，兩周更新產生了鐵器文化，兩漢使愈加進展。另一方面由陶器文化，於兩漢又新產生了瓷器文化。這些都是我中華文化的代表工具。此後，更接受外來的玻璃，與蒸氣機關以及電氣各種文化。我們要明瞭以上各種中華民族的文化工具的演進動態，自然要從先史前期的石器、陶器、銅器着手，然後才可進至有史期的文化的面面觀。

先史期的石器文化，更分初期石器的舊石器文化，盛期石器的新石器文化。舊石器是粗糙的原始作。新石器都磨光的，潤滑如玉，甚至有用玉製造的；所以又稱玉器，技巧非常精工，已形成了石器的頂點期。在二千年以前，早已有人以各時代的文化代表工具分劃史期，而稱先史期爲石器時代。又以先史期末段已進到銅器時代，至漢始爲鐵器盛期。這就是漢時袁康的越絕書所說的：「時各有然；軒轅、神農、赫胥之時，以石爲兵，斷樹木爲宮室……至黃帝之時，以玉爲兵，以伐樹木爲宮室。禹穴之時，以銅爲兵，以鑿伊闕，通龍門，決江，導河。當此（吳越）之時，作鐵兵威服三軍，天下聞之，莫敢不服；此乃鐵兵之神。」這是以「石兵」、卽舊石器，「玉兵」、卽新石器，「銅兵」及「鐵兵」四種戰具，分劃上古文化爲四個階段。近代歐洲丹麥博物院長湯姆生（C. J.Thomsen）在一八三二年，開始分劃文化史期爲石器時代（Steinzeit）靑銅器時代（Bronzezeit），鐵器時代（Eisenzeit），到了十九世紀中，勒波克（J. Labbock）又把石器時代分爲舊石器時代與新石器時代。這也是與我國漢時袁康的文化分期同一意義的。要之，在文化過程裏，以各階段的文化代表工具，來說明文化發展，乃是正常的，基本的，合理的，而且極顯著的。

第二節　新舊石器的文化觀

中國文化分兩大史期。未有文字以前，稱爲「先史期文化」，約計幾十萬年；這一段時期是很悠久的。從創造文字以來，稱爲「有史期」，不過幾千年。我國創造文字始於殷商的甄甲文，約距今三千五百年，年代雖是比較的短促；但藉此形成了東亞文化的代表，這是可以自豪的。

先史期人類克服自然，發展了文化的過程，確是使我們今日敬仰祖先所備嘗的艱苦與奮鬥。以前西人對於中西學者——古生物學、地質學、考古學——的努力，發見偉大的文化的輪廓與內容，已經驚動全世界了。這一大批鋤頭文化的獲得，計有石器、陶器、骨器、銅器等洋洋大觀的文化遺產。從前西方學者拉佛爾（Bertho'a Laufer）以我國無石器時代。這是否定中國先史期的文化。石器時代文化的發展，距今至少約五十萬年至十萬年，分爲舊石器時代與新石器時代，限於篇幅，撮錄其大要於下：

（A）舊石器的發見　從民國九年以來，中外學者在甘肅、陝西、寧夏、鄂爾多斯南部、東三省及河套一帶等處獲得紅色、灰色的石英岩與硅質石灰石所造的器具：如石鑿、石鑽、石刮、石拳鑿、石刀片、石的削土器等以及橢圓形、菱形、腎形、長方形、正方形、三角形的石器數千件。這都是先史最早期的文化工具。尤以熱河發見石製的刮割器與刮利器，表面蓋着一層灰白色的「石銹」，經古史學者梁思永氏確定爲舊石器時代的作物。這是中西學人所未曾注意的極可珍貴的史實。

（B）新石器的發見　舊石器是未經磨光的和極簡單的原始工具。進展到新石器，那就不同了；都是磨光的，而且樣式繁多，雕刻精工。那末，這種新石器的技術優越是由於人類畋獵、農業等經驗的累積而形成的。我國新石器時代的文化圈，已經很廣大。從民國十九年以來，中西學者在陝西、甘肅、河南、河北、山東、熱河、瀋陽等處發見石刀、石鋸、石槌、石斧、石錐、石削、石矛、石鐮、石鏟、石鋤、石鑵、石鏃、石錛、石杵、石鍬、石針、石瑗、石環、石玨、石珠、石圓板、石雕刻具、石紡錘具，石紡織輪，以及似貓之石雕，與錐形、橢圓、桃圓等的石核鑽器與刮器。這都是精琢磨光的工具。

又，在石器時代遺跡中，除掉舊石器與新石器以外，更發見骨器、角器、貝器、陶器、銅器，都是原始期佃獵、牧畜及農業的利器。骨器在舊石器時代在採集經濟的集團裏，已成爲普遍利用的工具了；如骨鋤、骨刀、骨鑿、骨斧、骨楔、骨針、骨錐、骨釘、骨簪、骨環、骨笄、骨匙、骨鏃、骨柶、骨板飾等。這些農具、工具、獵具、玩具、紡織具、飲食具與烹飪用具，是補充石器的不足。更有骨作的笛，是在佃獵時吹之以爲信號，或平時供娛樂的。這許多骨器，以鹿骨製的最多，牛骨、馬骨、象骨、豕骨、犀骨、也到處發見的。這更使我們知道那時獵人與牧人的文化事業已有相當的成績。這些骨器深埋在地下，留傳到了今日，鋒芒還是很利的，而且雕刻都分明可玩。尤以一塊有灼痕的卜骨，爲殷墟龜甲文之產源，頗可珍貴。至於角器與貝器，都是利用動物遺骸的成績，也可隸屬於骨器裏。角器，推河南出土的鹿角針，特別精緻。貝器，不但在工具的種類與效用上與骨器相等，而且進展施用於貨幣上，是原始經濟的重要史跡。如瀋陽、河南發見的貝瑗、貝環與石瑗、石紡織輪，都可視爲「準貨幣」。其他發見於山東、山西、河南、河北的貝製或蚌壳製的鐮、鏟、刀鏃、鏈等利器，及飲食器具很多；也是先史文化生活一斑，確是前人沒有看過的史跡。

尤以新石器時代的陶器發明已達到頂點，不但質地很堅，而且有畫成或印成或刻成的花紋，都很美觀的。到了殷周秦漢的陶作退化，那樣精緻堅美就不得再見了。奧國化學家麥伊伯（Meryersberg）稱「中國爲陶之母邦」，更可證明是眞實的。最早的人類是採取蚌殼做飲具的，以後才知道製土器藏貯用水。更後，再利用火燒土坯，便成爲陶器。到了新石器的晚期，陶器演進爲銅鑄的模型。因此，可以說「先史期」後半段的陶器文化，乃是石器文化與殷周銅器文化的兩時代過渡的媒介。近二十年來，「先史期」的陶器出土，確是驚動世界的。在瀋陽、河南、甘肅、熱河、青海、山西以及山東等處都有很多的數量發見。如陶製的鬲、甑、鼎、罐、碗、杯、瓶、壺、爐、鉢、燈、洗、甕、盂及紡織輪，樣式至爲繁多，雕刻敷色更見奇巧；尤其是國內學人整理陶器的偉績。這裏，限於篇幅，不能夠詳細地說明了。

說到銅器，只算做「先史期」後半段的最進展的文化作物；更可以證明新石器晚期的分工技術的優越。在甘肅、河南的新石器遺址裏，同時都發見了銅器很多；就中以帶翼的銅簇製作最精工。依照傳說，黃帝已經發明冶金術，虞舜的兩敦與尊彝，也是銅鑄的。墨子說：夏后的採金陶鑄，與左傳記載夏鼎的流傳在各國。梁朝陶宏景收有夏啓的銅刀，以及唐宋間，夏之禹鐘戈，鉤帶與許多夏鼎的出土，一直到清代梁同書研究三代銅器，發見了夏器有極優越的嵌金圖案的細工。這些記載，雖不及在新石器遺址裏發見銅鑄實物爲可靠，然而，先史的新石器晚期已經進展到銅器文化，到底是事實。更有一件先史文化史料最驚人的發見。這就是那個馳名現代全世界的第一文化人的遺骸，在北平周口店，於一九二七年出土，這是最近三十年間在人類史上添了一個新的文化人型，展長了人類文化史的時代，改變了向來文化史的觀感。

這第一文化人被稱爲「震旦人」（Sinanthropus）或「北京人」。他不僅在時代上是極悠久的；並且在人類演化的歷程上，是一種極原始的型式，介乎人與人猿之間，是從古猿類到現代人類的中間型。若使用年歲來說，這文化地層約在四十萬年前的一個時代。同時，在他的近旁發見了二十五個人的遺骸與石器骨器，以及使用燒火與牛羊化石的痕跡等文化遺產。這是我們的始祖製成極簡單的適應環境的工具，與用火熟食、焚身，在穴居生活裏的掙扎。此外，同處更有虎、象、馬、兔、獾、海狸、土狼、犂牛、水牛、犀牛、豪猪、蝙蝠、土撥鼠、轉角羊、扁角鹿、大駱駝、駝鳥蛋等化石。也可證明爲我們的始祖先克服自然環境的成果。

第三節　實物發見與傳說的互相證明

人類發展文化的利器，就是工具。人類所以別於動物生活，也就是能夠使用工具這件事。最初人類只有自然本身所供給的工具，如石塊、蚌殼、鹿角、牛馬等骨等，都是補充身體器官的短處與不完全處。這是僅就舊石器時代的簡單工具而說的。到了新石器時代，工具複雜化起來，而成爲獵夫，牧人、農人的正常的利器，而顯現文化生活已相當的高度了。

這裏，依據前節所述近三十年發見石器時代的文化生活及工具的總提示，很簡略的再引先史期所殘留下來的傳說，以互證當時文化水準的生活狀態。

這裏，暫從用火的生活說起。人們使用火，是從偶然和好奇心而來的。這當然是指那落雷後的山林焚燒，或火山噴發或野火自燃的野火而言。當時人雖有了這種認識，但不能夠使火永遠不熄滅；于是做種種試驗，終於發明了隨時都可以取火的方法，及保留火種。那個舊石器時代的第一文化人旁邊的所用遺物與燧人氏鑽燧取火的傳說，互相證明我們始祖發明了造火。從此，使用火開始烹調，而且靠着火驅除了寒濕，防禦了野獸。尤其是演進了用火燒土坏，演成陶器的黃金時代。這是原始期一種新的文化生活。又從那個第一文化人，在洞裏避免風雨寒暑及禦防猛獸毒虫，却與易經「坎卦」「需卦」所記載穴居生活，互相證明了。太古時人們大批搬到岩窟裏住着，在製造石的武器，和發明用火以後；那時才把洞窟裏虎熊獅子等野獸殺死或驅逐，然後更靠火使穴裏乾燥和光明，生活使比較地舒暢安全了。後來脫離穴居生活，便是巢居或建造屋住的時期，這可與有巢氏構造巢居，及後來再改善做「編槿而廬」的居住互證的。這些傳說，乃是原始居住上必然的文化進程 而且在新石器時代遺址裏發見了幾處燒窰，可以互相證明的

食與住的問題解決了。衣着怎樣呢？最早期的人類在炎熱的時候，赤條條地裸體着，或用各色的泥粉，畫在身上，當做點綴。到了寒冬時節，還要把毛皮做成衣着，逐漸發展到紡織的新技藝。這有西陰村石器時代遺址裏的蠶繭，和各處發見的紡織用具等實物可證。更有葛天氏利用葛的纖維編成衣服，黃帝元妃嫘祖發明蠶絲織帛做衣料等傳說互相證明的。當時確已脫離了所謂「文身」「衣皮」的陋習，已進展到農村種麻、栽桑、養蠶、產絲等文化生活了。以上關於衣食住各種生活的改良，乃是我們祖先在艱難困苦裏掙扎的勞績，誰都不能否認的。

先史期的生產力發展，促進了文化，不只是顯現在上面所說的衣食住三種生活條件上，再從產業方面說，漁獵、游牧、農業各部門生產，形成了一種新階段的文化生活。

這也可從石器時代的遺物，關聯到各種傳說，互相證明的。當時文化演進的順序，更提出生產工具與原始交換的先史文化遺產與各傳說互相證明，也可以顯現經濟總體系的動力。例如從石器遺址的各種獵人武器與編織用具，關聯到伏犧氏「結繩為網罟，以佃以漁」的傳說，互相證明了先史期石器社會的生產技術。更由漁獵進至游牧，可從石器遺址裏許多牛馬豕等骨製，關聯到伏羲氏「豢育犧牲，服牛乘馬，草韡皮蒙。」及大庭氏的經營大牧場，驪連氏的牧馬，黃帝與豕韋氏的力牧等傳說，互相證明了先史期游牧社會的生產盛旺。更由游牧進至農業，可從石器遺址裏各種農具，及陶器有米穀印成的圖案，關聯到神農氏「耒耜之利，」「教耕生穀」及其臣赤冀製杵臼，作耝、耨、錢、鎛，互相證明了先史期農業的繁榮。以上鋤頭發見的文化遺產，與先史期所殘留的傳說，互相證明了各種產業文化，誰都認為合理的，正常的。

在先史期，我們的祖先，既發明了用火熟食及居住衣着等認為生存所不可缺的物質需要條件；更發明了漁獵、牧畜、農業等生產技術，以解決他們生存所不可缺的物質需要條件。這裏再進一步略略提示當時生產工具與原始交換的總態，顯現當時促進文化的動力。這因爲生產力的變化發展，首先是生產工具的變化發展。換句話說，要明瞭他們使用「生產物質財富的自然對象與自然力的關係」的變化發展，先要考察他們生產工具的變化與發展狀態，生產工具的變化與發展，只有從他們的手工業分工的優越去分析。這也是從石器時代的文化遺產與先史期傳說互相證明的。從石器、骨器至陶器文化，當時陶器種類和樣式的繁多、圖案，敷色的優美。在各處不是已發見了一大批一大批文化遺物，而且經過專家者的整理與批判嗎？這更可關聯到各種傳說。如從燧人氏作鬲、甌、甑、又如女媧氏煮物用土器，演進成神農陶冶，作甕、作瓶；及黃帝命寧封爲陶正，又命昆吾作陶。這就是說明了陶器的原始作，進展到社會共有的專門陶業。又如堯號陶唐氏與「堯有天下，飯於土簋，飯於土鉶。」「舜陶河濱」，「東夷之陶者器苦窳，舜往陶焉，期年而器牢。」這些都可說明陶器的加工改造。又如舜時「貴陶器」，有大瓦棺的創作，與「有虞瓦尊」的精美，是說陶器普遍及於養生送死之具。以上各傳說的內容，都可與新發見的實物互相印證。此外，關於建築物、武器、織器、銅器、以及交通用具的舟車等，都並行的發展着。

說到原始交換，從當時的「準貨幣」說，形形色色，很多很多。在石器時代遺址裏發見了石瑗、貝瑗、和石鏟、各種刀和紡織輪，都是。用石、貝、陶製的瑗和紡織輪，都是圓圈形。紡織輪雖然是麻絲織品的工具，但是爲着它普遍地需要着，所以同時充做原始交換的「準貨幣」。由這種圓圈形的「準貨幣」，演進成周時的金瑗。金瑗又稱做「環錢」，終於由「環錢」再改鑄做外圓內方的銅錢與鐵錢，才確立了正式的金屬貨幣。在周穆王時，政府已經公佈了人民得以「金瑗」贖罪，也是事實上證明。又石鏟和石刀是石器時代普遍地需要着的工農用具，也和紡織輪一樣地並行發展做「準貨幣」。石鏟後又演進成銅鏟和鐵鏟。春秋時的鏟幣，就是它的變態。鏟幣又稱做布幣，周時的布幣種類很多，都和刀幣並行地通用。古人稱金屬貨幣做刀布，是具有這樣的文化演進的過程。那末，石器時代這些石製的、骨製、蚌殼製的交換物，都先由用具充做「準貨幣」，然後演進到銅刀，被稱做刀幣；一切都與布幣在同方式的文化進程上發展的了。這是我們值得知道的一回事，至於「貝子」，是原始人以水裏動物介殼爲飲器及裝飾品，後來更逐漸成爲「準貨幣」，以及用其他動物的骨去仿造，至周又改爲銅鑄，即蟻鼻錢，也是一種金屬的正式貨幣。要之，由先史期力量最偉大的工具交換的「準貨幣」，逐漸形成周代銅鑄的各正式貨幣。這是合於「起初是物與物交換，逐漸發見交換的媒介」的幣制原則。

社會一切發展，都與人類生產發展保持着一定的關係，文化發展自然不是例外。從生產力與生產關係分析先史期文化的詳蘊，這是文化的真義，誰都不能否認的。我們遠古的祖先，開始向着自然施行技術的勞動，由合作進至分工，是用物質財富的生產爲主要活動，在文化構成之中，是佔着基礎的地位。具體地說，這就是從衣食住及其他需要爲生活資料，而努力增加生產力的。至於生產關係乃是一種權力生活，即施行政權及服從政權的過程，除掉奴隸制之萌芽期，僅對外族俘虜行施權威以外，待到氏族制開始崩潰，始有家庭組織之支配權力。至於原始社會氏族制之上階段內的公社服從，乃是民主政體之濫觴，則絕無對立的社會階層一回事。此外，藝術、習慣、思維亦復如是，都與政制互相影響，而為生產力所決定，而具有反作用的力量。就中由女權轉變為男權的氏族制，氏族制裏圖騰主義，生產手段的公有，以及各種藝術的文化生活——跳舞、音樂、圖畫、雕刻、及準文字——都可由近三十年來，由鋤頭發掘那些石器時代的文化遺產，或直接的證明，或間接的證明，都可視為先史期的鋤頭文化觀。限於篇幅，不能夠詳細說明了。

我們由以上許多新發見的先史文化遺產，加以先史傳說的揚棄，互證先史期文化的進程，這是使我們眞實地認識先史文化史的進化公式，確具有兩種性質：（1）普遍性（2）必然性，而引出一切，支配一切，進展為一種被世界稱為東亞代表的文化　這使我們眞實地理解歷史的進化法則，而明瞭中華文化第一頁的全景，敬仰我們祖先繼續的奮進的文化努力，促進了有史以來的人們跟着不止息地每天每刻向文化努力，發展一種無限的進步。

這樣使我們今日能夠這些「智識的無政府」宣告結束，眞是幸事。否則，先史文化的歷史迷宮，由傳說的演變與錯誤而形成各種迷惑與恍惚，而使我們模糊着我國文化序幕的全景，不能理解歷史的進化法則的眞實性。

我國被稱爲世界文明的古國，先史文化早已燦然可觀。可是縉申先生們多茫昧地不知這種文化的產源。這是他們綴學的恥辱。這是他們辜負了祖先文化創作的勞績。

第二章　從工具分析有史期第一階段的文化形態

任何時代的生產工具的代表作，乃生產能力的最高度的測量器，而正常顯現出文化生活的最高峯。因爲生產力變化了，發展了，社會文化的意識形態就隨之而變化發展了。又因爲生產力的狀態是：「人們用什麼樣的工具，生產人們所必需的物質財富。」而且生產力的變化發展，首先是生產工具的變化發展。誰都知道人們是製造工具的動物，不論任何勞動工具的發明與改善，都是生活需要，都是發展集團文化的事業。

這一章，是先從古代的生產工具的代表作的變化發展，分析文化的進程。殷周秦漢各有各的生產工具的新形態，各實證各的文化基礎的新現象。由石器文化陶器文化，又由陶器文化到銅器文化，又由銅器文化到鐵器文化；而陶器文化另方面又進展到瓷器文化。這些都是生產工具，顯現我中華民族的文化生活的實際。「人們用什麼樣的工具生產人們所必需的物質財富，」這是文化演進的基石。更要注意除掉漢代因襲或改善殷周的石器、陶器、銅器、鐵器的文化以外，漢代另有新的工具，代表當時新的生活。例如漢代的新瓷器的釉采，與新石雕的圖像，以及銅鑄的新作風，鐵冶的新政策，都顯現東亞的整個文化的演變，不只是限於中華民族的。

第一節　銅器的文化觀

一　殷商的銅器優越　這是用採銅礦和鍊銅爲基本條件的。墨子在春秋時，依照傳說，相信夏代已經在昆吾陶鑄成九鼎。這昆吾就是周代所封殷商後裔的衞國都城近旁，也就是近人所發掘遠古銅器與龜甲文的殷墟區域——殷商的根據地。那麼，殷商繼續着夏代在這一大片的銅礦區，採礦鍊銅，實在是無疑的。又郭沫若解釋龜甲文裏的「黃」字，就是當時銅礦的原始文字。因爲在黃色石上加了一個「广」形的崖壁的附號，成爲「廣」字，便是後來的「礦」字。而且黃、廣、礦三字的音韻相同，都可代表當時黃色的銅鑛，被看做社會重要的生產物。尤其是民國二十二年，第八次發掘殷墟裏有未經冶煉過的銅鑛石，可以做實證的。

銅礦，是黃色。銅更是發亮的黃色。在殷周時，用這種發亮的黃色的金屬，做成了箭頭鏃，或稱它做「黃矢」，或稱它做「金矢」，或稱它做「黃金矢」，普遍地被應用爲漁獵社會的利器。這在易經裏有噬嗑卦和旅卦，都描寫用這種銅箭頭，射殺了許多猛獸。歸來後，又在獸肉裏挖出箭頭；或把這大批的獸肉晒乾，在烹調食用時，發見箭頭；都是顯現着發亮的黃金色。當時，不但銅箭頭被稱爲黃金色的，其他如「金車」，「

金棍」，「黃耳金鉉」等銅做的用具，在易經裏也有同樣的記載。

古書裏的記載，誰都知道更需要着實物來證明的。這種殷商的雙稜式的銅箭頭，近二十年來，迭次發見於殷墟，以後又把它輸運到英國倫敦，參加藝術國際展覽會陳列着。歐美學者公認為這是上古期世界文化的代表作。銅箭頭確早在殷商時盛行的，更可從龜甲文的圖式證明的。例如手拿着矢鏃在弓上將要放箭的，乃是「射」一字的圖畫。又如矢鏃着在人身的肐下，乃是「醫」一字的圖畫。又如「弔」字乃是增帶繳而弋射的圖畫很多，很多。

除掉銅箭頭以外，更有橫擊的銅戈，直刺的銅矛，空頭的銅斧，與銅刀的柄、銅鼎的耳、銅觚的柱、銅斝的柱、銅爵或銅蓋的殘片，以及觚的銅範，蓋的銅範，箭頭的銅範；也都輸運到英國倫敦，參加藝術國際展覽會陳列着，各被歐美學者公認為上古期世界文化的代表作。這多麼光榮！這許多殷商銅器，只有銅箭頭在石器文化時期的遺址裏發見，其餘如銅製的鼎、爵、解、斝許多禮器與用具，以及銅製的戈、矛、斧許多武器，在史前期未曾發現過有這些實物，確可視爲殷商藝術文化的創作品。尤以銅範的種類繁多，可實證了殷商的銅器，早已進展到鼓鑄的技術，更覺使世界驚異的。又綜合這些銅器的名稱，都散見於龜甲文與易經裏。這兒，限於篇幅，不能縷述，已另在拙作中國上古文化史裏詳細分析了。

再舉幾種最驚異的殷商銅器文化的作品，以顯現我國歷史序幕的創造的偉大。例如民國二十二年第八次發掘殷墟，新獲得銅鑄的基礎十個，與將軍盔一具；乃是代表建築術上加速度的進展，與武裝上加速度的嚴整。又如民國二十三年新獲得銅製的安陽商彝十二件，及其他銅器百餘件，精品很多。以及彰德殷墓裏新獲得銅製的高三尺的提梁卣，與高二尺許的銅盒。這些銅器的形態優美與技術精巧，都可視爲劃分時代的文化產物。

尤以前清末了，在河南石門所發見的殷商銅鑄的「虎錞」，最爲奇絕的。這銅錞滿盛着水，以手震芒，觸擊表面，使見發聲如雷，清響良久；被近今學人定爲當時早已應用物理學共鳴的原理。那末，這銅鐸的製作精巧，不言可喻。此外，端方在陝西寶雞縣鬥雞台發見殷商的銅器「柉禁」一全副，至爲珍品。他如，關於殷墟裏銅製的農具，如鋤、鏟等，新近都在各處出土。

要之，殷墟的銅器文化，替代了史前期的石器文化。這是文化工具的質的變化。這是使幼稚的農業經濟及其他各部門樸素的生產，跟着工具使用的進步，而飛躍到另一階段產業的盛旺期了。因此，我們不妨再把殷商銅器文化遺產的出土，擴大範圍，逆溯到漢以來的搜尋而加以圖繪、編撰。再從其形式種類的繁多，與鏤刻文字與圖案的精巧，愈覺顯現出一切猛進的形態。近人羅振玉統計，歷來發見的殷商的銅鑄彝器，竟達到七百多件。就中以爵與卣最多，觶、鼎、尊、敦、觚、盉、角、斝次之，甗、匜、壺、彝、鬲、罍、酓、盤、瞿、豆都有。此外，又有銅製的刀、矛、戈、瞿、斧、矢等兵器，及鬯、鑊、俎、皿、鬵、甗等烹飪用與飲食用的盛器。從漢書藝文志載有殷商的孔甲盤盂二二六篇以後，更有梁朝陶宏景的古今刀劍錄與虞荔的鼎錄。唐代劉敞的先秦古器圖。尤其是宋清兩代許多金石學家廣行搜集殷商銅器，在北宋呂大臨，說「數千百年後，尊彝鼎敦之器，猶出於山岩屋壁隴畝墟墓之間。」與趙明誠說他所搜集的商簋，認為銅器精品。更有歐陽修、趙明誠、李清照、聶崇義、陸農師、王黼、王俅、薛尚功、王復齋等的專著，與宋高宗的紹興內府古器評，都搜集了殷周文化代表的銅器精品。到了前清乾隆間，以政府的力量，精繪摹印了三部空前的銅器大作，收採殷周的銅器更多。至於私家的銅器編籍，從清代至今日，最著名的如錢坫、馮雲鵬、張廷濟、吳大徵、孫詒讓、劉體智、羅振玉、容庚、商承祚、郭沫若及西人福開森、克里孟索、各有專著出版。

二　兩周的銅器的繁複　我國銅器文化，產生於史前期，發展於殷商，至兩周則達到極點。此後，便逐漸地衰退了。兩周銅器的用途，僅就近人劉體智的分類已有下列十四部門：

1　樂器——鐘、錞于、鐃、鈴、磬等。

2 造飯器——鼎、鬲、甗、釜、鍪、鍑等。

3 飲器及酒器——卣、罍、壺、尊、爵、觥、觚、觶、耑、角、斝、舉、彝等。

4 盛飯器——敦、簠、簋、豆、盤、盆、鋗、盧、盦等。

5 盛調和器——盉等。

6 連湯飯器——匕、勺、柶等。

7 溫器——鐎斗等。

8 滌洗器——匜、洗、唾盂等。

9 燃火器——燈。

10 整容器——鑑等。

11 度量器——權、量、尺、甬、鍾等。

12 證器——符、印、等。

13 兵器——戈、戟、矛、刀、瞿、劍、匕首、斧、鉞、鑿、削、鏃等。

14　其他——如門飾、車飾、帶飾、以及農具、錢範。

此外，兩周的農具用青銅製造的，見於詩經，更有耒、耜、錢、鎛、銍、斧、都是從前代使用手耕的木製耒耜而演進的。至於用青銅鑄的戚（兵器）鈁（農器）鐸（樂器）舟（酒器）甑（飲食用器）盤（盥滌用器）投壺（娛樂用器）斗（量器）旂鈴、托轅、承轄、車轄（首飾品）及雕刻文字的銅版與削等，都經後人發見。

宋清兩代搜集周代的銅器，形制繁多，及其雕鏤精巧，爲編幅所限，不能詳細敘述。這裏僅舉那仿鑄自然物的立體形像一部門說，美觀達到極點，確非後世所能及的。先就其中仿造動植物立體形像說罷：「象尊」的圖式，在宋清兩代的精繪印本裏，竟達到形態不同的數十種，眞是驚人。統計這些所仿造的動物，以象與牛爲最多，雞次之。此外，鳧、天雞、鴟鴞、鸚鵡、鸞鳳、鷹、魚、蟬、蛇、蟠、螭、夔、虎、麟、熊、猴、馬、獅、龍、及其他獸類都有。至於植物，以瓠、蓮瓣爲多。如「尊」計有象尊、犧尊、犧首尊，虎尊、雞尊、天雞尊、鳧尊、鴟鴞尊、瓠尊。「壺」計有鸚鵡壺、鳧首壺、魚壺、蓮瓣壺。「盉」計有麟盉、螭梁、鷹熊盉、天雞盉、蟠螭盉、鳳首盉、熊足盉、牛首盉。「盉」計有三牛錞、鸞馬錞、虎錞、鳳錞、魚錞、虎龍錞、龜魚錞、獅首錞。「匜」計有犧首匜、蟠夔匜、馬匜。又「鼎」有三羊鼎。「卣」有象首卣。「表座」有雙蟠表座。「刀」有鸞刀。「瓿」有犧首瓿。「勺」有龍勺，「斗」有螭首平底斗，以及冰鑑與奩各以所謂四神——青龍白虎朱雀螣蛇爲雕飾的。這些都是雕鑄着立體動植物的毛羽耳目口鼻首足身段，都迫眞，美觀之至。這許多銅器不但鑄造的技術精工，而且內容都反映出原始期所殘留的圖騰意識，也是極可珍貴的。

說到兩周銅器上的平面圖案，多採取自然界的雲雷花草等現象及動物的局部而組織成的，也是殘留着原始的圖騰意識。例如「尊」那就有夔紋、鳳文、蟠螭紋、麟紋、螺紋、饕餮紋各種名稱。「壺」那就有蟠虺、蟠螭、蟠夔、夔鳳、鱗紋、雷紋、各種名稱。「彝」那就有饕餮、蟠夔、鳳各種名稱。「觚」那就有夔紋、饕餮、雷紋各種名稱。「甗」那就有蟠夔、盤雲等名稱。「鼎」那就有鳳文、饕餮、蟠虺、雲雷、盤雲各種名稱。「罍」那就有雲蟠、蟠虺、犧首各種名稱。以及山紋瓿、鱗紋錞、蟠夔盤、夔紋觚、與萬甬，象甬等等。這些都用自然現象和動物相貌來組織圖案的，千變萬化，配搭成整個的圖案，眞好看啦！眞好看啦！

最近二十年來，更有很多的兩周銅器新出土。例如河南新鄭的蓮鶴方壺，被郭沫若鑑定爲混合着印度文化的色素。又如山東濟南的銅錞，貯水加以摩擦會發聲的，被陳遠庵解釋爲應用摩擦生電而發聲的技術。又如山西渾源的嵌石銅爐，溫壺等三十六件銅器，被鑑定估價爲五十萬元。又如河南汲縣的六十六種銅器中的七個鼎和十個磬，形狀全同，而大小遞減。乃是後世套杯的創製。尤其是陝西，依照考古學家的估計，以爲興平，扶風，歧山，鳳翔，寶雞等縣的兩周銅器，可以供給二十年左右的發掘。這是多麼偉大的寶藏！

在春秋戰國時，貴族們各養有所謂「鑄客」，「鑄客」就是專門鑄造銅器以供給貴族們享樂的。民國二十三年，發掘壽縣的楚王墓，獲得銅器很多，銘文上都刻有「鑄客」二字」這便可證明當時所謂「春中門下，食客三千，」「不是現代「無一藝之長」的政客可比吧！

殷周的銅器文化確已達到最高峯了。這種銅鑄，不是純銅鑄造的；是用錫和銅合金配成的專門工業的技術。所以中西學人或稱它爲「青銅器文化」。依照殷墟遺物的實驗分析，及周禮的調查統計，是這樣的：

(A)殷商的青銅器

禮器含錫百分之十。

刀含錫百分之十五。

矢含錫百分之十七。

旬兵含錫百分之二十。

(B)兩周的青銅器

錢鎛等農具是銅二與錫一之比率。

鐘鼎等及祭器其器是銅五與錫一之比率。
斧斤等利器是銅四與錫一之比率。
削殺矢等利器是銅三與錫二之比率。
鑒燧等用具是銅一與錫一之比率。

這種青銅器所含錫的成分愈多，則硬度愈大。鍊銅的技術愈發達，青銅器的硬度是較鐵爲高。一切工具與用具，在未發明用鐵以前，都是用這種合金做成的。這是殷周新發明的銅與錫的合金法的優越。殷周的銅礦既爲政府專有，探銅及配合銅錫成分又屬專門人材，所以銅鑄成做國有事業。這可證以當時政府賜銅與貴族鑄器；及貴族請政府賜銅器，每逢國家重大典禮，使鑄造偉大的銅器以爲紀念物。這更可證以當時功臣接受國家的鑄品，把他的功績鑄在銅器上，或將征服國的舊有鑄品，分賜與功臣，甚至把鄰國沒有款識的鑄品，冒爲自製，陳列在宗廟上夸大功績的；而且爲着珍重銅器常常地各諸侯在國際上舉出偉大的銅器，當做外交的重要條件。例如晉國執邾悼公，強制奪取邾國的田畝，魯國用寶鼎做賄賂就罷了。又如晉國想要伐鄭國及齊國，鄭子產用鍾磬做賄賂，齊國用銅的禮器與樂器爲賄賂，也都罷了。他如齊國想要伐燕國與徐國，都是這樣的罷了。甚至在國際上以奪取銅器而發動了戰事，例如齊國攻魯國，是爲着要求岑鼎。這樣的類例很多，不必多舉，要之以上都可看做銅器流通的特殊形態，反映出當時銅器文化的高潮。

三　秦漢銅鑄的新形態，銅鑄的人像、渾天儀、鈎帶、鏡、鐙、等都是秦漢新興的銅鑄文化。依照傳說，圖繪，實物三項分述於下：

1.傳說　秦始皇統一以後爲着銷除民間叛亂起見，就收取國內所有銅器，聚在咸陽。完全把它燒鎔了。這件事都知道的，試問在銷鎔以後再鑄造什麼東西呢？除掉下面所說的十二個異常龐大的銅人以外，更鑄造了許多銅鐘；大的高三丈，小的也重千斤。這樣重大的銅鐘與銅人自然不會被民衆利用做叛亂的武器，秦始皇是這樣打算的。銅像鑄造的開始，文人們時常傳誦着：「不須買絲綉平原，不用黃金鑄子期。」和「鑄成范簋呰何及，綉作平原未必知。」除掉綉像的絲織藝術，在我們產蚕絲最早最盛的國境內，當然在春秋時已經美滿地精工以外；銅鑄人像或許不會在戰國時出現；即使成事實，也只可看做極幼稚的作品吧！秦始皇造「阿房宮」，是空前絕後的大建築。同時在阿房宮前，鑄造了銅人十二個；大家都以爲這是我國采用銅鑄的人體造像的第一次。這比較西漢「魯靈光殿」造作西域胡人的形像在棟梁間，爲早期的。其實，秦始皇鑄銅像，也是接受西域的作風。西漢初，已傳說秦始皇二十六年，臨洮發見西域的「長狄」（即胡人）十二個，長五丈多，認爲國家的吉兆。所以秦始皇把所收拾國內的兵器，銷鎔鑄造成「十二金人」，以爲紀念。據說每個銅人都二十四萬斤，身長五丈，足履長六尺，稱爲「金狄」。丞相李斯親寫銘文在銅人的胸上。後來漢高祖稱「金狄」做翁仲，終於被王莽、董卓、石季龍所毀滅了。這種偉大的人像銅鑄品，除掉我國上古時東亞的創作以外，西歐也已經有了。依照清朝初年，比利時有一個教士南懷仁 記載他看見銅人巨像是這樣的：一樂德（即Rhode）在小亞細亞附近，今屬希臘）海島銅鑄一人，高三十丈，安置在海口。他的手指，一人難以圍抱；跨下的高壙，能夠使大船經過；左手執着燈，夜間點照那些海船認識水程。這銅人內部容虛；從足至手，內部設有螺旋梯，以便升上點燈的。據說鑄造的工人千多個，一共作了十二年才完工的。」這可看做東西兩半球的偉大銅人藝術的對立吧！

秦時銅鑄人像的藝術，不只是龐大的，而且應用在小巧的造像上。當着漢高祖初次入咸陽的發見，驚異十二個小銅人，高三尺，排列在一筵席上坐着，分執琴筑，笙，竽，更都有花采點綴，儼然像活人一樣的。筵席下面，又設有兩個銅管，上口高數尺。一個銅管是空的，用人吹氣。一個銅管裏有繩索，用人執着收放，因此，十二銅人的樂器便發響伴奏着。這是根據漢時的記載，不會是幻想吧！

兩漢間西域傳入銅鑄的造像術，更有漢武帝時得昆邪王的金人，與宣帝的建章宮銅人，兩件事可以證明的。到了東漢初，明帝遣使臣到北印度取佛金像，置在白馬寺裏供奉。稍後陸康，上疏諫鑄銅人；張衡鑄銅仙人。及桓譚撰作新論，又明明地記載着鑄凝的銅神仙。這些難道不是銅鑄人像的明證嗎？尤其是東漢將末，桓帝在宮中，鑄造了黃金的佛陀和老子的形像。三國時，吳景帝在江陵發掘漢墓，內有銅鑄的人像數十個，長五尺；都具壯美的衣冠，執着武器侍立的。這當然都是事實。至於最近民國二十三年在燉煌千佛洞，發見了漢時黃金的古佛數尊，極美觀；及三國時吳王孫皓發掘揚州阿育王金像，也可以助證的。銅人以外，更有關於學術上的銅鑄很多，如用水測驗時間的銅器，誰都知道銅壺滴漏乃是漢代的時辰鐘錶。有宋時所發見的「漢丞相府銅鑄漏壺」的實物可證。又東漢張衡也鑄造了「銅壺刻漏」，這也就是古人所謂「銅壺滴漏」。這銅壺旁邊刻劃着分寸，底面有漏孔。銅壺中裝滿了水，水就一滴一滴的漏下去；隔着若干時間，壺中水便底落若干分寸；從這分寸的長度，就知道一天裏過去若干時間了。在時辰鐘錶沒有發見以前，這銅壺滴漏當然算是一種相當優良的測量器。

張衡不但鑄造了測驗一天間的時辰的銅壺，而且又鑄造了測驗一年間的日月周行的銅鑄渾天儀。張衡鑄造渾天儀的銅像，規模很大；包含有南極，北極，赤道，黃道，與一年中二十四節候，以及測驗日月，五星（金木水火土）二十八宿等位置。這渾天儀設置在殿上，以銅壺滴漏的相等速度的水力轉動它；它所顯出的現象，便與天象相應。這是極有價值的銅器文化。據說，這種「渾天儀」，在漢武帝時已有，乃是一個洛陽黃閎開始造作的，大概不是銅鑄的吧，大家都稱他叫做「鮮于妄人」。這或許與遠西的上古天文學術有關聯處吧。後來，耿壽昌（宣帝時人）才用銅鑄成，到了晉宋更見完備精巧了。

還有一件銅鑄的用器，也與自然現象有關係的，就是「方諸鏡」。這鏡的四角都鑄有水獸，中央是凹入小半球形，在月下能夠把冷氣凝結做水的。這也是應用物理學的。其他關於秦漢的銅鑄動物最著名的，更有：秦始皇驪山冢內的金鳧雁，與漢代的銅蝦蟆、銅蹲螭，銅鑄三足烏，都是精品。又有銅鶴，傳說在漢王墓裏，黃金蛇見梁冀賄賂中。尤以馬援所鑄的銅馬，立於京師的魯班門外，為最偉大，最精工；而且製法及其尺寸都有專書傳世。這些傳說，是憑着事實的。

此外，依照古書裏的傳說，還有很多的兩漢銅器。例如從景帝起至王莽之時止，共有七十二個銅鼎，被梁虞荔收藏，圖錄在鼎錄裏。就中漢武的建元鼎、泰山鼎，成帝的鼎，都雕刻有許多文字。又如漢武帝時，長安巧工丁緩接受西域輸入的新技術，造臥褥上的銅香爐，一名「被中爐」，是用機環轉旋，像衮球一樣的。他更造九層的「博山香爐」，刻鏤着奇禽怪獸，都會動的。又如銅鈎帶，也是文帝時從匈奴鮮卑輸入的新式的衣服裝飾。不只是銅香爐與銅鈎帶是外來的藝術，尤其是銅的樂器，在兩漢時從西域南洋傳入很多；而且傳入以後，更加以仿造改善。這也是另一方面的銅器文化，例如銅鈸、銅鐃、銅角、銅管等。

2. 圖繪　這是宋以來的學者搜集了許多秦漢的銅器，憑着實物，把它的樣式、花紋繪印在專書裏。這比較傳說，自然來得眞實，內容眞豐富啦！這裏先舉採取自然物的形狀作點綴品的，很多很多。例如：燭鐙分有蛟鐙、駝鐙、羊鐙、犀鐙、鳳鶬鐙、雁足鐙、辟邪鐙、龍虎鹿驢鐙等，都是立體的造像藝術。酒尊分有虎尊、犧尊、芝鹿尊、天鷄尊、瑞獸尊、鳩尊、凫尊。銅壺分有鷹首壺、凫首壺、鳩首扁壺、犧首壺、瓠壺。鐎斗分有龍首、凫首、熊足、如意等。銅卮、有夔首卮。銅甗、有三鷹甗。銅匜，有夔匜、犧首匜。銅鐓有立熊鐓、熊足鐓。銅爐分有獸爐、博山爐。測日影定時候的銅表座，分有雙螭表座、蒼兕表座。銅符分有虎符魚符，書鎮分有鳩書鎮、蟠螭書鎮，天祿書鎮。硯滴分有龜硯滴，角端硯滴。此外，鳳奩、商山豆、鳩首杖、鳩首扁壺，螭首平底斗都是。

尤以銅鳩車，鑄一鳩在雙輪車上，可以推動，乃是兒童最有趣味的玩具。又有「鳩車尊」也用車輪的；貯酒招待賓客，用不着捧尊分注，只要推動車輪，酒尊便到客的前面，多麼方便！當時銅器的平面雕鑄的圖案，很繁複，而且每種銅器都把它所雕繪的圖案做名稱的。例如銅壺分有十多種，如梅花紋，繩絡紋，綯紋，四雀，三螭、雙螭、蟠夔、雲螭、瓿鹿、鶴鹿等圖案，精巧生動，都很有趣的。銅洗分有雙魚，八卦、蟠夔等圖案。銅瓶分有瓜紋，葵花。銅盤、有的用環紋。銅盂有山紋等圖案。更有很多的銅器，局部有獸環、獸耳、獸鼻，也可看做摸仿動物的裝飾品。如果再要問最通行的形式；銅壺有方的，扁的、圓的。銅盂也有方的，圓的。溫壺、有橢圓的，也有扁圓的，可是更有曲項的鴨頭形，很可以賞玩的。除掉上面種類繁多，樣式精巧的銅器以外；關於通行的日用品，更有銅鑄的唾壺、噴壺、溫壺、熏鑪、溫爐、旂鈴、弩機、鈴斗、嘉量、（卽斛、斗、升、合、籥五種，圓器）方斗、提鑪、糊斗、水注、提鋬（煎燉器）廚鼎、甗、鍾、鍑、巵、杯、都是社會文化的表現。

3.寶物　近今所發見「秦權」與王莽的「嘉量」，都是銅鑄的，另詳下章商業文化裏。這裏先說明近今發見成績最大的鏡。秦漢的鏡都用銅鑄成的；因爲玻璃還沒有發明。據說漢高祖攻進秦都城咸陽時，得到一枚方鏡，光亮異常，好像會照透腸胃一樣的。鏡的背面雕鏤着蜿蜒的蟠龍，很生動的。這就是一般人所說「秦鏡高懸，照徹肝胆」的由來。自然　秦漢間的銅鏡形式，不只是方的；還有圓的、六瓣的、八楞的，菱花形的，葵花形的。都刻有漢隸與回文等及鐘乳、「內外輪」製作的巧妙，達到極點。甚至有中間空虛的稱做「夾鏡」，質輕浮水的稱做「浮鑑」鏡背上圖案的繁複與新奇，實在占了當時銅器的第一位。除掉人物，魚龍鸞鳳嘉禾，合璧、連理以外，尤以海獸、馬、飛魚、怪鳥、異花奇葩、雙獅、吉字、四神、九子、十二生肖、飛行神仙，等西域輸入新作風，最為精采。其中「服光鏡」「西王母鏡」「寶相花鑑」「海馬葡萄鑑」是很明顯披露出外來文化的成分。

漢鏡從宋清兩代發見實物以來，或精繪雕鏤，或摹拓付印，或照相翻板。尤以漢代精品的「長生鑑」與「清白鑑」，放在日光下，鏡背的圖案都透現在屋壁上來，了了分明，所以又稱做「透光鏡」。前面那枚「秦鏡」能夠照澈腸胃肝胆，也許就是這種「透光鏡」中間空虛的譬喻吧！至於漢鏡背面雕鑄圖案的精微，則有雙獅的奮爪昂首，狻猊的側伏豎尾。尤以海馬葡萄雕鑄着各種新式的花紋，有許多海馬、靈鳥，中間更用七寶、螺鈿、流雲、蜂蝶、芝草、妙花等為點綴。尤其葡萄的果實累累，與葉捲鬚籐蔓滿在全面以及有翼海馬的活躍姿勢，都生動可愛。這確是西域波斯薩山朝的藝術作風，輸入我國，當時是極風行的。暫從宋代所搜集的圖錄裏舉出這些鏡的名稱來，如「海馬葡萄鑑」多種，海馬狻猊鏡，海獸朱鳳鏡、海獸鏡、雉馬鏡、鳳馬鏡、蟠龍鏡等，那就恍然了。這種外來藝術作風的漢鏡，在近十年來出土猶多，例如二十二年，湘陰所發見的海馬葡萄鏡，及二十三年，徐州所發見的海獸四神鏡，雙龍兩乳鏡，雕刻都精工。尤以二十四年長安咸陽間發見漢代造幣廠遺址裏的銅鏡模型數件是鐵證。此外，清代錢坫編撰了浣花拜石軒鏡銘集錄，羅振玉編印了古鏡圖錄，裏面都有很多新出土的漢鏡嘉品。

不但漢鏡，前清末了，端方在西北發見三代到唐的銅器很多，圖繪共計八卷；就分量說，秦漢占了一半。就中最可注意的，如秦壺、秦盃、秦鼎、秦權、秦盉，與兩漢的鍾、鈁、鋗、甑、勺、壺、洗、符、尺、鏡、鐙、鉤、鋋、鈁、鐎斗、鈷鏤、銅鼓、牛馬鈴。這些都是新出土秦漢的銅器文化的代表作。此外，最近十年間，在南昌發掘的秦盤，在陝西門雞發掘秦漢間的銅鈴、銅鈎帶，尤以秦山岱廟裏歷來所封存的秦漢數十件的銅器被開放，更覺得驚人。以及二十一年，安徽當塗發見了銅爐，山東陳簠齋所售出的趙飛燕與淮陽王的「漢印」。以上都是兩漢銅器的新文化。

最後，更說一種「銅鼓」，現在珍存於兩廣境內，確是表現出漢時銅器文化的優越；樣式偉大，雕鑄精巧。在銅鼓面的周圍分立四個蛙蟇，夾着兩組馬；有的馬背上乘着騎士。但也有些銅鼓面的周圍，是分立着四個怪獸的。尤以鑄有十二生肖最爲精工。據說銅鼓是東漢馬援征安南後得來的；後來諸葛亮渡瀘水，征南蠻，也得到許多銅鼓。其實，是兩廣的峒僚所鑄的。現在嶺南一帶，關於銅鼓的傳說很多。例如廉州的銅鼓塘，欽州的銅鼓村，博白的銅鼓潭，文昌萬州及靈山的銅鼓嶺。又從隋代建造的廣州南海廟一直到清末，還保存着直徑與高各達到五尺的銅鼓，尤以現在廣西博物館搜集了數十隻古代的大銅鼓，保存珍藏在桂林的岩洞裏。據說，樣式與圖鑄與前面所說是相同的。這自然可看做漢代外來銅器的新文化。

第二節　鐵的文化觀

一　最早期的鉄器使用　社會文化的發展，被經濟技術所規定；而經濟的發展，又被技術所規定，技術過程一變化，經濟過程也就跟着變化，而使文化異常地發展了。周代的鉄器發明，來替代銅器，普遍地被應用在農具與戰具上，這是產生了一種新的文化形態。

郭沫若在民十九年發表古代社會研究裏，未曾寫有殷商的鉄器，因爲殷墟裏沒有鐵的發現，第二年，他又發表了殷墟中仍無鐵的發現一文，以貫澈他的主張。不要提起殷商，就是周代的鐵器出土，尚覺寥寥無幾。近十年來的史學家，雖然多肯定了周代已經用鐵器，可是都只憑着書本上的論證，而未注意到實物的發見。這裏，暫從周代的「鐵錢」說罷，「鐵錢」在春秋時管子的輕重篇裏已有記載，一向只有這種書本上文字的傳說而已，併沒有實物來證明。到了前清末年，吳大徵發見了周代鑄造「鐵錢」的錢範，才證實周代已施用鐵的貨幣。又民國十九年發現了戰國時燕下都的鐵斤與鐵叉。二十三年發現了周秦發祥地陝西寶鷄縣的鐵劍。二十四年又發見了周代古墓裏許多鐵造的農具與武器。這些都是鐵證，任何人不能夠否定了這鐵的事實。

西周所煉的青銅，硬度比鐵爲高，終於抵不過鐵的優越性——即鐵的量的龐大與普遍。如果在農業生產發展的社會裏，大規模的農作，必然的需要着鐵器。更加兩周封建制度在開始，貴族們，鞏固君主無上的權威，又不得不需要加工製造殺人如草芥的兵器。除掉兵器以外，構成封建制生產諸力的要素，眞正意味上的生產工具，乃是農具。最近十年來的兩周鐵器，限於農具與兵器兩種，原因很明顯的是在於這兩種鐵器的體積龐大與分布普遍的緣故。因爲體積龐大，被埋藏在地下是不容易於銹蝕壞滅的。否則，至今數千年，勢必至入土融化，決不像青銅器易於保存，留傳千古，而被人珍視的。

周代鐵的農具，除掉實物出土以外，更有許多農具的名稱，記載在古書上。如管子所記載的耒、耜、銚、鐮、鎒、椎、銍等農具都是鐵造的。又如孟子所記載的鐵耕，確是用鐵犂與利用負鐵犂的耕牛來耕田的。這些都顯現當時農作上主要的鐵的勞動工具；也就是出現了鐵器文化的黎明期，促成大規模的田野耕作的農業經濟。

當時鐵器在農場勞動裏嘗試，大概原因在於戰爭劇烈，把所有的青銅都去鑄兵器。造農具呢？只好用鐵來替代的了。有一次齊桓公感到國內兵器不夠，管仲就規定用「美金」鑄造劍戟等兵器，先在狗馬身上嘗試。同時又用「惡金」鑄造鉏、夷、斤、斸等農具，在農場上嘗試。「美金」就是青銅，「惡金」就是鐵，鐵的硬度雖不及青銅，但爲着充實國防的戰具，齊國必然的要嚴厲的限制了「美金」屬的用途。同時必然的要推廣了「惡金」屬來代用農具的鑄造 管仲推廣鐵製的生產工具，更有雷厲風行般的宣告，提出「耕者必有一耒一耜一銚」與「一女必有一針一刀」，以及勞工「必有一斤一鋸一錐一鑿。」那末，鐵器已普遍地應用在農場工場及家庭手工藝上了。不但如此，在晉國更用鐵造鼎，同時鑄雕刑書在鼎上。又楚國的宛鉅鐵鉇，大家都把它比做蜂蠆，更覺可怕。這些都是顯現我國春秋時代的鐵器文化的第一頁的光榮。

到戰國時，冶鐵的風箱與鍊鋼鐵的技術都發明了，這因爲吳國有一個劍匠，叫做干將，採取了五山的鐵精，更加入許多金屬，鑄造鋼鐵的寶劍。他的妻名叫莫邪，集合了三百個青年的男女幫助他裝炭入爐，又代他抽風箱。這是多麼壯雄的大工程！終於鑄成了兩把鋼鐵的寶劍，就把他們夫妻的名稱，去做鋼劍的名稱，以爲紀念創作。一把叫做「干將」，一把叫做「莫邪」。大家都知道古代名劍，推這「干將」與「莫邪」居首；可是多忽略了這兩把名劍，在我國鐵器文化史上有這麼偉大的驚人的事實呢！在越國，更有一個英名的劍匠，叫做歐陽子。他曾經有一次與那個吳國劍匠干將合作，鑿山開採了很多鐵礦，多次的鍊成鋼鐵，也鑄了三把名劍。總之，用鐵造武器，戰國時推吳國越國的兩次大工程爲代表。當時驚動了全中國，鐵的兵器便逐漸地整個替代了銅的兵器。尤其是秦始皇收取天下的銅製兵器，聚在咸陽，銷燬鎔鑄，合成了十二個金人；每個的重量各達二十四萬斤，那是多麼龐大的銅鑄啦！爲着這一次的沒收，天下銅鑄差不多被銷熔精光了。所以陳勝、吳廣從農村裏叛亂，不得不借用鐵做的農具，什麼鋤、耰、棘、斤等來做武器；「因利乘便」，他們一忽兒就把秦始皇的專制政局傾覆了。

二　鐵的冶鑄事業的進展　起初人民自由冶鑄，後來收爲國有，從冶鑄鐵器的工商而成做巨富，在漢初司馬遷作貨殖傳，已經把秦始皇至漢武帝一段的時間裏提出許多代表來了。第一個是猗頓在猗山冶鉄，頓成巨富，所以大家贈他一個「猗頓」的綽號。又有邯鄲的郭縱從冶鐵積成大財產，可與王侯比富。蜀地一向盛產銅鐵，有姓卓的在臨邛鐵山鑄造鐵器，籌劃最精，發展最大。在這個卓姓的大經營的鑄鐵場所裏，共有奴隸一千個，四川雲南都推他爲第一家。另有鄭程是山東俘虜，遷移到臨邛，冶鑄也成了大富賈。他如南陽的宛孔氏，大規模冶鑄鐵器，交接王侯。山東的曹邴冶鑄鐵器，富至巨萬。這些都是反映鐵器文化的高度。漢初，民間得自由地開鐵礦冶鑄，鐵器文化在漢高祖時已推展到廣東。後來呂后因爲長沙王從中攏斷，已經一度禁止了輸運鐵器去南越關市。又當時，狄夷請求中國增加運鐵去。總之，鐵器對於國民經濟，尤其在農業上，確已顯現出偉大的貢獻。董仲舒對漢武帝提出秦時國家收入鐵的利益，與春秋戰國比較，已經達到二十倍了，所以漢武帝再繼續着秦惠王的鐵市置官，把鐵收爲政府官賣，封南陽冶鐵的大富商孔僅做大農丞，在著名產鐵區的咸陽，擴大了鐵業冶鑄的官事業。同時，禁止民間私自冶鑄鐵器。如果再私鑄鐵器的話，依照法律，削去了左邊的足趾，而且沒收了私鑄鐵物。同時，一方面把咸陽的官辦鐵器，遍運於國內那些不產鐵的郡縣。另一方面，各處由所設置的小鐵官，冶鑄原有的舊鐵專賣。至於其他產鐵區，都用冶鐵的富人做鐵官的。當時各郡國如河東（皮氏、平陽、絳縣）河內（隆慮）、河南、潁川、（陽城）、汝南（西平）南陽（宛）千乘、東萊、東牟、蜀（臨邛縣）、犍為（南安武陽縣）、隴西、遼東（平郭縣）、京兆、馮翊、扶風、弘農、太原、（太陵）廬江（皖）山陽、沛、魏（武安）、常山（都鄉）、涿、濟南（歷城）、泰山（嬴）齊（臨淄）瑯琊東海（下邳、朐縣、臨淮、鹽瀆、堂邑）桂陽、漢中、（沔陽）漁陽、北平、中山、膠東、郁夷、城陽、東平、魯、楚、廣陵等都設有「鐵官」專辦鐵器事業。後來、昭帝與宣帝雖在短時間裏罷免了「鐵官」，但不久便恢復了。這些「鐵官」都置有吏卒，每年入山採鐵，總數約在十萬人以上。可惜官營鐵業在西漢末段逐漸地腐敗了。政府設立「鐵官」原是供給農用的，可是流弊百出。有些地方拿鐵去代貴族鑄造龐大的用具及鐵錢。這是使農民鐵鑄的用具不夠，依然用木器耕田或用手耨草。有些地方，鐵官盜賣，謊報在冶鐵時，鐵飛去了。有些地方鐵官偷取府庫中所藏鐵的兵器，假冒說是開採的新鐵。到了王莽施行新政，在「六筦」的第三項，依然把鐵收為國有，而改良了辦法。因為西漢政府專賣的鐵質不盡優良，鐵價又昂貴。所以東漢初光武就把鐵的官賣法廢除，解除禁令，改由民間冶鑄，僅徵收鐵稅而已。可是不能遍普，例如桂陽太守衛颯在湖南耒陽縣，設鐵官開發鐵礦，不允許民間私自冶鑄；一年收入竟增加到五百多萬金。沒有好久，章帝便要恢復全國的「鐵官」，到和帝時更恢復了涿郡故安的「鐵官」。

說到漢代的鐵器種類，除掉農具以外，還有鐵製的武具，用具，錢幣，甚至有鐵馬鐵船。最近十多年來，在山西萬泉縣發掘漢文帝的后土祠，獲得鐵刀很多，在陝西寶雞縣鬥雞台發見漢代的鐵標槍、鐵矛、鐵箭頭許多兵器。又在長安咸陽間，修隴海鐵路，發見漢代造幣廠遺址，獲得當時鐵鑄的五銖錢模型很多。又在撫寧發見鐵鐘，鐵香爐，也是漢鑄的。這些都可視為當時鐵器文化進展的鐵證。

第三節　陶器和瓷器的文化觀

一　殷周的陶業分工　史前期的陶土文化，與石器一樣的殘留在殷周社會；而在另一方面，轉變爲瓷器的新文化，馳名於全世界。

殷商時代的農村裏，陶製的酒器稱做酉，與烹調工具的陶甗，貯物用具的陶登，都在龜甲文上圖繪着。又到處的井甃與打水與貯水的陶甕、陶瓶、陶匏以及陶室、陶穴都在易經與詩經裏記載着。就中陶室與陶穴，與發明用瓦甎有密切關聯，在建築術上乃是基本的文化產物。至於陶匏，當然是從原始時拿瓠匏實物充作飲器而演進做土器與陶器的，然後始由陶土模型發展爲「銅瓠」。殷周銅器文化既從陶土模型產生的；我們更在銅鑄形制推知當時陶器的本來面目。例如陶製的飲食用器的甑，後來演變爲銅鑄的繩紋耳甑，山紋甑，龍口甑，犧首甑等。而且繩紋耳、山紋兩種圖案與龍口、犧首兩種形式，都可視爲當時陶土模型的藝術。他如那個由飲器演變爲樂器的「缶」，與炊烹用的「

甑」，飲食用的「罍」，貯物用的「登」，都演變爲銅鑄。這些銅器的樣式與圖繪，在宋清兩代的金石圖錄裏，可以彌補殷商銅器失傳的缺憾。

殷商政府設有六種工業人材，「土工」居首。「土工」是陶瓦的專門人材，使我們知道當時社會文化對於他的需要最爲急切。到了周代，這陶瓦業更分工做「陶人」與「瓬人」。「陶人」專門用陶鈞製造甗鬲的，（陶鈞就是現在製造圓陶器用的旋轉轆轤），「瓬人」是專門用模型造製禮器一類的東西：如簋，豆，罄、罐、卮、尊、罍、缶、甂、壺、甑、甗、瓿、甕、鬲、登、瓴、甎等，充做祭祖或祀時炊烹飲食的用具，極爲完備的了。這些陶器的雕飾，花葉圖案居多；也有龍、鳳、夔、雲山、花鳥的描繪，很美觀的。尤以犧尊、象尊、造成牛及象的立體形式。當時著名有權威的陶業專家有兩個人。第一個就是西周開始的虞閼父。他做「陶正」，代國家專管陶業。周武王葉他獲得厚利，富足了國庫經濟，就把他封侯，更代他擇美女爲妻妾，算是光榮啦！第二個就是春秋時的范蠡。他脫離了越王句踐以後，更名陶朱公。大興陶業。江蘇宜興縣的質地優越的陶器，是他創始的。因爲他發見那處的泥土，黏力特別强，而且經久耐火燒，經過了一番改良製造，使成做陶器的代表作。現在宜興，還保留着古窰十多座，據說是范蠡的遺跡。這更覺得偉大！

尤其是最近十多年來，殷周陶器的新出土，經過許多學者整理，成績很好。例如，安陽殷墟的陶甑，瓦鬲、陶𥗳、陶獸頭、陶彝，刻紋陶片，帶釉薄陶片，紅色繩紋陶尊，以及素陶、灰素陶、灰繩紋陶與範紋陶，各樣各色都有，雕刻與圖繪都很精巧。尤以用范的技術，已經純熟，各種形制都有規則，內壁也很勻稱。據說這許多製造技術發展的過程，是這樣的：從史前紅陶期的半球模，進到黑陶期的半環模，再進到殷周灰陶期的半環范；這三個時期的共同工具是轉盤。這種模製與範製的陶器，是脫離了原始純粹用手製的時期，乃是進步的文化產物。

此外，豫北獲嘉縣（古殷州）發見古陶，如罐、瓶、盆、鼎、爐、洗、燈等很多。又瓦壚上有銀斑，與其他陶器上有鐵斑，都令人注意。瓦洗是長圓形的，兩邊有耳，分做大中小三種，一共有三十多個，小的如鵝蛋形，大的約四五寸長。據說商殷時，死了一個人，家屬親友各用這洗裏的水，醮布洗面，所以又稱做「人面洗」。瓦爐有圓形的，有方形的，有長方形的，都雕刻着花紋，一共有十一個。瓦燈有三隻腿與一個虎頭柄的，稱做長命燈。大花瓶與圓瓦盆，雕刻花朵，都很美觀的。這是一大批的殷商末年的文化遺產。又，在江蘇奄城是殷末東方的大國，發見另一種藝術系統的陶器。

東周時代的陶器最近十多年來，新出土更多。山東歷城，發見春秋時譚國的遺址裏的陶豆，陶鬲，陶片。河北易縣發見戰國時燕下都的遺址裏炮形瓦棺，皖北宿縣發見楚國遺址裏有孔的圓盆與方盆，形式都特別奇異的。當時陶業另發展了一種新的「陶俑藝術」。

陶俑就是陶土的人像。在史前期的氏族社會裏把俘虜充作奴隸，到了主人死後，又埋殺奴隸做「殉葬品」，當做陰冥間的服侍者。後來認爲這是不人道的；製造陶土的人像來替代，稱做「俑」，這種「陶俑」，與前節所說的殷周貴族的家裏，侍立着許多玉和石雕刻的男女奴隸們，作風與意義是相同的；在陶土的藝術上說，當可視爲新的作品。

二　周秦兩漢的瓦甎藝術　「瓦當」圖案乃是我國古時建築物的陶土裝飾。在每座房屋的簷頭，最低的那張瓦附帶着圓形的掛片，雕刻很美麗很齊整的圖案，這就是「瓦當」。最早的「瓦當」，在前清時，首推西周「豐宮」那幅圖樣。它的上下左右環圍着朱雀，藤蛇、青龍、白虎四種圖案；正中以「豐宮」的豐字的簡體字「丰」爲標志。後來，秦漢「瓦當」圖案在藝術界形成了新的系統，是導源於這一幅圖樣的。最近三十多年來，魯省維縣的陳簠齋收藏了周秦「瓦當」的實物，達到一千六百六十九種，可知這種陶藝術的圖案內容非常繁複了。此外，河北發見春秋時的燕下都遺址裏的扁瓦與筒瓦，這形式是相當明清的琉璃瓦。筒瓦的上面點綴着幾何畫，雷紋、花紋，與饕餮龍鳥等圖案。又，山西汾城發見晉文公都城遺址裏「瓦當」，以雲頭紋作圖案，也很美觀的。更有在宋代元祐間，寶雞縣發現秦武公的羽陽宮瓦，瓦當是用「羽陽千歲」四字作圖案的，這許多瓦當的雕刻圖案，在周以前是未曾有的。這種陶瓦的圖案，或用生物，或用字體，屈曲盤結，有的因方成珪，有的遇圓成璧，配合精巧，各有妙處。這些瓦當埋沒在地下，經過數千年，才出土與世人見面，從藝術的代價說，不能視做老廢物吧！

到了秦漢，瓦當的雕刻圖案更美觀。秦始皇統一六國，經濟力富厚，設置了奇巧偉麗的宮殿。僅就「瓦當」說，便覺得藝術化達到最高度了，例如「鴻台瓦當」上面的圖案，是飛鴻張着兩翼，再以流星夾着延年兩字組成的。據說秦始皇建築了一座高四十丈的觀宇，常常的在台上射飛鴻，給這種圖案做紀念，乃是寫實的藝術品。又那些用「鳥書體」與「網目紋」製成圖案的衞瓦，用衞字的「鳥書體」組成圖案的衞瓦，用「迎風嘉祥」四字的「鳥虫書體」組成圖案的迎風觀瓦，用「與天無極」四字的隸書組成圖案的雙行十字粗線分格的秦瓦，用「蘭池宮當」四字的隸書組成圖案的單行十字粗線分格的蘭池宮瓦，以及用那流星水草點綴「維天降靈，延元萬年，天下康寧」十二個篆字的阿房宮瓦，都是極美觀的圖案，爲漢瓦當文的花字藝術的產源。

漢代瓦當的圖案樣式，種類越發增多，配搭越發新穎，除掉便殿的瓦當，以雲頭組織圖案，與鹿觀的瓦當，以雙鹿組織圖案，以及駘盪宮瓦當，以星斗文與暈帶，組織圖案，最美觀的以外，其餘多用各種文字組織成的。尤以中心有圓輪與粗邊的，最覺得雄偉。「瓦當」上面有用一個篆書或隸書組成圖案的，也有用兩字、三字或四字組成的，例如「漢幷天下」，「長樂未央」，「宮宜子孫」和什麼「萬歲」什麼「長生」什麼「無疆」都是對於偉大的建築的紀念辭，最近民國二十四年，山西南部聞喜縣發見漢瓦二十多個，長約三尺厚三四寸，也可證明。至於漢甎的雕飾最繁複的，這推那片用回紋做周圍圖案的四神八字甎爲代表，四神就是靑龍，白虎，朱雀及用龜蛇交成的玄武，分列着左右上下，八字就是「千秋萬歲長樂未央」與星雲夾入四神的中間，成爲塡滿了空白的點綴。另有一種漢甎圖式，是分甎爲四格或兩格的圖案。兩格小篆是交錯着，圖案分列二十八宿爲四組，文字是「長生」與「未央」，這確是繁複的雕飾，又雲南是漢時的朱提郡。漢初與西南夷交通後，中華文化就開始輸入了雲南。最近民國十八年雲南好幾個地方發見漢代的花磚很多很多，各種花紋都有，作風與從前發見漢延平年間的花磚相同。又十九年北平女師大發掘了山西萬泉漢文帝所立的后土祠，內有許多「千秋萬歲磚」。漢磚中更有「壙磚」的偉大作品，是專供給築墓壙與隧道用的。「壙磚」分做壁塼與柱塼兩種，塼面有種種圖案很美觀的，形式都很廣大的，內部透空，似乎已經應用物理學圓柱中空的原理的。又，二十一年徐州發見漢墓，墓磚上都刻有精細的花紋。二十二年南昌發見古墓磚，上面鐫有「永寧元年」等字，當爲漢安帝時作物。安徽當塗縣發見古壙裏漢磚，上刻有「漢佐所作壁」五字，二十三年徐州發見漢磚，長二尺，寬一尺，厚數寸，一面是半月形的圖案，中間有雙道十字形。以上都是當時陶業的優越作物。

關於兩漢的陶器與瓷器，除掉前面所說漢代瓦當與塼的陶作精巧以外，近年來所發見的漢墓裏的殉葬陶器很多。有的是飲食器，有的是樂器，有的是使用物品，有的是陶俑。例如瓦棺、瓦灶、瓦鐙、甕、甗、壺、鼎、鬲等，花紋與形式都很優美。瓦棺上有浮雕花紋。甕、甗、壺、尊的上面有白色圖繪，多用人獸龍鳳的形像做資料，具有石刻畫的古趣。此外，如民國十九年所發見山西漢文帝的后土祠裏陶製的壺、釜、溫器，同時在雲南邵通發見磚甃做成的梁堆，刻有各種花紋，十分美觀。尤其是刻成獸像，乃是從未看見的漢代藝術。二十一年在徐州漢墓裏的長方形陶器，長五十二英寸，高二英寸，斜角各有一層，門窗俱全，高三英寸餘，重量計兩磅，器中雕有一象，極美觀。同年又在安徽當塗縣漢壙中發見陶製圓盆、瓦爵、瓦瓶等。二十二年濬縣漢墓發見陶鍾、陶倉等三十餘件。二十三年大賚發見秦漢彩陶遺址的陶器很多。二十四年濰縣與南京發見漢墓裏的瓦俑。及山西南部曲沃縣發見古樂器瓦缶一具，是灰色的，底小口大，高約十七公分，口徑三十五公分，外底徑十七公分，內底徑十五公分，缶內周圍有硃色字，甚鮮亮，乃是草隸體，計有二十三行，共二百十八字，開始是「熹平二年」四字。這確是漢靈帝時的陶製樂器，輕擊一下，便鏘鏘發聲，眞可寶貴啦！同年，山西南部聞喜縣，發見古缸一個，是灰黃色的，長約三尺，高四五寸，寬一尺多，底面也有「漢熹平製」四個硃字。

以上所謂兩漢陶器，至多只可以說是內襲着史前期與殷周的固有技術而加以改良的。此外，當時從陶業裏却新發見一種瓷器，「瓷」字在漢以前是未曾有的。兩漢與西域交通，最遠達到「大秦國」就是東羅馬，據說遠西的製琉璃術輸入以後，陶業家取用琉璃藥方法，發明了各色的釉藥，如青色、白色、灰色、濃綠、青褐、漆黑淡黃等色都有。當時瓷器的形式與圖案，都從古代銅器倣造的。好的是表面附着釉藥，便使質地非常堅硬。在釉面上，現有細碎紋，或珍珠點，或烏雲斑，光澤悅目，經過的時間愈加長久，色采便愈加渾厚可愛。更有些瓷器上面雕飾着鑿器胎，可視為後世凸花瓷器的原始作。依照浮梁縣志說，現在那兒的瓷場，是從漢時新平瓷廠至今是繼續不斷的。尤以民國二十二年河南彰德地下發見了漢時磁花碗片，二十五年河北邢台漢墓中發見，磁瓶兩個，磁碗一個，與綠瓦紅瓦，都可以實證。那末當時異域輸入琉璃術被應用在陶器上，而創造了數千年來動驚世界的瓷器文化，實在是沒有疑議的。

陶瓷製作，為着容易破壞，很難得到漢代的完整遺物，可是有意想不到的一件事，在三十年前，日本還流傳着一本中國古代的陶器圖錄的精本。裏面繪印着許多殷周與兩漢的作品。僅從漢代說，有溫壺的形制古雅，設有兩耳，位置很安靜。又有雙璃鈎，就是兩漢由異域輸入的鈎帶，姿勢超脫，刻劃鮮明。又有饕餮紋鼎與葵爵都完整無缺，極可賞玩的。又有溫壺、熨斗、香爐等很多，都是精巧的作品，那末，日本對於我國古代文化的遺物，確是重視而加以特別保存的。這裏順便補述秦代極有價值的陶瓦量器，也被日人購去珍藏了。事情是這樣的。近人山東陳簠齋用三十年的搜尋功夫，積集陶瓦十片，合成一個完全無缺的瓦陶量器。這是一種空前的考古發見的偉作。在這量器上，印有秦始皇二十六年的詔文，筆法高古超妙，陳氏從陶瓦文字專家的眼光，斷定這是秦丞相李斯用毛筆寫的，視爲「柔毫之祖」。換句話說，這就是中國用毛筆寫字的最早的文化遺物，毛筆是秦始皇時蒙恬發明的，那末，這瓦量確是「希世之珍」，可惜落在日人手裏。但是在民國二十五年山東鄒縣圖書館長又發見這瓦量的全器，一切相同，眞是幸事。

第四節　石器玉器的文化觀

一　殷周的石器與石像　無論任何一階段的社會文化，都不是以其本階段單純的文化形態出現的，不言而喻，新的文化形態，是從舊的孕育出來的，而同時依然殘存着一部分舊的形態，而且轉變爲另一種方式延續着。新舊石器在史前期，雖然已經把它們極盛時期過去了，可是在殷商社會習慣裏仍保留些勢力。例如普遍應用於農村裏的石盤，與石匕，以及貴族取做點綴品的圭與玉鉞，都在易經記載着。尤以龜甲文裏的「辰」字，是石片做的農具圖畫；「卯」字也是石片做的雙刀並的利器圖畫，以及「戌」字與「矛」字都是石片做的武器圖畫。而且，這些寶物，最近在殷墟裏發見，又輸運到英國倫敦，參加藝術國際展覽會陳列着，已得到歐美史學家的賞鑑了。武具從民族社會裏獵取猛獸的用途上，轉變爲封建制的殺人的利器。這也可以說是從人羣克服自然物，演變到人羣自相慘殺的悲劇。這些樸素的石製的利器，殘存在殷周，正不知貴族對之怎麼感想呢？

從西周到春秋時，建築坟墓，仍多用石雕做點綴的。例如新近所發見的皖北壽縣的楚王墓，中有石凳數百隻。又如莊子與博物志所記載沙丘的石棺，和閣里的石槨，只算做坟墓裏笨重的石雕。不過是貴族們爲着保護屍體及祭拜屍體，利用石器而已。然而，史前的石器文化確由人間轉變到鬼的領域來了。當時坟墓中不僅有石凳石棺槨，還有石几、石床、石屏風、守門的石犬，侍立的石人，多啦多啦！這些都顯現出石雕的藝術，是爲着鬼的領域作裝飾的，難道不是勞民傷財，徒耗心力嗎？這是在漢時所發掘了春秋戰國的晉和魏的四座貴族古冢裏已有實錄。計有晉靈公冢裏石雕的捧燭的侍立男女四十個，與四隅各立着石獵犬，兇悍可畏。又有魏哀王冢裏石雕的侍立的男子六個，和婦女四十個，有的執巾櫛，有的執鏡鑷，有的執盤捧食，雖都是鬼的場面，然而石雕技術已進展到人像上，確是事實。

二　殷周的玉雕精巧　在史前期的新石器時代，已經有玉刻的珍器，到了殷周，貴族多把它拿來殉葬。這也可視爲鬼的領域的點綴。最近在河南殷墟裏發見白玉鑿成獸頭人身的礬餮甚多，都光彩耀目。大小不等；小的高約一尺，大的竟達到一丈餘。又有玉貓、玉猴、玉人、顏色都光潔，雕刻玲瓏逼眞，實在是極有趣的。此外，玉戈頭的細花雕刻美妙，玉玲瓏杯的式樣和質地巧潔，都可視爲玉雕藝術的進展。到了周代封建制度開始，貴族與士大夫都要佩玉，視玉色而定等級的，當時君王更陳設玉器以爲美觀，如琬、琰、弘璧、天球等極多。政府置有專門雕刻玉器的人員。在黃金裝飾未曾風行以前，玉雕確是兩周的唯一的裝飾；不但活人，就是屍骸也要玉飾的，在斂屍的時候，貴族用六種玉雕；甚麼「圭」在左，甚麼「璋」在首，更甚麼「琥」在右，「璜」在足，以及甚麼「璧」在背、「琮」在腹，據說、這樣殮屍，屍骸經久不會朽壞的，這或許是事實吧，因爲春秋時晉靈公的墓在漢代被發掘，屍體尙未見朽壞，孔竅裏都有美玉的緣故。

周代玉雕技術發展到頂點，也可以說是封建制度支配者的權威所促成的。兩宋與元明清對於古玉的大集刊近十部。僅從圖樣上賞鑑周代的玉器形式、雕刻都占着最優越的地位，而且數量最多。近代歐美及日人，關於我國玉的文化研究的專著，也推周代的成績最佳。前幾年我國參加英國倫敦國際藝術展覽會，也輸運去很多的古玉，周代的作品，都得到歐美人的贊許。要之周代玉器是與銅器並行發展的，都可推爲當代文化的代表作。先就南宋的古玉圖譜所搜集周代的玉器說，內有犧尊、象尊，彝尊、象首罍許多模仿動物的立體雕刻，都與那銅鑄同形制同作風的。再就元代的古玉圖說及南宋的續攷古圖所搜集的周代玉器說，中有三蟠盃，夔龍環及三足雕態的玉奩，也與銅鑄同形式同作風的。此外，子母雙璃帶鈎、香草玦、太乙負璃玦、綉虎玦、雙璃玦，都被定爲三代的珍品。尤以北宋的考古圖裏繪有螳螂帶鉤、玉鹿盧、水蒼佩、佩刀柄、雙琥、拱璧、琫珌、璊、瑑、杯、珈、瑱等，乃是蘇東坡請李時伯在洗玉洗裏所洗的周代玉器精品。蘇東坡各爲作銘讚賞之，終乎被宋高宗訪得。至於古書記載周代玉器，更有玉人、玉馬、玉甁、玉烏、玉芭、赤烏喞珪等立體或平面的玉飾，以及玉磬、玉櫝、瑤甕、等樂器與用具。這些玉飾當時多充做行賂與獻瑞的珍品，尤其是在周靈王時，西域進貢來一座玉機捩，乃是能夠旋轉的活動的玉扮飾，最爲新奇。因爲西域是美玉的出產地；管子記載着；王出於禺氏之山旁，如果禺氏崑崙那一帶的民族不來朝貢，中國怎能拿白璧來造玉幣呢？又以爲禺氏與崐崙那一帶民族，距離中國八千里遠。這些區域在于闐國，就是現在新疆的領域，詳述於本節末段。

三　秦漢石刻的轉變　石人與動物像，以及石刻文字與圖畫等石碑與建築物，都是秦漢間新的石雕刻；是具有外來藝術的作風。

秦昭王時李冰做蜀地太守，在白沙雕刻了三個石人，與石牛石馬、石鯨等成爲水利上的普遍傳說。又秦穆公時，西域由余，已認識陝西扶風已有印度石刻的佛像。這似乎過早吧！此外，到了始皇造阿房宮，有雙星的石人像、石麒麟等，及其酈山墓上那個頭高一丈三的石麒麟，都是事實。至於秦的石刻文字，以襄王時與夷人刻石爲盟要，東都隕石刻文，華山勒石，埋金碑爲最早。因此，前人以爲周宣王的石鼓上所刻的文字，也是秦襄王時的作物。到秦始皇巡遊各處的偉大石刻，如李斯寫的泰山碣石、繹山、琅琊、之罘、會稽等刻石的新作風。

說到漢代石刻畫像，另有一種的作風，先從一件最明顯的說。這就是漢李剛墓祠在鉅野，祠內四壁有石刻的畫像，裏面一部分有六個西域的胡人，形狀結束與騎馬的姿勢，都與其他我國古聖賢像不同。又如山東肥城的孝堂山畫像石十片中，有一組的裸體童子在雲裏躍跳，又有幾個生角戴高帽的番王，又有在駱駝隊裏與乘象的武士們，又有一個南越的鼎飾，或獸身人首，或人首鳥身品，及海外貫胸國用杖貫穿胸上的奇形怪狀，可看做接受外來的藝術，更如嘉祥縣紫雲山的武梁祠石闕，大高二丈五尺，西闕上有獅子眞像，東闕有天吳怪象，石闕裏又有石室畫刊，有的在重樓上點綴着鳥獸，樓左右的罘罳（即檐頭）各雕刻有石人相承着或怪獸倒立着與直立着，都做石柱的代用，有的是海神魚龍的戰爭圖畫，將神的戰車是駕着魚的使臣，馳逐是騎着魚的，尤其許多大魚都生有雙翼，率領了那些立起行走的龜兒蛙兒們執着槍劍，充做先鋒隊，去進攻敵國；而後面更有生翼的海神，帶着魚龍隊，飛而督戰。有的是奇獸與豎目有尾的怪人吃小孩。有的是異域的西王母與東王公。有的是三足獸。有的是蓮花。有的是吐火。這許多的新作風，可視為從埃及或波斯輸入的藝術。更有嘉祥縣洪福的漢畫石刊中，吐火把戲與鼓翼的裸體的跪拜等，都是外來的新題材。此外，南陽伊闕與皇聖卿闕，山東兩城山與白楊林等畫像，以及蘭山的伏生授經畫像，都是漢時石刻在前清才發見的。

尤以山東鄒縣的漢齋石碑上的一個力士畫像是魯班，操斧的寫實最有意味的。魯班除掉是木匠的祖師以外，更有很多傳說；說他是刻石的，尤其是說他乃西域邊地敦煌人。這就是以赤魯班刻造了金華山石室的石羊數萬頭，刻造了洛城石室山的九州圖，刻造了西渾河中的造橋的大石柱，刻造了東北岩海的石龜，都是傳說，都可看做當時石雕刻與異域藝術有關聯的。

最近十年來的漢石刻畫像發見很多；在山東則有滕縣的漢曹王墓上石室，許多石柱都雕刻精美的畫像，及魚花牛馬等圖案；與同縣的大規模漢墓內，有五十塊完整的石刻畫像，人物雕刻精緻（內有孔子見老子的圖像）。又有曲阜的漢里禺墓，石壁完全是石刻畫像。又有臨沂縣的漢墓周圍完全是大石雕刻的畫像；與淄川縣的漢墓門上車馬人獸等石刻；以及日照縣的漢墓的石門橫梁與石門框，都刻有畫像。他如漢光武故鄉的南陽，發見漢代的大墓，石室梁柱門楣上所刻的畫像極佳。又前漢安陽侯故鄉的嶧縣山中，發見漢墓七八十座，規模比上面那個滕縣曹王大數倍，都有石刻畫像。甚至雲南昭南（漢時朱提郎），也發見了花鳥人物的石浮雕，與漢代五銖錢同時出土。最近，四川新津發見漢代石函與石棺很多具。石函上面都雕刻畫繪圖案，有的是歷史故事，有的是漁獵象徵，有的是鳳凰花鳥等。至於石棺或無雕刻，或雕刻着龍蛇怪獸等形。尤以漢代石闕最多，分有廟門石闕與墓門石闕兩種，著名的有二十八闕，散見於三區：東區渠縣，中區梓潼綿州，西區夾江、雅州。石闕上都有雕刻，推馮煥闕最優美，沈君闕裝飾複雜，平陽闕最複雜。

漢時不只是石室裏所刻的平面畫像，具有外來藝術的成分，而且貴族墓前立體的各種石像，跟着秦始皇的宮墓石雕而發展，完全顯現出西域的雕刻術。當時帝王陵墓前，排列着偉大的石象、石麟、石馬、石辟邪，大臣墓前排列着石虎、石羊、石人、石柱等。據說這種石裝飾是開始於漢武帝時霍去病墓前置有石人、石馬、石獅等的。到東漢越發風行。例如汝穎寶豐縣的吉成候州苞墓的四面門前各有翼的大石獸，極高極雄壯，獸的首離地面約一丈光景，製作很工，右膊上刻有「辟邪」，或「天祿」兩字。這經過北魏與北宋的專載，到了前淸道光年間，又被詩人吟詠，至今實物還存在。又鄧州南陽縣有東漢時宗資與朱均的古墓，至今前面仍保存着這種大石獸，刻有兩翼，尾巴與背鬣都是鱗甲紋的。這種大獸，別名「挑拔」或「獅子」，產生於漢時西異域烏弋離國，（即今波斯）不過是沒有鱗翼的。石獸有鱗翼，當然是流傳久遠的神話吧！在東漢章帝、和帝時，西域大月氏、安息、都遣使臣到我國，貢獻了這種巨獸。尤以在靈帝時，睢陽縣的某君墓前有石的獅子、天鹿、可以證明的。那末，在漢時，西域不但傳入這種巨獸的石雕的新技術，而且貢獻牠的活生生實物。又現在四川雅安縣那座漢獻帝時高頤墓的前面，也有石巨獅，姿態豪壯，軀體與四肢的大小很相稱，尤其是在胸側刻出兩翼；日本美術家關衞，也斷定這是接受西方雕刻術的文化遺產，——由波斯東漸的遠古希臘藝術的播傳品。

石獅子的雕刻術，在遠古從希臘早已傳入度印及南洋一帶國家。據說：印度古代的孔雀王佛沙密多羅，進兵看見雞雀寺前有兩個石獅子。及我國所謂南夷濱海的彌臣國也有石獅子的。在我國內，從漢以後，石獅子到處風行在大建築物的門口對立，明朝不是有了「太廟香爐跳，午門石獅叫」的童謠嗎？清朝石頭記小說裏不是「只有大觀園的一對石獅是乾淨的」的景氣嗎？誰曉得，這石獅子不是國有的，乃是從西域輸入的偉大雕刻術。最近十年來，發見古代的古獅子很多，例如膠濟鐵路，安徽阜陽縣，咸陽昭陵道的，及樂亭縣等處的發掘，都獲得石獅子。除掉石獅子以外，漢時更有「石鯨」在昆明池裏，乃是漢武帝造成以誇武功的。「石蛟」在山東樂昌是漢獻帝時造成以避水怪的。至於漢碑與漢石經的文字雕刻很多，北魏酈道元的水經注引有漢碑百種。依照前清金石學者的統計，還留傳着永平、元初、永和、漢安、（各一種）建和、（二種）永興、永壽、（各一種）延熹、（二種）建寧、（七種）熹平、（五種）光和、（二種）中平、（二種）黃初、（一種）及歲月無可攷者、（二種）共二十九種漢碑。就中如熹平年間的曹全碑，是蔡中郎書法。又永和年間的敦煌太守裴岑紀功碑、有關於邊地西域的史料，又永興、永壽、建寧、年間的三種是孔廟的史實，都極爲珍貴的。這些碑多保存在陝西西安的碑林裏，淸末又搜集了西岳華山廟碑，夏承碑，劉熊碑，李仲曾造橋碑，孟孝琚碑，馬姜墓石刻，沙南侯獲石刻等，及各種畫像題字很多；使我們在今日，得賞鑑漢隸的眞面目，豈非幸事。尤以華山中岳廟前的漢代雕刻的石人，不但從他的頂上題字，爲漢隸之眞跡；而且這石像的造形術，也與西蜀李冰的人像，可作關聯的探索。更有各處代廟漢的石人與各種石獸，以及有翼的石獅，與西來的「健陀羅」藝術，都有密切的關聯。

石雕雖然偉大，但不及玉刻的精緻。秦時所傳留下來的小玉璽與大璋、陽燧等文字、圖案、形像都極美觀的。漢代的玉雕的技巧雖然是繼承着周秦；可是材料，是由西域于闐等國（現在新疆）輸入了色澤溫潤的美玉。從這一點說，漢的玉雕品，已勝過周秦很多了。美玉以于闐國與沙車國所出產的最佳。據說美玉的體質如凝脂，精光內蘊，質厚溫潤，脈理堅密，聲音洪亮的。這是產於崐崘山下的白玉河裏，（又名首拔河）或被稱做頗梨珠，或稱做白珠。于闐國除白玉河以外，又有綠玉河，烏玉河，源出於崐崘山。每年在秋水涸時，國人都去撈玉的。這些美玉輸入我國，加工雕琢，充作各種裝飾品，名目極多，形式與花紋極巧；散見宋元學者所編的古玉圖譜裏，很多很多。至於實物，最近中國參加倫敦的藝術國際展覽會，漢玉器，則有玉圭、玉璜、玉璧、玉半璧、玉環、玉珞、玉觥、玉洗、玉瑗、玉璩、玉雙杯、玉單把杯、玉瓶、玉魚、玉鵝、玉飛馬、玉鸚鵡蟠桃杯、都是代表品，都是精品。同時，張乃驥也把古玉器參加此會，共六十五件：玉人，玉虎，玉熊、玉兔、玉蟬、玉魚、玉鳥、玉龜、玉雁、玉鳳凰、玉螳螂、大玉蛹、玉螭虎、玉蛙蟆、玉橫龍、玉鉤龍、玉盤獸、玉象頭、玉牛頭、玉龍佩、玉刀、玉鏡、玉璜、玉小鐘、玉管、玉劍把、玉箭頭、玉刀頭、玉帶鈎、花瓶玉片、玉雙連環、玉封泥印、玉盤龍佩、鏤空龍文花圓片玉、玉紋絲雙頭龍尨等，都是代表作，都是精品，不但以上許多參加了藝術國際展覽會，而且從二十一年以來在國內各處發見很多的古玉器：如浙江杭州的漢玉拱璧，徐州的玉獅與玉人，彰德的玉棺槨、玉小猴與碧玉古裝美人；江蘇淮陰縣的漢王林墓的玉雙獅；都是精品。如果翻開古書裏的漢玉傳說看，那更多了。例如玉馬、玉龍、玉燕、玉印、玉嬰兒等，眞多啦！舉不勝舉，只好從略罷。

第三章　從產業經濟分析有史期第一階段的文化生活

「人們用什麼工具生產人們所必需的物質財富」，這是決定社會文化的發展的形態“工具是生產力的變化發展的先決條件，前面已經分析了。這裏進一步分析：用那些工具生產什麽「人們所必需的物質財富」。在殷周秦漢間，產業經濟的各部門上所反映的各種文化生活，除掉史前期的漁獵業與牧畜業的殘餘勢力，到這段時期已經轉變另一種新形態以外。這時期的農業則成爲正常發展的產業；商業自然是隨着演進的。分述於下，以顯現各有各的文化變化發展的進程。

第一節　漁獵與牧畜事業的文化演變

一　殷周的漁獵及其轉變　誰都知道人羣是取得食物的絕對的支配權的唯一動物。古代人羣從階梯的底下出發，逐漸地上進，連續發明了取得食物的各種技術；熟練了這些技術，才取得了五種食物資源的文化生活。這五種食物資源的進程是這樣的：

第一階段　蒐果實和草根爲食物的自然生活。

第二階段　捕取水產的魚食生活。

第三階段　栽培澱粉性的食物做生活的資源。

第四階段　兼取獸肉和獸乳做日用食品。

第五階段　種植田野農產，發生了無限量的食物。

這五段的食物資源，逐漸演進；從每一階段進到新的一階段，都需要長時間的發展。第一和第二階段，發生於野蠻時代的；其餘三階段，發生於半開化時代的；都是史前期的文化過程。在前不是說過舊石器時代的採集經濟嗎？那是第一與第二階段的食物資源。新石器的最初期農業種植與佃獵牧畜的社會，那是第三與第四階段的食物資源。到了殷周才進展到第五階段了。可是漁獵和牧畜社會的食物資源在殷商以來，依然殘留着一部分的勢力。分項說明于下：

（A）先說殷周的佃獵。龜甲文裏記載着殷商一百八十六次的佃獵裏面，推獵取鹿味次數最多，共計有二十四次，而且每次獲鹿最高的記錄，達到三百八十四匹。豬與狼的獵取，也有相當的多；他如馬、兔、雉、羊都有獲得，尤其是虎豹兕象熊狸猱獿的獲得，最令人驚駭的。龜甲文裏圖繪着馳逐獵物，是用足跡在各種動物的後面，分百鹿，犬狼、虎、兕、兔，豕等在前負着傷逃跑着。孟子說，周武王滅紂，同時驅逐了虎豹兕象，足見殷商時黃河流域的中部，還有許多未開闢的荒野，到處發見猛獸，成做獵人的目的物，這實在是無疑的。在易經裏，我們可以找到當時很多的獵人與猛獸搏鬥的實錄•例如：虎來臨的虩虩聲響啦，虎視的耽耽凶惡啦！跟着虎尾追去，或被虎吃了，或不被吃啦！以及什麼「虎變」，什麼「豹變」，什麼「狐濡尾」，什麼「鹿入林」等都可視野獵的圖畫，要之，當時獵虎、獲狐、逐馬、射隼、到處是獵人的慣技。獵人在獲得獵味後，用不着說把它大吃特吃一頓。有的在吞噬獵肉的時候，吃出黃金色的箭頭來，甚至於中了毒。有的把那雉一類放在鼎鍋裏用心的烹調，當做旅行中珍味。這些都在易經裏記錄着，煞是好看。這大概是集團的畋獵吧！他們在出獵以前，提出集團的「南狩」及率領大衆的「公弋」等目標。到了獵取後，又鑄造銅器以充做記念品，當時領袖們常常趁着狩獵的便道，征服了弱小的鄰邦。已經有人統計過，殷商天子的獵田有二百多處。至於周代許多銅器上刻着銘文，例如「五召虎敦」，「九禽彝」，「田盤趕鼎」等都記載了狩獵的地名和順便去征伐的。

周朝貴族，還盛行着四時分期的畋獵，各有各的意義和名稱。春天打獵要搜索一切，叫做「春蒐」。夏天打獵，爲着苗稼除害，而獵取毛虫，叫做「夏苗」。秋天打獵與自然現象共同表示着殺氣，叫做「秋獮」。冬天打獵，乃是無所選擇的；在獲得以後，都把它守留起來，所以叫做「冬狩」。記得周武王有一次「冬狩」，獲得了二十二頭老虎、兩頭貓，一百五十一頭野熊，一百十八頭熊，五千二百三十五隻麋，三千五百另八隻鹿、五十隻麝、三十隻麋，十六隻兕、七百二十一頭犛牛、十二頭犀牛、三百五十二頭猪、十八頭貉。這確是大規模的游獵。此外周文王出獵，獲得像龍像彪像熊各種形態的怪獸，歸來又訪到了姜太公，當時詩人說：這怪獸就是「騶虞」，也就是「麒麟」。可是春秋時，又有四次冬狩，獲得了「麒麟」，那末，這怪物也不見得十分怪奇。又有一種傳說，周宣王的春蒐，左邊的驂騎旛旛兒，右邊的驂騎韃韃兒，明文記在石鼓文上、所謂「萬里禽獸皆遮羅」，眞是洋洋大觀吧！此外獵物，如犬兒、小豝、白狐、里貉，在宣王和穆王時都有獲得，被文人記錄，認做珍味的。

獵物的用途，自然大宗是充做食用；不但烹調新鮮的獵味，而且把很多的曬乾，加工製成臘肉充做平時食品，別有一種風味。周時，政府設有專製臘肉的臘人，製造技術當然是很精工的。可是獵物除掉充做食用以外，另有一部分被貴族活生地養着，在宮苑園囿裏充做娛樂品的。例如殷商擴大沙丘苑台，收取很多野獸飛鳥，這就是後世動物園的雛型。不過它是限於貴族們所賞鑑的。此外，當時統治羣的祭祀時，還保留着游獵社會的射殺的習慣。例如周天子的射牲，和親自牽牲，親自割牲；及諸侯的射牛，刲羊，擊豕；卿大夫的露袒拿鸞刀刲取牛身上的膟膋，都可看做原始期游獵生活的殘餘。

（B）再說殷周捕魚業的演變，用魚充做食品，也是人羣裏一種生活資源。史前既已是捕魚和佃獵並行的漁獵社會。到了殷周，仍然保留着捕魚和食魚的舊習慣，尤其加以改良。例如政府設立漁政，漁人要捕魚有一定的時候，公家和私人各有大計劃的養魚文化事業，創造了中國魚業史的第一頁。

在殷周集團的捕魚，被大家看做很重要的一件事。有時，君王親自來領導的：無論那一次的大捕魚，都要求卜，記載在龜甲文上做紀念的。當時魚產很多，充做食用很普遍。到處畫着魚鱗、魚腸、魚尾、魚枕、魚睛、逐漸地把這四種魚身上的局部圖畫，公認做四種符號——就是甲、乙、丙、丁四個文字。甲字就是四片魚鱗合在一處。乙字就是魚腸彎曲的形狀。丙字就是魚尾分歧的模樣。丁字或認做魚枕，或認做魚睛。在漢時爾雅早已這樣的記載着，現在郭沫若更略加補正。又，當時在水中捕取大量的貝殼，充作貨幣，流行很盛的。貝殼自然附屬捕魚事業裏，乃是漁人從湖海裏捕取來的。

殷周時的集團採集水產，公認這是在大川上的獲利，公認這是到處人們的需要。現在，我國沿海漁場的面積，一共二十七萬一千八百另五萬浬，占全世界漁場總額百分之十六•一九，很榮幸的占了世界漁場之第一位。在內地，還有川河湖沼，散布全國。在殷商時雖限於北部。周時又擴大到中部，川河如黃河長江的源遠流大，更加各省都有細流溝瀆，縱橫交錯着：尤以湖沼像那洞庭湖，鄱陽湖，太湖等面積，都達到數百方里。

較小的，數十方里的湖澤，到處都有的，這當然是漁業文化的自然環境的了。

魚的種類極多，捕獲的數量極大，詩經三百篇裏有很多魚名。尤以爾雅一書照傳說是周公做的，裏面記載着許多魚名，今人所不能夠認識的。龍在我國傳說裏，乃是最偉大的水產。龜甲文圖繪着龍，頭上有角，有耳，有肉冠，有髯鬍，又有四肢皮爪，身上有像甲的斑紋；禿着尾，似乎會飛，但是沒有翼的。周時有許多銅器上面雕刻着龍的形像，而且用龍做名稱的。易經記載了「見龍」「飛龍」「亢龍」和「龍血」等。戰國時詭辯家有公孫龍。那末，龍在當時成爲事實，不過後來爲着體積龐大就絕種滅跡了。

周時，政府設有專管水產的職官。例如隸屬於天官的「𩵋人」和那一「水虞」「漁師」都是辦理捕魚的事情。在周朝的開始，太公就在濱海的山東經營漁業，以經濟的力量，號召了各國人物。後來管仲再振興漁業，使令齊國在極短時間裏富強起來，使令齊桓公做列國的霸主。不只是齊國，越國楚國都靠着漁業，國力就富厚起來了。楚國的「稻飯」和「魚羹」的美滿生活，人民到處是富足的。越國除海產以外，更有范蠡在會稽擴大了養魚池，不到三年就富強起來了。范蠡著了一部養魚經，對於魚的繁殖法，有驚人的統計。當時各國不只是講究曬或焙的乾魚的專門漁業工藝；而且在冬天發明了利用冰鮮的貯藏法。如果有人問爲甚麼當時漁業這樣發展？這是爲着各國施行優良的漁業政策策動着。如魯季子規定漁人不得捕小魚，各國也跟着禁捕魚子，魚孫，實行保護漁業。

任何產業在繁盛時，都反映在藝術上。兩周漁業從漁獵社會的捕魚向着養魚這一方面的新發展，而覺得魚食生活的美味，是值得紀念的。因此銅鑄的烹調與飲食及其他日用器具上，常雕刻了魚的立體模型和魚的圖案，而且用魚做名稱。例如魚卣，魚觚、魚壺、魚鼎、魚尊、魚簋、魚鬲、魚爵、魚匕、魚盤、形狀和圖繪都很美觀，都可視爲漁業興盛的紀念品。

說到當時捕魚的工具，誰都知道是張網罟的或持竿釣的；可是更有弓矢射的，和用叉擲的兩種好本領。

西洋人只知道古代弓箭的發明，是獵取禽獸類的；卻沒有證明弓箭也是原始人類捕魚用的利器。石器時代的獵人，想捉住幾隻野獸和飛鳥，便躲在林木叢中，把箭放在弓上去射得。可是不知道水裏的游魚，也是用弓矢射得的。易經裏描寫射「鮒魚」，與周禮裏描寫古代用弓矢以射魚鼈。這都是太古取得食物資源的技術。在殷周時，依然遺留着的證明。關於用弓矢「射魚」的話，說來很長。這裏不妨把它做較有系統的說明，以顯現捕魚技術的高妙。龜甲文裏載有「王弜漁」。這是貴族領袖在率領羣衆去射魚以前，向着天神祈禱的卜辭。弜是表示陳列着許多弓，當然更要按上了矢，成做射魚的利器。周時關於射魚的紀錄更多。貴族少年都在學習射魚。周天子把夏天在學宮附近的大池上學習射魚，宗做大典禮。魯隱公在棠上用矢射魚，排場與打獵一樣的。那末，這件事情的重大性不想可知了。又有楚王率領兵士們，張弓按矢，在雲夢澤射蛟，那更覺嚴重。伍子胥眼看壯士豫且對着一條很大游魚射中魚目，這也是異常的本領。後來，秦始皇聯合了許多弓弩，等待射水面上的大魚。漢武帝也有巡視海濱射蛟的盛事。這些都是明證。讀者如果不信的話，再引證另一種叉魚的技術罷。現在松花江下游，赫哲族人捕魚還用魚叉。他們如果發見水裏有魚，把叉擲去，沒有不擲中的。又在西伯利亞的東旁的剃髮黑斤和旗客喇人，也有這種捕魚的好本領。他們騎上快馬，持着魚叉；在波平浪靜的時候，向江面認定水底游魚的縐紋，就抛叉去，百無一失；雖僅數寸小魚，也同探囊取物一樣。這種絕妙的叉魚技術在周時已經有了。周禮記載的「猎魚」，也是用扠刺的。魯語記載的「猎魚」，也是鏃刺的。這種叉魚與射魚，在技擊和工具上有密切的關聯，可以互相證明的。他倆差不多都成做絕技：所以在這兒，有趣地把它聯合寫在一處。

（C）綜合殷周時漁獵所用的工具；計有弓矢，網罟、陷穽以及絆索等多種。最原始的人類，入山獲獸，入水捕魚，自然是赤手空拳去搏鬥的。在石器時代，漁獵的工具便逐漸進展，就那進步了。殷周時，一方面繼承着新石器時代的弓矢、綱罟等；另一方面跟着銅鐵器的發展，製造了漁獵用的新工具。弓矢上的鏃，就是箭頭；從石製的，骨製的進展到銅鐵製的，自然是嶄新的利器。爲着有了弓矢，森林裏的走獸，天空上的飛鳥，江湖中的游魚，都被箭鏃射中了。這確是殷周時漁獵工具和技術的進展。說到網罟，似乎比較更令人發生興趣吧！龜甲文裏的網不只是捕魚用的，而且可以獲取禽獸的。有的圖繪着罩住了兔子叫做罝。有的圖繪着罩住了鹿或豕的，叫做四矛或四繇。尤其是那罩住了禽鳥，叫做畢，又叫做田網，圖繪着隹鳥在田網中的形像。易經裏許多卦記載了飛鳥在田上被網羅，都是用這種工具所捕取的。

誰都知道射魚射禽獸的箭鏃，到處自由自在地在山林江湖上可以施用的。說到那捕禽的網罟，雖然在某一段時間裏，固定在某處；然而也可以自由移動的，只有那捕獸的陷穽，似乎比較固定着的。在龜甲文裏的陷穽，被陷了許多動物；有的在森林裏，有的在曠野上，多啦多啦！可是都是固定的。總之，這些漁獵工具，如果拿現在的電網捕取猛獸飛鳥與游魚來比較，那相差眞有「天淵之別」的了。因此，我們說人羣支配自然界的文化技術的高低，是由工具決定的。

二　殷商牧畜的蕃殖　原來殷商民族在前半期，遷徙無定，仍過着逐水草而居的遊牧生活。直到殷的末年，雖然逐漸地演進到農村定居，可是牧畜仍支配着生產部門，仍占着重要財產的地位，仍充做重要食品。這只從當時在祭祀上犧牲的數量龐大驚人，與使用畜產做準貨幣兩件事說就恍然了。當時奴隸制已經確立，用奴隸經營牧場裏的生產，就形成了空前絕後的文化勞績。龜甲文裏有羊、牛、雞、犬、豕、豚、彘、馬、象等字，都是反映出當時普遍地繁殖的畜產。龜甲文又記載着「王牧」、「從牧」、「賓牧」、「大芻」、「芻牧」、反映出當時牧場的支配者以牧奴與芻料爲基本條件，就中「芻牧」常常引起與鄰邦鬥戰的爭端。因此，牧奴不但在牧場豢養畜物與看管畜物，而且要種植芻料，尤其是掠奪芻料的。

殷商大牧場的牧奴們，必然的要參加那逐水草而居的生活。牧奴們都沒有家庭的。牧奴們又必然的要找到芻料蕃盛的地力，必然的要準備武裝，提防意外的危險。又在大牧場裏發生牧畜的傳染病，牧奴們只有利用牧奴的處理其他收入，以爲補救的。此外牧奴的社會嗜好，牧奴婚嫁時的貧乏，以及牧牛、牧馬、牧羊各有記載，散見於易經裏，這裏限於篇幅，不能詳說了。就中關於牧羊的寫實，披露一段羊的逃亡，象徵了牧奴的心情，最覺動人。這是描寫一羣羊將要逃出藩籬的時候，拚命地用牠的角衝出，不顧一切，終于達到目的。那藩被衝破了，牠逃出了，决不帶着絲毫的退却。這似乎牠知道處在逆境裏，必然的要勇敢的前進。這是描寫那平日雖是馴良的羊，可是也能夠爲着自由而解放牠的苦痛生活。這是象徵牧奴在屈服裏，也要急切地同樣參加這種奮鬥的。

此外，養狗、服象也屬於牧場裏的事。殷商時貴族們恣意地畋獵，把原始人羣共同獵取與共同享受的眞義，轉變做支配者獨占的娛樂。那末，所謂「走狗」，在這種貴族畋獵的場合裏，當然有牠所以爲「走狗」的用處。這郭沫若已經考證殷商在服御田獵時有使用狗或使用馬或使用象的，可是另一方面，在當時農村定居的家庭裏，爲着私產制度成立，又使那些畋獵場合的走狗們，更從僅感到衣冠上貧富的差異，而發生了一種勢利的新呼聲吧！這是狗的活該！讓他做甚！且談服象罷。史前期黃河南北各處殘存着象的遺骸；到殷商時，確已有養象和役象。這在牧畜業，算是一種空前絕後的勞作。龜甲文的「爲」字是圖繪着牧奴的手牽象走，而成做尋常服御的動物。龜甲文又有迭次「獲象」的記載。春秋末呂不韋也說殷人服象。如果把這事與向來印度、緬甸有服象及利用象作戰的事實互證，也可以說上古中印已有關於牧畜業的同一的文化技術了。

在本節第一段裏，不是已經提起殷周使用畜產做「準貨幣」，與畜產在犧牲上的數量驚人嗎？這裏略略把它補充些事實吧！龜甲文裏的「物」字乃是雜色牛的名稱。到周時，這物又演變做雜帛的名稱，最後才演變做「萬有不齊」的庶物。換句話說，牛從殷商時充做交換手段的「準貨幣」，進而用布帛做貨幣，更進而用萬物做商品。漢時說文綜合的解釋，「物」就是萬物，牛就是大物，就更加明白了。那末殷商後半期的準貨幣畜產中是用牛爲代表的。因爲牛的繁殖最大，分布最廣，而且被定居農村所需要，認爲最迫切的。至於殷商的犧牲品也用牛爲最多，豕犬馬次之。在五百多條的卜辭裏，都記載着犧牲品，或稱太牢，或稱小牢。統計每次犧牲的數目，或一或二，或三或五，或六或九，或十或十五，或二十或三十，或三十三，或三十七，或四十，而到了數百，甚至一次用牛三百頭。這是怎樣的驚人數目呢！

三　兩周牧畜業的轉變　殷商後半期的農村進展已經開始把那牧畜社會的大牧場分化在農村裏。到了西周農村定居完全確立了。從前奴隸制的牧畜事業，差不多都轉變做農村的副產業，至春秋戰國時，再擴大做私人經營的專門事業。老子所說的「雞犬之聲相聞」。莊子所說的「臧挾策而亡羊」。孟子所說的「狗彘食人食」。都是反映當時農村附帶着牧畜的生產」。此外，墨經裏有殺狗和把逃臣比狗犬；以及孟嘗君的雞鳴犬盜的食客。這些譬喻雖是借畜生來諷喻士大夫的，然而到底是農村生活的象徵。又，兩周銅器的形式，從牛、羊、雞、象等動物的立體仿造着很多很多。在前章銅器裏已經把他詳細統計了。這也可看做畜產繁殖的紀念。還有石雕裏有玉馬充朝貢的典禮，鑄造銅戈以繪馬做圖案，以及各種銅器雕刻着騆驫、驪、騵、駵許多馬的形象。百怪千奇，也可看做馬的繁殖的紀念啦。說到「殺狗」和「屠猪」雖然也多在銅器上雕刻着平面圖案，可是並未見過仿造猪狗的立體的彝器。這大概爲着走狗蠢猪們只配上屠殺，說不到把兩種醜東西來鑄像當做紀念吧！可是蠢猪似乎比較走狗來得安分些，却被人們看重。因爲當時在祭祀的禮品上，除掉天子諸侯和大夫用牛做犧牲品以外，所謂士君子的祭祀，乃用羊與猪充做禮品的。猪羊是到處有的。狗也是到處有的。猪的笨蠢，和羊的馴善，都被人們看重，充做犧牲品。只有狗在例外。那麼，狗只好去吃糞，只好去做「走狗」而已！

以上雖是零碎的西周牧畜談，都是正經的。到了春秋末了，却有一件最重大最動人的牧畜事業發生了。這就是私家經營大牧場的而做了大富翁。這是農業時代的正常的文化事業。事情是這樣的：在魯國，有一個窮士，名叫猗頓，他去耕田，得不到穀米來充饑；又去栽桑，得不到飼蠶產絲來禦寒。他在饑寒交迫裏，自恨着不懂生產方法。有一次，他聽說當時有一個從越國逃出來的范蠡，改名叫陶朱公：赤手空拳，經營陶業與漁業，做成了千百萬的家財。他就去拜訪，請求陶朱公教他一種謀生的妙術。陶朱公就很簡單的告訴了他，說道：「如果你要很速的成做富翁的話，只養五頭小牛，就會亦得到的。」聽了這句話之後，他就去西河在猗氏的南區，牧畜牛羊。不到十年，牛羊繁殖的數目，眞是說也說不出來。他的財產就可與王公相比。果然，他成做大富翁，馳名天下。大家因爲他在犄氏區牧畜而成做了「暴富戶」，就稱他叫做「犄頓」。犄字是用地方作紀念的，頓字是含有暴富的意義。這難道不是一件擴大農村家庭牧畜的新事業嗎？

四　秦漢間貴族佃獵的娛樂化　佃獵在上古期的最後段，西周春秋戰國時，已轉變做貴族的娛樂。到了中古初期自然繼承着這種作風。而且秦漢間帝王，常常的借會獵的名義，向弱小國起動干戈，把它征服了。從漢文帝馳射上林，威嚇匈奴，與漢武帝出蕭關獵，以勸邊兵起；一直到漢末，曹操仍借用會獵許昌的名義，向各方面宣戰的。又秦漢間的豪富商賈也模仿着貴族，常常率領大隊的奴隸出去打獵的。如司馬遷貨殖傳裏記載那個西蜀鑄鐵的巨富姓卓的，擁有家僮千人，射獵的快樂，可同王帝相比。這便是一件絕好例證。

至於漢初文帝武文的長楊大獵，在豐草虛丘間射熊彘豕，馳逐野獸，極熱鬧的。又司馬相如描寫漢武帝的上林校獵，獵場裏有騶虞，羊、㹲熊、羆、虎、狸、玄鶴，梟，鶡等怪物的獵取。他如，楊雄作成帝時羽獵賦，以及西京賦，西都賦裏各有對於專制君王大獵取的描寫。東漢明帝，安帝，順帝，桓帝，靈帝都繼續着校獵上林。班固作東都賦，張衡作羽獵賦各有盡量的描寫。

尤以在西漢將末，西域胡人參加了我國校獵，另有一番新的技術。如成帝在長楊宮從「胡客」大校獵。次年，又縱獸與胡人手搏。胡客所手搏的獸類，計有熊、羆、豪、豬、虎、豹、狖、玃、狐、兔、麋鹿。這更覺得興高采烈吧！

五　秦漢間民間的漁獵事業牧畜事業的努力　從秦孝公用商鞅變法，政府專收川澤之利，這當然是漁業被國家經營的好現象。當時江河川澤的魚業充作食品用不着再說，只從捕取人魚取油當作蠟燭點燈，便可證明了。傳說秦始皇在葬時，用「人魚」的膏油做燭，照澈晝夜。這「人魚」，有的說是鯢魚好像小兒一樣的；有的說是鯨魚，生在東海裏的。到了漢初，政府開放了山澤的禁令，漁獵事業在民間又自由地發展了。所以秦漢間漁獵生活在農業社會裏還是盛行着。依照司馬遷貨殖傳說法，認爲「弋射漁獵，從清早到黑夜，冒犯着霜雪，馳騁在深谷裏面，而與凶禽猛獸作惡毒的鬥爭；到底他們爲的是什麼呢？誰都以爲獵取美味的。」尤以司馬遷記載；秦本部的關中「水多蛙龜魚」。巴蜀的畜牲既具玉六畜，又有魚龜犀象，山鷄，白雉等。以及山東多魚，江南出犀瑇瑁、珠璣、齒革、龍門碣石北多馬牛羊旃裘筋角。而且說明這些水產獵品與畜物，都是中國人民所嗜好的；在社會習慣上，取做飲食服用與養生送死的用處。司馬遷又提示當時社會生活的需要，待農人耕種而食；同時，加以獵夫入山的獵取品與手工業的作物；然後由商賈通流於各處。那末，在秦漢畋獵仍居着社會生活資源的重要地位，實在是無疑的。司馬遷又說「如果，農不生產，就會缺乏食品：工不造作，就會缺乏用具，獵夫不入山，漁夫不入水，就會缺乏材料及其他資源。」那末，當時農工在民生經濟上與漁獵者是占有同等的重要地位。

司馬遷又以當時農工，商賈與牧場裏的「畜長」都是「求富益貨」爲目的。他們的技巧優越與本領的偉大都擁有極厚足的經濟力。他更舉出那些在陸地上的牧場集合有牧馬二百蹄，（卽五十四）牛的蹄與角一千，（卽一百六十七頭），羊與彘各一千足，（

即各二百五十頭），與近水的漁場，有一千担的魚收入，都可以與貴族中「千戶侯」相等。這爲的是經濟力富厚滿足的緣故。尤以司馬遷更概然的舉出當時努力於漁獵、牧畜，農工，商賈的權利而成豪富的；大的家財傾有一郡，其次家財傾一縣，最小者也家財傾鄉里的眞是不可勝數。而且他記載任何通都大邑，每年屠殺了羊，牛，彘各計有一千張皮，同時有馬車一百乘，牛車一千輛，鮐魚鮆魚各一千斤，鯫魚一千石，鮑一千鈞，狐貂裘皮一千張，羔羊裘一千石，（即一千担）旃席一千具。尤以貨殖傳明明載着齊與燕兩地的魚產都是豐饒的，陶與陳兩地也多捕魚販賣的，以及楚越到處魚羹稻飯；尤其是廣東的番禺，乃是海產珠璣瑇瑁及犀牛的集合處；都是牧畜魚獵兩種文化事業發展的證明。

復次，司馬遷貨殖傳所舉秦漢間的大富戶，畜養牛羊豕魚，皆恃奴役爲操贏之勝算。當時在牧場裏公然的用馬蹄千，牛足千，羊彘千雙與僮指千作單位並舉。例如山東的刁開利用很多的桀黠的奴隸，經營魚業而成大富。又如安定烏縣的烏氏倮，他自己的畜牧羣已經極多；加以去西戎邊地，用絲帛奇貨，西戎領袖用十倍畜產與之交易。因此他的牧畜數量，達到多得不可勝計，甚至在出賣的時候，用畜產裝滿一個山谷做單位。這確是驚人的事業！我們由此就可以推知這種大牧場的畜長所利用的牧奴的繁衆了。所以秦始皇看重這烏氏倮的產業，封他與「封君」一樣尊貴，同大臣一列朝見。這更值得注意。又有宣曲姓任的節儉努力，耕田兼營牧畜。人家都爭取廉價的牧畜與田畝，獨有姓任的收取貴價的牧畜與田畝。因此，姓任的享受了好幾世代的豪富。這姓任的立定大家庭的規約，不是他的耕田與牧畜所生產的，他們決不用做衣食的。這也可看做牧畜與農業並行繁盛的通例。又有一個邊塞的守卒——橋姚，從牧畜致富。他繁殖了千匹馬，二千四牛，一萬頭羊，又積成一萬鍾粟，成做大富，盛極一時了。

以上秦漢間各處的大牧場，大魚場的豪富者都被司馬遷列在貨殖傳裏，是很明顯地表現這兩種事還是繁盛的。

末了，介紹關於兩漢牧畜的有趣故事。漢時有三個著名的大臣，都參加過牧畜勞動而成做有趣的故事，古今留傳着。第一個就是公孫弘，少年因爲犯罪罷免，家境貧窮，就在海上牧豕；四十多歲才學春秋。後來被漢武帝召做賢良文學士，成爲名儒，終於封侯。同時還有一個卜式把所有田宅財物都給與小弟。他自己只取了畜羊百多頭，脫離家庭而入山牧羊。經過十多年，蕃養到千多頭，終於成爲巨富。他有一次曾經上書請願，把家產二分之一，助政府邊地兵費；去擊匈奴。又有一次，他拿金錢二十萬助賑貧民。漢武帝封他做中郎，向國內布告獎勵他。可是他做中郎，依然布衣草鞋，代武帝在上林牧羊。一年多，武帝去看，他所牧的羊又肥又多，極稱贊他能幹。他就答道：「不只是牧羊，是這樣的。治民也應該是這樣的。都要有一定時起居。如果發覺有惡劣的，立刻要把牠除去，免致牠敗羣。」漢武帝就封卜武做縣令，終於封侯。

又以後漢明帝時的承宮，在少時孤苦，八歲就代人家牧豕。他因爲鄉里裏有一個徐子盛先生，用春秋教授學生數百人。承宮牧豕經過，就停止着聽講。終於成功做大儒，被詔授博士。以上三人都參加過牧畜勞動。承宮的牧豕成績雖小；可是公孫宏的海濱牧家生產，却有相當的蕃盛。尤其是卜武的兩處牧場，前後各生產了一大批的羊羣，得到補助國家費用，而且在牧羊的生活裏，覺悟到治民的原則。這三個名臣，在當時絕未諱言牧畜是下賤的勞作。這更可以看出當時的牧畜事業在社會經濟上還是占有地位的了。如果不信的話，司馬遷更有記載兩漢的牧畜事業發展的事實可證的。例如巴蜀的邊境，以「筰馬」「旄牛」的畜產著名，加以西有羌中與北有戎翟的牧場，擁有馳名國內的最繁盛畜產。尤以齊趙各處畜牧顯著，如常山的石邑（即稱代）也牧畜很多的健羊羣，又如沂水泗水以北，雖是土地狹少，人口衆多，但最宜於牧畜，可以解決社會生計。

第二節　農業生產的文化

一　殷周農業的發展形態　殷商的農田、農作、農歌與農作物黍稷，都記載在尙書裏。又農業副產品瓜、果、桑、杞，也記載在易經裏。又殷商時農業專家后稷開闢了大農場，發明了種大豆、禾、麥、瓜、果等，是發展農業生產的證明。他更繁植了黍粟的許多種類，例如黑的黍稱做秬，一稃二米的黑黍稱做秠，赤的粱粟稱做穈，白的粱粟稱做芑，很多很多。而且對於收獲、搬運、舂簸、溲蒸等農作都調整完善的。他的曾孫，叫做公劉，也是農業專家，在豳谷擴大了黍麥的種植，又鍛鐵做農具，製了許多農具。以上各事，都描寫在詩經裏。

尤以殷商開先幾個君王，如大戊、武丁，祖甲都知道農奴稼穡的艱難。後來就不同了，只知道個人享樂，都盡量奪取農奴們的作物，這是照着周朝開始的周公所說的，記載在尙書裏，當然可認做事實的。更有龜甲文記載了很多的殷商農事，都是鐵證。例如卜占農作物的年成，與收穫的豐凶，以及求雨求禾等卜占。又如有田、圃、疇、疆、麥、黍、禾、粟、桑、蠶等字，是顯現奴隸制的農耕區域裏有主要穀物與農村副產品。又有「嗇」字是圖繪着在田上收斂稻禾。「年」字是圖繪着禾熟割後便見根，那是農事完畢，一年盡了。「歷」字是圖繪着足跡經過，到處都生長着稻禾。這些龜甲文都是殷商農業文化的反映。此外，龜甲文更有耟、耒、耨、犂等字，是農具。「男」字是男子負農具在田上努力的圖畫文字。尤以「余」字是貯藏禾稻的圖畫，這是私產制的象徵。「利」字「私」字都從稻禾做目的物，「田」字乃是奴主對於奴隸的分區農作的象徵。「囿」字具有私有土地的意義。統說一句話，殷商農產的繁盛，農作的緊張，農歷的紀念，農具的利用，及農作物的私有，都是證明當時農業文化在普遍地，正常地進展着。

到了西周，農業越發進展起來了。爲的是宗法封建制開始，必然的要嚴重地實行着農奴制做基礎的。到處農奴勞作與農場成績，以及周初政府對於農奴制的披露，有很多的記載，散見在尚書裏。說到西周待農奴的慘酷，當時有很多的農歌，散見在詩經裏。這兒略略地把它提示，是這樣的！農奴男女們，一年裏繼續着勞動，所有的收穫，都要獻給貴族，甚至農女的初夜權也被貴族奪取去了。農奴們的農事完畢，在饑寒交迫裏，還要代奴主做工，做奴隸及其他一切勞作。農奴是世襲的，奴主是不斷的借宗教的騙局來麻醉着農奴們。

農奴制確在西周完成的。人們對於農奴，多覺得可恥，表示着義憤。可是西周宗法封建制，第一件所做了的經濟與文化進步的動力，乃是利用農奴勞動，所以當時生產異常發展，僅從黍稷就已分有秬、秠、糜、芑、重、穋、稙、穉許多種。尤其是水稻已經耕種了，鐵打的農具已經風行了。這些在詩經裏都有農村詩歌可以證明的。演進到春秋戰國，魏文侯採用李悝的盡地利的農業政策，秦孝公用商鞅變法，也是採取農戰做富強的第一條件的。

二　嬴秦的爰田制度　封建制的基本是土地制度。這在中國封建制與歐洲建封制是相同的。秦創立爰田制度，變易農田的疆界，而分給與農民。這是從秦孝公採用商鞅變法，決裂了古代貴族封田的阡陌界限，分與農民耕種，逐漸地使人民得自由買賣，在農業上便確立了農田的私產制。這是生產關係的大轉變。這裏先就幾點重要的生產力的發展而說罷。戰國時秦本部的關中，占全國三分之一的土地，而人口不過全國的十分之三；可是富厚的經濟力占了全國十分之六。這當然爲着農生業產的富裕而占了最優越的經濟地位。秦本部的關中有千里的膏壤沃野，繼承着周先祖后稷，公劉的重農務本的稼穡遺風，有五穀桑麻全備了民生衣食條件；還有竹林木材，等農業副產物，被推做九州最膏腴的農區。這是秦統一六國後的經濟基礎。更有巴蜀優良的農產區，也屬於秦本部。東巴，種植五穀，及經營桑麻蠶紵，丹漆茶蜜，嘉果藥材。西蜀栽植桑漆麻紵，也都富饒，而園囿裏的果瓜，四時代熟，應有盡有的。從秦孝公用李冰做西蜀太守以後，建設水利事業，灌溉稻田，膏潤稼穡，形成了沃野千里；被稱爲「陸海」，不畏水旱，不知饑饉，取之不盡，用之不竭，也是顯現秦的資源富厚，可以充作兼倂各國的實力。這從秦政府的大穀倉可證明的。政府有大倉儲藏米穀是創始於秦。因爲秦國藏粟甚多，始設置了「長太平倉」，及設置「敖倉」於廣武山。這當然是農產物豐裕的表現。至東漢公孫述割據成都時，尙保存着秦時舊倉；更足以表現這種大穀倉的經久堅固，效用顯著的。

尤以戰國時農家學說，從殷周農奴制解放出來的產物，如陳仲子、許行、陳相都做過農民解放的運動，演變做秦的爰田政策。在秦始皇農業進展的場合，呂不韋更提倡農業的「富國利民論」，而作愛類篇，以爲「神農之教曰：士有當年而不耕者，則天下或受其饑。女有當年而不織者，則天下或受其寒。故身親耕，妻親織，所以見致利也。」這也可以看做當時最有力號召農耕的政府佈告吧！

三　秦統一後農民生活的急轉

春秋戰國時貴族的領主經濟，演變做秦漢的地主經濟，雖然不是異質的社會大變革，然而封建農奴制轉變到僱役佃農制的產生，這確是封建制生產的一步解放。秦始皇得到新興地主以及一部份農民的擁護，而滅六國。可是在統一以後，志得意滿，即蔑視他們的利益，遷移十二萬戶最豪富的新興地主，集中於咸陽，又連年謫徙百萬的農民，到邊境做戍卒。而且築長城，大興土木，非生產的建設過度，如築極大的坟墓與宮室，浪費人力與物力，使農民勞苦達到極點。男子不得修農畝，婦人不得剡麻考縷，好像在熬盤上焦急得不得了！百姓心離要叛亂的，達到十分之七。終於戍卒陳勝奮臂大呼，率領失業的農民，箕會頭斂，起而叛亂；天下響應，各報各的怨，各攻擊各的仇人；一忽兒把秦的專制政局傾覆了。這種農民革命不是偶然的；

是具有三種指標，由客觀的條件而決定的。第一，封建制的統治階級不能夠在常態中維持牠們的統治，產生了裂痕；而被統治階級的不滿意與憤怒，即由此裂痕中暴發。這就是下層的不滿意，加以上層的無能力。第二，被壓迫的農民之貧窮與困苦尖銳化，超過平常標準。第三，以上原因引起羣衆活動的大量增漲。漢武帝時，董仲舒對此早已具體地分析明白了。他以爲「秦用商鞅之法，除井田，民得買賣。富者田連阡陌，貧者無立錐之地，又顓川澤之利 管山林之饒……邑有人君之尊，里有公侯之富，小民安得不困？……或耕豪民之田，見稅什伍；故貧民常衣馬之衣，而食犬彘之食。重以貪暴之吏刑戮妄加，民愁亡聊，亡逃山林，轉爲盜賊。」這是合於上面所說的農民革命的第二指標。漢初嚴安更說「陳勝、吳廣、舉陳。武臣張耳，舉趙。田儋舉齊。景駒舉郢。周市舉魏。韓廣舉燕。窮山通谷，豪士並起，不可勝數。然皆非公侯之後，非長官之吏，無尺寸之勢，起閭巷，杖棘矜；應時而皆動，不謀而俱起，不待而同會，至於霸王，時教使然。」又伍被說：「秦遣蒙恬築長城……僵尸千里，流血頃畝，百姓力竭，欲爲亂者十家而五。又使徐福入海求神仙，（帶去許多童男女）……於是百姓悲痛相思，欲爲亂者十家而六。又使尉佗踰五嶺，……求女無夫家者三萬人，以爲士卒補衣；秦皇帝可其萬五千人。於是百姓離心瓦解，欲爲亂者十家而七」，以上許多事實，是合於所說農民革命的第三指標。此外，在秦始皇死後，太監趙高專政，殺丞相李斯，將軍蒙恬及太子扶蘇，失去了政治的重心，而立那個不別馬鹿的胡亥做皇帝。尤以國內各郡縣官吏的殘暴，例如當時蒯通說范陽令「十年殺人之父，孤人之子，斷人之足，黥人之首，不可勝數。然而慈父孝子，莫敢傳及公之腹中者，畏秦法耳。今天下大亂，秦法不施。然則慈父孝子且傳及公腹中，以成甚名，」又如在陳勝自立爲王以後，各郡縣都以久受官吏的殘暴，民衆都把長吏與守將殺死，以做呼應。以上秦庭的分裂及其無能，引起人民的反感，是合於農民革命的第三指標。

四　兩漢的農業政策　西漢開始，已經統計國內地土，共有提封田一萬萬四千五百一十三萬六千四百頃（一百畝爲一頃）其中：一萬二百五十萬八千八百八十九頃是都市道路山川林澤，不可以開墾的。八百二十七萬五百三十六頃是開墾的農田。此外三千二百二十九萬九百四十七頃，是荒土，不可以開墾的。到了後來國內十三州各定墾田八百二十七萬五百三十頃。可是爲着土地私有制的確定，農田得自由買賣，逐漸形成了豪富者兼幷農田，使許多農民沒有寸土可耕，勢不得不流亡了。所以晁錯在文帝時，已有平均占田的提議。後來董仲舒提出限田辦法，規定了占田的限度，富人不得超過限制而多占田畝。武帝使令商賈不得有田。哀帝又接受師丹的建議，詔令限制貴族與豪富者占田不得超私有田三十頃。這因爲諸侯王列侯公主了官吏在各處，收租的名田很多的緣故。沒有好久，被一個寵妾董賢受皇帝的賜田二千頃破壞了。此外趙過的「代田」，與政府的「假民公田」，邊境的屯田，種種補救辦法。說到政府實際注意農業的則推平帝時設置大司農部丞十三人，分發十三州勸農桑。又，匡衡在安樂鄉，提封了三千一百頃田土；何武做刺史，向農村查問開墾田畝的數目，與五穀美惡的情狀；以及其他二千石官長都以關心此種農事做常例的。

到了王莽的新政綱出現，實行「均田限奴」。這爲的是當時良田多爲地主所占，貧富利益愈見不均，加以奴隸自由買賣。所以王莽把國內所有的田畝，歸於國有，稱做「王田」，奴隸稱做「私屬」，都不許民間自由買賣。當時政府把「王田」按人口分給與農民。如果在一家裏，不滿八個男子，可是田畝超過定額，必然的要把多餘的分給與鄉隣親族。這自然不利於地主。所以各處地主與官僚組織集團，從各處饑荒的農民叛變中乘機獨立，建立了新的勢力。終於在姓劉的貴族兼地主的階級裏，光武「謹厚有識」，得到各方面擁護，造成了東漢的新興貴族的政局。

光武開始便詔令國內檢核開墾的田畝，認識農業是政務的首要。因此，同時李忠在丹陽墾田增多到原有的三倍，杜詩在南陽廣拓田土，張堪在漁陽開稻田八千餘頃，鄧晨在汝南開陂田數千頃，楊仁在什邡墾田千餘頃。尤以和帝時，何敞在汝南墾田三萬餘頃最有成績。當時政府對於測量墾田被認爲很嚴重的一回事，有許多大官員爲着謊報，都問罪的。如大司徒歐陽歙下獄而死，河南尹張伋及各郡守十餘人罷免，東海相鮑永與河內太守牟長都是坐着測量墾田不實報的罪名。這較之現在的地政處嚴明得多吧。

再舉東漢開墾農田總數說：和帝時計有七百三十二萬一百七十頃八十畝餘。安帝時又有六百九十四萬二千八百九十二頃廿三畝餘。順帝時又有六百八十九萬六千二百七十一頃五十六畝餘。冲帝時又有六百九十五萬七千六百七十六頃二十畝餘。質帝時又有六百九十三萬一百二十三頃三十八畝。這當然是驚人的數字。可是農民儘管開墾，貴族們豪商們儘管兼併。東漢政權前半段握在貴族外戚的手裏，後半段却被貴族所宮刑的奴隸——宦官——所操縱。卽使那些從民間起來的士人，不斷的向外戚與宦官攻擊，可是都失敗了。因此，自王莽以來社會上貧富懸隔的土地問題，未得解決。到了靈帝政治力的削弱與極腐敗的場合，那些「無以爲生」的農民，就在各處叛亂。例如：兩廣安南共七郡貧農跟着梁龍。青、徐、幽、冀、荆、揚、兗、豫八州（卽遼寧、河北、山西、山東、河南、江蘇、安徽、湖北、湖南、江西、浙江）的貧農，跟着黃巾賊張角。黃河以北更有山谷中的貧農跟黑山賊的集團。處處都擴大叛亂，顯現出農民生計無着而叛亂的，結果把姓劉的專制政局推倒了。

第三節　商業文化進展的新形態

一　般周交換事業的總機構　手工業分工的發達，銅器鐵器的工具的完備，及各部門自然財富的利用，使般周生產量的增大，這實在是無疑的。因此，交換就成做恆常的社會現象，到處各有各的剩餘生產品，形成了從貯蓄到交換的商業文化。大家都知道商湯滅亡夏桀，可是多不知道滅亡的主動力，是在商業上的。那時夏桀雖統治中原，可是國用不夠。商湯領地只有七十里，在任用伊尹以後，製造許多商品，流通財力，便富足起來了。尤甚是有一次，伊尹利用夏桀的民衆，製造一大批的奢侈品，——女子歌舞隊的美觀服裝，拿去與夏桀交換了所有的米粟。這便把夏桀的一切傾覆了。從商湯統治以後，商業就愈加提倡，在一年裏，只有夏至和冬日兩天，停止全國的買賣，政府的一切公務也跟着停止了。這兩天也就是農村新興的紀念日。除掉這兩天以外，商人都懷着資本，到處買賣，甚至買賣奴隸在易經裏有明文記載着。

當時，殷商市場交換，自然以解決貨幣做中心問題的。牛被採用做貨幣。蠶絲織成的帛，畋獵與牧畜所剩餘的獸皮，也被採用做貨幣。這都爲普遍地日用必需的經濟條件所決定的。至於龜甲，獸骨，貝殼仍然跟着史前期充做貨幣的。就中貝殼發展做古幣，更來得厲利。到了周時，貨幣經濟便正式確立了。刀布和環錢都成做金屬通貨，商品交換便正常地普遍地發達了。例如：墨子記載着「賜錢」、「盜錢」、「獻錢」。管子記載着「鑄錢」，和錢的輕重。韓非子記載着「多錢善賈」，都是明證。原來，周文王早已提出和「商賈通貨」的政策。因爲食貨是農商並行的國家事業，其地位居在所謂「八政」的首要；其他關於內政，外交，和祭祀六項，都以農商做基礎的。在西周時，封建制已開始了，農奴制又建立了，商業的新形態便產生了。除掉發展殷商的行商以外，坐賈和官商的屯積居奇便風行了。管子說：「萬乘之國，必有萬金之賈。千乘之國，必有千金之賈。百乘之國，必有百金之賈。」這確是事實。尤其是周厲王施行那政府集中商業的政策，要獨占利益的總搾取，最令人驚異。終於厲王被諸侯反對，得不到納貢品，充作貨物，却被驅逐了。說到各國的士大夫，一面做官，一面又做大商賈，形成一種新式的官商 官商壟斷了一切商品，獲得厚利，嬌養妻妾，魚肉民衆。尤其是高利貸的推行，詐詭搾取，達到極點了。

此外，又推行商人的買賣到法律和官爵上，把政治也商品化了。在周穆王時，政府竟公佈人民有錢，可以贖罪，分做下面五種處罰：（一）黥面的，要罰一百鍰。（二）劓鼻的，要罰二百鍰，（三）剕足的，要罰五百鍰。（四）宮刑的，要罰六百鍰。（五）殺頭的， 要罰一千鍰。這鍰就是當時所通行的金屬的環錢。 如果人們有了錢，即使犯罪，也可以拿錢來向官廳做買賣刑罰的勾當。那末，嚴刑峻法只在那些沒錢的農奴們身上施行罷了。金錢的魔力眞大啦！政府不只是公開地賣刑罰，而且公開地賣官爵。當時詩人已經描寫那有錢最多的人， 可以去做三卿。 這是怎樣的滑稽，而且有事實可以證明的。 鄭國不是有一個弦高從商人起來參預軍國的大政嗎？ 秦國不是有一個呂不韋從大賈出來做宰相嗎？要之，當時誰都知道「從貧求富，農不如工，工不如商。」因此，商賈增多，都競爭着販賣那些難得的貨物，獲利很大，而取得社會上特殊階級的地位。

二　春秋戰國的大市場　貨殖做富強國家的基本條件，所謂「天下熙熙，皆爲利來，天下攘攘，皆爲利往，」乃是通都大邑，富商巨賈逐利的寫眞，這裏分述當時各處官商的代表，和新興商業的理論於下：

（東周）　都城洛陽在齊秦楚趙的中心，富家都拿他們經商年代的久遠，互相地爭着光榮。大約，商賈流通各國的貨物，獲得十分之二贏利。他們作僞弄巧習慣了，都是貴財賤義，重富輕貧的。有一個白圭，後人看他做經商的開山祖。因爲他最會看市面的風色；人家暫時不要的商品，都從賤價把它購買起來，人家迫切需要的商品，都從高價把它賣出去了。他又嚴重地提出：「商人趨時逐利，該應像猛獸凶禽出發找食物一樣的急速。如果智力、勇氣、見識不夠的話，那就不能應付經商的權變和決斷了。這樣，卽使要學習我的經商方略，可是我總不告訴他能。」

（齊魯） 這兩國乃是濱海的漁鹽市場，當時各國商賈，像流水般匯集來了。齊國管仲規定商人的子弟要專業經商，因為他們從少時跟着父兄學慣了一切商業的知識和行為，便宜收買、高價出賣，閒談的總是贏利，把握的離不開市面，他們已經造成所謂商人的天經地義了。管仲又實行與各國通商便利的政令，改良貨幣，控制經濟的命脈，這是使齊桓公做諸侯的盟主的唯一的動力。魯國呢？在孔子的門下，出了一個商界巨擘的子貢。他樹立了魯衛兩國的最高官商的品格，他結隊連騎，到處用黃金交接諸侯。諸侯對他都十二分地尊重，因此，他順便把孔老夫子的名譽宣揚在各處了，這孔老夫子用不着說會稱讚着他吧！

（鄭國） 本來鄭桓公從商業創國。東周初武公更努力，擴大了商業上水陸的交通，既已產生一個提倡商業救國的弦高，又出了一個強有力保護商權的子產。子產甚至於對一玉環買賣的小事，嚴重警告晉國使臣絕對不能私向着商人威嚇、奪取，這確是有聲有色的發揮了商業國的政權。

（晉衛）　晉文公繼續着齊桓公做諸侯的盟主，也是他的通商政策所形成的，後來魏絳更和戎狄通商，使晉悼公再做盟主。這越發擴大了市場；商業越發繁盛了，所以三晉多大賈，這不是偶然的。衛國呢？處在黃河流域的重要區，抵抗不住四圍新興商業國的壓迫，衛懿公好養鶴，便輕輕的把國家斷送了。衛載公勉强復國以後，文公在喪亂裏務財通商，終乎恢復一切，以商業自强。

（楚國）　竹木皮革，角齒羽毛，龜珠魚鹽，黃金連錫等特產的生產量很豐富，價格很高，尤其是大部分是運輸到晉國銷售。楚莊王替代晉文公做諸侯的盟主，當然實力建築在商業上。當時公孫歸生，說「楚材雖多，實際上多賣與晉國用的。」這是極明顯的提示。晉國欒書也羨慕着楚國的「商農工賈，不敗其業。」這也可以反證楚國商業的鞏固。

（越國）　當時在長江以南濱海的國家，只有越國。越國和黃河流域的濱海的齊國，南北遙遙地對立着，都以商業著名的。實業家計然和范蠡，都利用這自然環境的商業條件，實行商業政策，推動了越國的霸業。越王聽范蠡的話：採用計然的生聚策略，把商品集中。只有十年裏，驟然富強起來，就把吳國消滅了。計然是晉國的亡命公子，在越獻策的要旨，就是「貨物勿留停，財幣要通行像流水一樣的，……統計貨物的多少，便知道貴賤了。貴價高到極點，却會跌到賤價。賤價低到極點，却會升至貴價。因此，對於貴價的貨物，應該盡量把它賣出去；好像糞土一樣放棄了，對於賤價的貨物，應該像珠玉般把它收買了。」計然著有萬物錄和內經二部商業的專著，范蠡說計然的策略七種，越國採用五種就得意極了。計然第一次見越王時，越王不聽他的利息和貨幣策略，這或許就是不被採用的兩種吧！范蠡是師事計然的，和計然共同發展越國的商業以後，又遷到齊國，變名易姓，稱做鴟夷子皮，又到陶國稱做陶朱公；都從積貨逐利，成做富厚的大商賈；在十九年中間，有好幾次分散千金與貧窮的親友，算是闊啦！

以上各國大市場的趨勢，是由北方推動到南方的。東周、齊、魯、晉、鄭在黃河流域發展，可稱做前期的商業文化。楚、越在長江流域發展，可稱做後期的商業文化。這種商業的趨勢，具從黃河以南的流域，推動到長江上流；又從長江上游的楚國，推動到長江下游的越國，是很明顯的。

到了戰國最後的一幕，大賈呂不韋做秦始皇的丞相，改變秦孝公採用鞅商的偏重農政，實行商業政策，併吞六國，就統一天下，完成了封建制度。這大賈呂不韋在年少時向他的父親問着：「耕田獲得利益幾倍呢？」他的父親答道「十倍」。又問：「買賣珠玉的利益呢？」答道「一百倍。」那末，當時農商的獲利相差很遠的。這在商業發展的新階段裏乃是必然的現象。當時有一個弱頓已經更明白地說：「有富足的實際，而沒有富足的名分，就是商人。商人都未拿過鋤犂去耕種，可是事實上都積聚米粟的。農夫們有時手足觸着嚴寒去耕田，有時背脊暴着烈日去耨草，吃盡苦啦！可是到底空空如也，沒有米粟貯藏着。」這是暴露了市場新興的核心問題。

可是當時怎樣需要市場和市場繁盛達到怎樣程度，也已經被提示了。荀子以爲有了市場：「北海所有的犬馬，中國就可以畜養役使的。南海所有的羽齒皮革，青黃顏料，中國也可以購得應用的。東海所有的海產魚鹽，中國可以拿來充做食品的。西海所有的毛織與裘貨，中國也可以買到充做衣料的。而且，近水的人們有山林中的木材施用，深山的人們有川湖裏的魚蝦食用。農夫不會製陶器和造木器，然而一切的用具和工具夠了。工人和商人不會耕田，然而糧食也夠了。這唯一的是市場流通貨物的效驗。」這確是正常的合理的商業文化的進程。說到市場的繁盛，豪華，似乎達到極點，儼然表示它是一個文化產物的總樞機。例如當時山東的臨淄，甚豪華而且充實，市民都吹竽鼓瑟，擊筑彈琴、鬥雞、弄犬、踢球、打牌、眞快活啦！在臨淄的道路上，很擁擠，車輛時常磨擊着人們的背身。尤其是婦女們聯接着，一齊舉起衫袖好像帷幕一樣的；勞動的羣衆，揮着汗，好像下雨一樣的。豪富的很多，大家都是志高氣揚的了。當時大市場各設有市長，統治一切，稱做「市掾」。在齊湣王時的大臣田單，做過了臨淄大市場的「市掾」就可證明了。各國都以大市場做文化的中心，所以大市場常常做各國外交上奪取的「目的物」。例如蘇秦向齊湣王游說，拿那些設有市場的通都大邑做獻品的。又如馮亭向趙王游說，也拿七十處設有市場的大邑做條件的。

三　秦統一後的商業進展的總態　商業政策乃是秦漢專制政權利益商人的特色。秦始皇用大賈呂不韋做丞相，實行了統一度量衡，開發了水陸交通，調整關市，招徠商旅，收入貨賄；尤其是確定貨幣，顯現出統一中國後整個的商業政策。秦始皇更使富商獲得政治上很高的地位。他命令安定富商兼大牧場的主人烏氏倮同大臣一處朝見，官比封君；同時把烏氏定爲倮所在地的縣名，做永遠紀念。他又代巴蜀之富的寡婦（名淸）建築了一座「懷淸台」做紀念，地位差不多和皇帝相等。又浙江湖州有兩個精工造酒的商人，——烏巾和程林，秦始皇也把他倆的姓「烏程」定做縣名。這些獎勵商人的方式，乃是商業發展的反映，在秦始皇以前是未曾做過的。這是適應社會需要的經濟政策。當時大商人更有山東鹽商兼大牧場主人猗頓與山西邯鄲的冶鐵商郭縱的財產的富厚，同王公是一樣的。冶鐵富商又有四川的卓氏與山東的程鄭。他倆畋獵和射魚的娛樂排場也同帝王一樣的。南陽又有一個冶鐵富商孔氏，每次出遊，車馬連接着，也和諸侯交遊的。山東又有一個冶鐵商曹氏富至巨萬的。鐵是當時新發展的文化事業。鐵的生產量偉大，（說明在前）自然會引起政府商業政策的注意。當時商人兼營鹽鐵業、牧畜業、漁業、以及販糴、製器、漆鬃、皮革雜工等業，都靠着奴役做操贏的基本條件。前面所說過那個烏氏倮畜養奴牧很多。又那個從陽翟大賈起來而做丞相的呂不韋，竟有一萬個家僮。尤以山東最鄙視奴隸，因爲大家都懼怕奴隸的刁惡不肯接受的，只有一個漁鹽商人刁間，無所忌憚，偏要收買那些黠豪的奴隸，而且對他們極信任；終於利用了他，做起數千萬金的家財。更有一件值得注意的事；當時買賣奴婢是仍然設有單獨的市場，把奴隸認做一種商品，與牛馬同欄販賣的。而且秦國從商鞅以來，政府沒收那些怠惰貧窮的男女們充做奴隸的。因此，富商們用錢幣收買奴隸，發展他們的生產力。他們再把所製造的東西，變做商品，到處銷售，看市面的風色，便操縱一切了。

漢武帝時司馬遷做貨殖列傳，把秦始皇統一後的各處市場裏的商品，描寫得繁榮之至，是這樣的：每個市場釀造酒酤，一年有一千次。醬的疏一千坻甕，（長頸罌）醬一千担。屠殺牛羊各一千頭。販糴米穀一千石。柴和稻藁各一千車。船聯接着一千丈。木一千種，竹竿一萬個。馬車一百乘，牛車一千輛。木器已經髹漆的一千種。銅器一千鈞（三十斤爲一鈞）。素木器，鐵器，若干種。巵茜等染料一千石。（一百二十斤爲一石）馬從蹄計算一千個。牛從足計算一千個。猪羊各一千對。僮從手指計算一千個。動物的筋角，和丹沙顏料各一千斤。絲織帛絮，細布，各一千鈞。文采一千匹。棍布、皮革各一千担。漆一千斗。糵麴、鹽豉一千瓿。（一斗六升爲一瓿）鮐鮆一千斤，鯫魚一千石，鮑魚一千鈞。棗栗千石的三分一。狐鼦一千領，羔羊裘一千担，旃席一千具，佗果菜一千鍾。販賣這許多的商品，大概分做兩類商賈，就是「貪賈」和「廉賈」。「貪賈」對於商品，未當賣的賣了，未當買的買了，因此贏利比較少，只得十分之三。「廉賈」是賣貴賤買的，因此贏利比較多，達到十分之五。市場裏除掉這兩類商賈以外，另有兩種人。一種是馬儈，代「販馬客」做仲伢的，在市場裏酌定馬價的高下，從中抽收仲錢。另一種是放高利貸的，每年可得利一千貫的金錢。貪賈、廉賈、馬儈和放高利貸的四種商人，都做成大富翁；他們的財產，與千乘諸侯是一樣富厚的。此外，許多雜業，贏利不到十分之二的，還沒有統計在內。這樣市場，在秦漢時，可算有相當的繁榮吧！

我們在這種統計的商品裏，更知道當時銅器業非常進展，可惜鐵器沒有數字。這是反映銅器文化的高度和鉄器文化的已經抬頭了。屠殺的畜物的數量很多，如使用牛馬的車輛，又如牛馬羊猪和許多魚類以及動物的筋角裘皮的販賣，尤其是馬儈的大收入，都反映牧畜業、漁業、交通事業，各在進展着。髹漆和各種染料、顏料、織品，以及許多調味劑，都反映出手工藝的各方面在競奇鬥巧。尤其是異域輸入的棉織物和毛織物，計有「榻布」是白叠做的，「細布」是吉貝做的，「旃席」是毛氈，用羽毛編織的。那末白叠和吉貝是什麼東西呢？這是棉花和木棉花，當時中國不只是沒有紡織棉布和編織毛氈的技術，而且沒有草棉和木棉的生產。這許多新式商品，是從西域南洋運來，在各處市場上販賣，當然另有特殊的外來文化的引誘力。此外，奴隸在市場裏販賣也算是一種東方文化的特點。販賣奴隸用手指計算的，而且把奴隸和那些用足蹄計算的牛馬豬羊關在一處。這確是秦時市場裏奴隸和畜生同欄，都被當做商品看待的鐵證了。

說到秦統一後關於商業上交通事業的發展，更覺驚人。這就是造「馳道」的大工程。「馳道」現在稱做「省道」，當時是通車馬的。秦始皇造「馳道」普遍了全中國，東部達到了燕齊盡處，南部達到了吳楚的極點，江湖的兩旁及海濱等處，都有「馳道」。「馳道」，闊五十步，每隔三丈栽青松樹株，不但美觀，而且實用。建築得很堅實，用金屬的錐打擊外面的兩邊，建築得很厚像削平模樣。這是依照西漢初賈山的記載，誰都不能認爲夸大的。尤以現在各省的府縣志裏還有關於秦始皇「馳道」的記載。例如北方延安府志裏的秦蒙恬築的八千里直道，九原至雲陽。慶陽府志裏的秦建築馳道，在眞寧縣東計有九十里。又如南方湖南通志裏的秦馳道在零陵縣東八十里，闊五丈多。江南通志裏的秦始皇馳道在婁縣西北的，崐山南四里。鎮江府志裏的始皇至金陵和會稽的馳道，在丹陽縣北十五里。浙江嘉興府志裏的秦皇馳道在海鹽縣西北，沿着海濱的。以上都是秦統一後全國陸路交通事業的鐵證。這種陸路交通的使命，是具有秦始皇巡行天下監察政治的正作用，和用車馬運載全國商品輻輳在市場的副作用，是並行發展的。可是在事實上副作用的力量和成績，却遠遠的超過正作用。這自然是商業交通的文化力量的反映。

這種陸上交通的馳道大工程，在當時，不只是在我中國已經開發，而且在西歐羅馬帝國，也同時建築的。羅馬統治區域很遠大，每次戰勝，併了一國，就建造一條「大道」。各屬地的大道都與京師相通的，各「大道」曲直都是互相銜接的，闊數丈，，平滑如鏡，厚三尺，有上下兩層；上層合灰石做的，下層用細沙做的，高出平地；兩旁用石築成。大道最長的一段，西起於直布羅陀海峽，東達波斯灣與幼發拉底河相接，南達埃及，延長一萬多里，石料堅固，到現在還存在着。這確可與中國秦統一後的「馳道」，東西遙遙地比美着。不過羅馬的「大道」的長度及其散布面積，趕不及秦統一後馳道的偉大而已。

商業交通事業的設施，自然不限於陸上道路。秦統一後，還有開鑿水路的交通事業發展。秦始皇使史祿在湖南與廣西的交界，建築了興安縣的靈渠的大工程。因此，湖南的湘江與廣西的漓江，便在源頭上聯合了。湘桂的水路交通連接，中國南部的商業就打成一片了。他如建築「興成渠」，從咸陽到潼關的三百里交通，減除了挽車的勞役。又建築「通陵」，從陵水便可以到錢塘江。這些都可看做發展南北商業的命脈。說到海上運輸，在當時也已經開始了。秦蒙恬使全國飛芻輓粟集中，山東的東萊（黃睡）與瑯琊的海濱，轉從海道運到朔方（白河）。這是中國北部海運的第一頁，所以西漢初賈誼已經確定這是海上運輸的嘗試。此外，秦使尉屠睢的樓船十數隻到浙江；司馬錯的大舶船萬艘，載米六百萬斛，浮長江東下到湖南；秦正向魏國說的，趁着夏水，好浮輕舟，都是水運。尤以湘陰姓羅的武陵令，用鐵船督運，更顯現出水上交通工具的優越。

在秦時，爲着商品異常的繁榮，商業交通的異常發展，各處富商自然會異常增多。秦始皇以咸陽做國都，把它認做全國文化的中心區，不得不充實它的經濟的力量。因此，他就遷各處的富戶十二萬聚集在咸陽。這是異常驚人的行動。在這裏面，山東的富商推姓田的做代表，如田嗇田蘭都擁有鉅萬的財產；在遷移後似乎一切沒有損失。那末，他們的財力富厚，不想可知了。當時商賈的積貯貨物，坐待時機，從高價出賣，贏利的倍數眞不知好多倍了。他們衣食的優美，更不必多說。只從他們的勢力說，交接王侯，千里遊遨，騎的是肥馬，坐的是華車，眞是有說不盡的豪情。商人當然是唯利主義者。商人求富盆貨可以說是自由競爭主義者。他們各盡各的能力，拚命地去實現發財，與士大夫拚命地去實現升官，是一樣的。可是他們的能力到底有不同的。本領大的，靈巧異常，一天一天的盈餘着，必成做了大富翁。本領小的，那就不然，自己愈覺着笨拙，就愈覺着不夠，勢必至於一切都瓦解了。

四　秦漢的幣制與度量衡的統一　秦始皇確定幣制，推動商業文化，誰都不能否定的。他限用金屬的兩種貨幣——就是錢幣和黃金。錢幣是用銅鑄的，因襲着管仲九府的外圓中方的形式；每個半兩重，在錢面上鑄有「半兩」二字，又稱做十二銖錢。當時二十四銖爲一兩，一兩相當庫平四錢一厘六毫。楚國被秦消滅後，楚將項梁祕密地聯絡和團結了拚死奮鬥的士人們九十個，都從偷造「半兩錢」充做生活費的。又漢高祖賤時做亭長，和蕭何做少吏，互相要好，互相照顧。有一次漢高祖爲公務去咸陽，小吏都贈送三枚秦錢，只有蕭何贈送五枚；因此後來高祖厚封蕭何。這也是十二銖錢的趣事。黃金也是秦時強有力的貨幣，單位就是鎰，常有千鎰萬鎰的流通。前漢的貴族集團裏，把它看做第一種賞品。這正如詩人所說「黃金不多交不深」。帝王們靠它鞏固了專制世襲的政局，統計另詳本段的末尾，也是應該明白的一件事吧！

說到兩漢幣制的演變似乎比較複雜。高祖爲着秦鑄的「半兩錢」（卽十二銖錢）笨重通用困難，就鑄造一種輕便的「莢錢」卽五分錢。呂后又鑄造八銖錢，以爲補救。可是秦鑄的「半兩錢」，在社會習慣上，仍然被使用，成做輕重幣的並行使用，因此，後來便發生了弊端，民間私自銷磨重錢，偷鑄多數的輕錢，潛伏着貨幣經濟的深刻矛盾。到了文帝時，又鑄造了「四銖錢」。貨幣的種類愈多，幣制愈加紊亂了。甚至人民私自把農具耒耨等來鎔冶，用劣金屬如鉛鐵之類來鑄錢，混雜在銅錢裏使用。這種幣錢的病態，發生在民間，猶可假借嚴黥面刑以禁止之。但是皇帝的寵臣與諸侯，法律是干涉不到的。那時有一個鄧通，是文帝的嬖寵，鑄錢超過政府，稱做「鄧通錢」。又有一個吳王濞開發銅山鑄錢。到景帝不得不嚴重處分，就確定了私鑄錢要殺頭的法令；而且把鄧通未使用的錢一概沒收。武帝更鑄造了「三銖錢」，因爲錢幣輕薄，信用低落，物價必然的騰貴起來。又鑄造了一種較重的「純紅銅赤仄」的新錢，也失敗了。于是把國內所有的各種錢幣都銷廢了，再交銅與專官鑄造「五銖錢」。這是中央政府確定了一個統一的鑄造機構，幣制便逐漸的穩定起來。這種「五銖錢」輕重大小都適當。從武帝起至平帝時的一百二十多年「五銖錢」的鑄造額，據說已經達到二百八十億萬多枚。在武帝統一的鑄幣未出現以前，更有兩種補充貨幣，就是鹿皮幣與白金，也被廢止了。那末，「五銖錢」成爲銅幣的標準了。當時雖有人對於這種中央專鑄的幣制反對過。在宣帝時貢禹主張取銷幣制，因爲採銅鑄造是銷耗民力的，要回復到遠古物與物交換的作法。更後又有人主張由民間自由鑄錢，認政府統一鑄錢，是有流弊的。這些反對，都失敗了。爲的是統一幣制這件事，是依據當時社會經濟發展的程度而產生的。錢幣在當時成爲社會的主要的流通工具，是不容易消滅的。

可是在西漢末年，王莽已經一度利用反對這種統一的錢幣，回復到周秦的準貨幣和雜幣制。如刀幣四品，龜甲幣四品，貝幣五品，布幣十品，金一品，銀二品，及錢幣六品——小錢、（重一銖）幺錢、（重三錢）幼錢、（重五銖）中錢、（重七銖）壯錢、（重九銖）大錢（重十二銖），合稱「寶貨」二十八品的貨幣。這是怎樣的繁雜呢！本來貨幣的職能，是爲着社會交換的媒介的簡便起見，是合於價值的尺度和價格的標準。王莽把貨幣這樣的複雜化，使幣制混亂，達到極點，人民感到不便，雖已經過好幾次的改革，無濟於事，終于爲着幣制的動亂成做破壞社會的主動力。農商失業，流離在道路上痛哭，食貨都廢，引起農民叛變，王莽的政局被崩潰了。

王莽死後，蜀中公孫述又鑄造鐵錢，人民也很感痛苦。到光武初，始恢復前漢「五銖錢」的統一幣制，一直支持到後漢末年，絕對沒有變更，共一百五十多年，在靈帝時鑄造一種「四出錢」，流出海外很多。又經過董卓銷鎔「五銖錢」，和古銅樂器，而分造小錢，形成一斛穀價達到小錢數十萬，通用極不便利。「五銖錢」在兩漢通行近三百年，既被王莽改變在前，又被董卓毀壞於後，然而更復活流行到隋朝；從武帝算起，共計有七百多年的悠久，確是優越的金屬幣制。

在兩漢，金屬通貨除銅幣以外，推黃金有大量的使用。君主賞賜大臣貴族朋友親戚間的餽贈，多用黃金；尤以前漢最風行。漢高祖賜陳平，竟達到四萬斤黃金。惠帝賜作斥土的將軍們，每人四十斤黃金。呂氏賞賜諸侯王各計千金。文帝賜周勃五千斤。景帝賜竇嬰和武帝屢次賜衛青，宣帝賜廣陵王都是一千斤。昭帝賜廣陵厲王二千斤。此後，是從五百斤減至五十斤，成做慣例。到了王莽賜史氏皇，竟達到三萬斤。說到前漢時友朋親戚間的贈送黃金，似乎也是一件平常的事。韓信贈漂母，周勃贈獄吏，韓安國贈田五蚡，梁孝王贈公孫詭，諸大臣好幾次餽王父偃，都是千金的。此外，陳平餽絳侯五百金，燕王贈齊出生二百金，館陶公主贈爰叔，竇太后餽鄧都都是百金，荀參安餽陳湯，皇太子餽疏廣，愼夫人餽爰盎都是五十斤黃金。當時中央政府與地方政府都儲藏大量的黃金。例如吳王濞在將要反叛時却規定了：『凡是諸侯王斬大將的，賞黃金五千金，斬小將的，三千金，斬裨將的，二千金。斬二千石的，一千金。其他斬小吏的，都從等級賞金。』又聲明他所有的黃金，即使諸侯王日夜來使用，也用不盡的。那末，他的貯藏黃金之多，不言可知了。他如梁孝王生前貯藏黃金，不可勝數，到了死後，還餘下來四十多萬斤。王莽在操政時，省中藏金有六匱，每匱計有萬斤；其他黃門、鈎盾、藏府中尙方處、各有數匱藏金。這也是驚人的數字。

到了後漢，黃金的數量似乎減少了。漢光武雖然賜竇融二百斤，但賜朱祐只有三十斤，章帝賜賈貴人一千斤，和帝賜諸侯王公將軍列侯宗室子孫與順帝賜王主貴人公卿以下，各有差等。桓帝賜河間勃海二王各百斤。靈帝賜牛僑五十斤。又桓帝雖賜梁皇后二萬金，到底是皇后，一家人，是一家的財產。這似乎比不上前漢的。尤以友朋親戚的黃金贈餽，馬皇后餽諸貴人金各一千斤，那是相當的闊。可是鄧皇后餽周馮貴各三十斤，黃雋餽蓋勛二十斤，王密餽楊震只有十斤了。總之，後漢的金幣的流通量減少，乃是事實。這是什麼原故呢？當然要解釋的。原來爲着接受了西域印度的建築物和造像的黃金裝飾，金的消耗驟然增大，金的出現又未見普遍。試看朗邪孝王修宮室，窮極技巧，殿館壁帶，都用黃金裝飾，就可證明了。

以上專從秦漢貨幣統一而分析，再從度量衡的統一，分析它促進商業文化的使命。「度」就是測量長短的標準器。「量」就是計容量多少的標準器。「衡」就是稱輕重的標準器。商業買賣上，雖有貨幣作價格的標準，然而實際確定商品的數量，缺少度、量、衡任何一種乃是不行的。秦漢時農業生產發展，而且當着春秋戰國度量衡制度紊亂局面之後，統一中原，勢不得不統一這三種測量商品的標準器，使商業文化發展。這裏略略地說明當時關於這三種商業上測量器的名稱和數量，及其在政治上的強制推行的成績。

原來，這三種測量器都從農業文化的基本條件做出發點的。這確是很趣味的文化演進的事實。所謂量長短的「度」基本的單位，用農產主要品中黍的種子，每一粒的闊做一分的標準。十分爲寸，十寸爲尺，十尺爲丈。所謂量多少的「量」，先用黍的體積，一千二百粒做標準，稱做龠，就是合。十合爲升，十升爲斗，十斗爲斛，再用水平較各量器口的平面。所謂「衡」，就是秤，也是依照農產品的容量做標準的。這就是說用裝滿一千二百粒的黍的容器——龠——重十二銖。兩龠成一兩，卽二十四銖。十六兩成一斤，三十斤成一鈞，四鈞成一石。這也是用農產主要品的一定數量做單位的。度、量、衡都是五重累進的，推至錢幣也用五銖做單位，如五銖錢等。總之，從農業文化產生了商業文化；商業文化的測量器，是離不開農業文化的基本條件的。這誰都不能否認，誰都不能曲解。

度、量、衡測量商品，在春秋戰國的分裂政局裏，紊亂達到極點。秦始皇統一了六國，推行秦孝公採用商鞅平均斗角，權衡，丈尺的劃一政策，强制全國市場必須遵守，而且每年定期檢查的。這種劃一的測量商品的制度通行，於後世利益很重大，確是商業政策最新的改革事業，而爲歷來學者所公認的。當時，長度又採用人身做概然的標準。「人長七尺」，這句話是指普通的成人的長度做統一的測量器。因爲秦時法律被呂不韋規定了凡是人民長到七尺以上，都要向政府報告：農業的專工種菜，工業的專工製器，商業的專工買賣貨物。此外「秦權」新發見，也可證明。「權」就是秤硾。現在秤硾多數用石造的，少數是鉄造的。在秦時，尚未脫離銅器文化時代，秤硾多數用銅造，少數用鉄造的。前清末，浙江吳大澂收藏「秦權」四種，單位不同，有的用斤，有的用鈞，有的用石，都是後世權衡制的標準。在銅製的「斤權」上，又雕鑄着文字，是說明秦始皇在兼幷天下之後，百姓都安靜地營業，所以詔令丞相疾綰實行權衡的統一。這種雕刻文字是不使任何人懷疑的。在銅製的鈞權上，也雕鑄着秦皇或二世的詔書，證明當時推行權衡是何等嚴重的。到了西漢，度、量、衡，一切都依照秦所定正確的統一的制度。

西漢末，又因爲歷時悠久，各處市場逐漸地把秦所定的度量衡三種定制廢弛了。王莽重新確定，東漢都依照他施行着，在商業上傳布很廣，影響很大的。前段所說的「奏權」，有實物發見可做鉄證。這裏更有王莽的「銅斛」，「銅尺」，和「石權」，迭次發見，比較完美的。銅的量器在三國時，劉徽第一次發見，戴明它的深度和圓徑的尺寸。後來西晉與符秦時各有發見。至前清乾隆間第五次發見，收藏在坤寧宮裏，後來移在故宮博物院，稱做「新莽嘉量」。因爲「新」是王莽的國號，「嘉量」是稱讚這量器兼具大小不同五種容量——斛、斗、升、合、龠。這量器的中央是一大圓柱體，近上部有底，底上是量斛的，底下是量斗的。左邊有一耳，是小圓柱體，底下部，是量升的。右邊又有一耳，也是小圓柱體，底在中部，可是底與柱面都很厚，底上是量合的，底下是量龠的。那末這一副量器，斛、升、合都是向上的，斗、龠、是向下的。商人買賣貨物，多麼便利！這量器雕鑄着四句文字，是說明在王莽建國元年頒發全國做統一的標準器。至於王莽改造「度」的標準器也是銅製的。長一丈，寬二寸，厚一寸，表明着量分寸尺丈的四種長度。當時改造「權衡」的標準器，「權」就秤錘，「衡」就是秤幹。「

石權」在石勒時發見過一次，「銅權」在後魏時也發見過一次，都刻有銘文可證。尤以近年甘肅定西縣發見新莽製的銅權銅衡多件，保存在古物保管委員會，也多刻有銘文可證。銅衡一丈長，銅權都是圓形，當中有穿孔，分有測量銖、兩、斤、鈞、石等五種標準。以上新莽所製的度量衡確是精工便利，後漢都因襲着他的，都有實物遺傳可證。

五　兩漢商業的轉變　漢初定有鄙賤商人的法令，與武帝發展商業經濟的政策，和後來王莽的重商，以及兩漢開拓西域南海的貿易，都與市場情況有密切關係的。漢高祖曾經定了「賈人不得着絲織品與坐車」的禁令，而且加重租稅使商人感到受辱和困難。惠帝時又定了「市井商賈的子孫，不得做官吏」的禁令。當時人民又有七科謫戍到邊地當兵的法令，商賈竟占四科去了，——就是「賈人」，「有市籍的」，及「父母有市籍的」「祖父母有市籍的」。「市籍」就是經商報填戶口冊的。那末，商賈的生活與參加政治等權利，都被限制，不及農民的自由。另一方面商賈的兵役義務，異常加重，而定居的農民都免除兵役了。漢初這樣的「賤商重農」，是有兩種原因的．（一）在大亂後人民多失業，而且年成大饑饉，物價飛漲。商賈們反而從中囤積居奇，放「高利貸」，收獲好幾倍的贏利，政府不得不增多商賈們的担負，而加以侮辱的。（二）漢高祖認爲商人們根本是沒有人格的。漢高祖擊秦，在武關時，利誘那從賈豎起來的將軍而得勝的。另有一次，令陳豨用千金收買了秦國兩個將軍，也是從商人升起來的。漢高祖曾經對蕭何說：「商賈是慣行賄賂的」。這樣商賈們被肯定了是極容易被敵人收買的，而且是慣會舞弊行賄，擾亂政治的。商賈眞是無恥的東西。所以在西漢的開始，就這樣用嚴重的政治力量處置商人們。可是當時解放了關梁山澤的禁令。所以富商大賈在國內，到處盡量買賣貨物，達到他們操縱的目的，滿足他們逐利的欲望。因此，他們財產的富厚超過了王侯。他們遨游千里，交接貴族，國家法令雖然鄙賤他們；可是他們一切生活的豪華都達到極點了。

當時最著名的富商大賈，例如：山東邴氏，從冶鐵做成鉅萬的家財，放債經商，普徧全國。因此，山東有許多人脫離了文學界，去模倣邴氏經商了。洛陽的師史，有載商品的大車數百輛，在全國販賣，無所不至；經商時間很久，達到七千萬金的財產。宣曲的任氏在秦敗亡時，豪傑們都爭取金玉，獨有任氏造倉庫或地窖，屯積穀米。後來楚漢相爭，人民不得耕種，一担米價，飛漲到萬銀；豪傑們的金玉，都歸於任氏，豪富到好幾世了。關中的無鹽氏，當着景帝時吳楚七國起兵，長安裏貴族多去從軍，向富商們借「高利貸」。富商們以爲這些貴族的田地都在關東，如果關東失陷，豈不糟了嗎？因此富商們都不肯借「高利貸」把這些貴族。只有無鹽氏放出一千斤黃金，借與這些貴族，每月抽十分之三的「高利貸」。不久，吳楚亂平了。無鹽氏在一年間，收入利息十倍。因此，財產在關中居第一位。關中除掉無鹽氏以外，還有幾家姓田的，姓韋的，姓栗的，及安陵與杜縣姓杜的，都是擁有巨萬的商人。總之，商人往往用奇計，而操勝致富。例如，當時販賣脂肪的卑品，使翁伯從獲利千金。賣漿的小業，使張氏獲利千萬金。胃脯是微事，使濁氏連騎富有。灑削是薄技，和醫馬是賤方，使郅氏和張里發達到鐘鳴鼎食之家。這都是看中市面，利用「物以希爲貴，」而成富翁的。到了成帝、哀帝時，長安的王君房販賣丹沙，樊少翁與王孫大卿販賣豆豉，都積成鉅萬家貲。以及臨淄的姓偉的，村陵的樊嘉，各積成五十萬，洛陽的張長叔，薛子仲各達萬萬，都是商人。

兩漢時國內各大市場商人很多，街道很齊整，商品很繁盛，從「長安市」說，有大路一條，共有九區市場。每一個市場，各二百六十六步。三個市場在大路的西邊，六個市場在大路的東邊。每相隔四里，設一市場，都有國內外的商人匯聚着。市店都有重樓營業。市區裏又設置關於商務的行政機關，糾察商人與商品，以及買賣的情態。

西漢的大市場，推長安、巴蜀、居首。河東、河內、河南、是繼承着唐殷周三代的舊市面，也是商業的重要區。此外，最著名的都會還有八區：就是山西的邯鄲，山東的臨淄、燕的勃碣，陶的睢陽，宛的南陽，湖南的壽春，廣西的蒼梧，廣東的番禺。這裏面，尤以南部的蒼梧通安南，番禺航海南洋；北部的楊平、陽陳與邊胡羯羝接聯，燕也是鄰近遼東，烏桓、朝鮮等胡地及西部的巴蜀交相狄戎，都發生與異域隣國貿易的新市面。漢武帝不是使張騫三次通西域嗎？親到大宛、康居、月氐、大夏、烏孫各國，尤以張騫在遠西大夏國，看見貢布和印竹杖，是巴蜀貨物經過印度運去的。後來張騫歸國，再要在西南開一條交通印度的陸路，就取得滇國（雲南）向緬甸印度拓展政治與商業的領土。同時絲織品從海道運出，由廣東的徐聞通航南洋和印度洋，最遠與安息及大秦波斯（東羅馬）的市場交易，另一方面逐漸地輸入新奇的商品很多，如琉璃、明珠、璧玉奇石、犀角、象牙、珊瑚、琥珀、瑇瑁、琅玕、水品、朱丹、碧青、香料、金絲織品、毛織品、棉織品。（卽木棉布，草棉布、石棉布），又陸路從西域和伊蘭高原也輸入很多的貨物。如大宛的汗血馬、蒲桃、葡萄酒、苜蓿、胡麻。安息的駝鳥、獅子、石榴。于闐的玉，以及西域各處的農產品——胡桃、蠶豆、胡蘿蔔、胡荽、胡瓜、大蒜等種子，和工藝品——網底續絃膠，割玉刀、吉光裘、連環羈、火齊屏風等。依照各種傳說，這些都是張騫首先傳入的。至於北印度市場，張騫雖然沒有親自去過，但差遣副使去身毒。（卽印度同音異譯）又武帝後，漢使臣趙德在北印度的罽賓國。到成帝時，它遣使出來，大臣王鳳勵獎他在定期內，通商互市，因爲印度西與大秦通商。得有東羅馬的所有珍品。

到了東漢，陳湯又通西域，竇憲破匈奴。尤以班超平定西域五十多國，又差遣甘英去西海遠望大秦。當時西域有一句到處流行的口頭話，就是說：「中國是人的羣衆，大秦是寶貨的集團，大月氏是馬的集團。」這確是顯現中國的繁殖力，及其所需要的是東羅馬的商品與大月氏的馬做交通用具與戰器的了。

那末，漢時遠西與中國通商，實在是無疑的。這不但在中國的古書上有明文可證，而且希臘人很早也有同樣的記載。例如斯脫拉波（Strado）的希臘人記遊（公元前五十四年到公元後二十四年，相當漢宣帝五鳳四年到更始二年）記載着遠西大夏國王的勢力增大，東漸拓展到葱嶺，而與中國邊境接觸。又如埃及有一個希臘人，在公元八十年到八十九年的九年間，（相當漢章帝時）航行印度洋和南洋，歸里後，寫作了愛利脫利海周航紀，中有經過克利脫斯國（緬甸）到中國購買綢帛的絲織品。更有公元一百五十年（相當漢桓帝時）希臘人拖雷美（Pto'emy）的地理書，記載了世界的極東有中國都城。及希臘史家包撒尼雅斯（Pausanias）于公元一百七十四年（相當漢靈帝時）記載中國人所用織綢帛的絲，不是從植物上的纖維質得來的。這都是證明從西漢將終到東漢末局爲止，中國與遠西通商的。

尤以西漢末，王莽的重商政策，表現在用洛陽的張長叔，薛子仲和山東的偉姓，許多大商賈，操縱着大政權，推動國內外的商業發展。所以東漢跟着這種對外發展商業的政策，遠西與大秦國（東羅馬）直接交易。中國輸出的，以生絲繒絹做大宗；輸入的以珠玉香料爲大宗。原來，在光武時的孔奮做極西邊地姑臧的行政長官，觀察與西域羌胡通商的市況繁盛，知道這兒的商賈們僅在數月的短期裏，就會獲得大利，成做大富的。從東漢馬援修築湖南通廣西間靈渠的水路，平定交趾（安南）相互通商以後。又有班超平定西域，發動龜茲、善鄯等八國的兵七萬人，和賈客千四百人討焉耆。這更證明異域商人對中華的努力。至於南邊，尙書張林使政府實行要交趾及邊地益州向西域、安南各努力互市珍貴的貨物，收回贏利。尤其是爲着交趾七郡的貨物，從東冶航海，多沈溺在風波裏；鄭宏特別使政府開築那從湖南零陵與到桂陽間的陸路。這確注意商業交通的事實，表示向外通商的進展。又北邊與鮮卑通商，當時鮮卑是遊牧社會，很野蠻，時常來寇犯；只有與他通商的時候，就不貪暴了。說到東邊，更與所謂「島夷」即日寇在浙江的會稽互市。

總之，東漢從光武繼續着王莽重商以來，車輛牛馬，周轉各處市場，普遍地充盈着，擁擠着。富商巨賈的住室，往往數百座如連株一樣。他們的膏田滿野，他們的奴婢成千成萬。這並不是言過其實的。先說樊重從經商積聚了大財產，建築許多廬舍，閉着門，好像鬧市一樣的。他的兒子繼續着，治理產業貿易，利用一切；在他的手腕裏，差不多沒有棄物了。尤其是他對奴隸們盡量地使役，發展好幾倍的贏利。又有一個儒生第五倫，他在王莽時，改變姓名，自稱王伯齊，販鹽在太原、上黨間，終于在學術界上發達。

漢代的文士，去市場販賣商品，是很平常的事。從武帝時起，都市的大市場裏，每月初一與十五，各舉行一次「會市」，非常鬧熱。因此有儒生各拿各的地方產物，以及經傳書記磬笙器物，到「會市」去販賣。到了東漢，宋宏受了政府俸給的鹽豉一千斛，使令諸生出糶。諸生因爲市場鹽價低落，不把它糶出。宋宏便大怒起來，勉强諸生糶賣，不同其他官吏一樣而與民爭利。這件事，一方面證明當時儒生還是去市場販賣貨物的，另方面入也可以反映出漢官吏常常用私產經商的。而且，在前漢時黃禹已經向政府建議過，以爲：「凡在六曹侍中以上的官吏，不得用家產收買貨物私作販賣，同人民爭利。如果再賣的話，要政府立刻把他免職，削去爵祿，不得再許他參加政界了。」到後漢，光武因爲劉盆子盲了，賜給官地和資本，令他開店養活。後來，又有崔實在罷官以後把所有的田宅都變賣，做起釀酒的大商人。這都是官吏用私產經商的鐵證。可是漢末所謂「清流」的黨人，都把士大夫在市場上牟利的一回事，認爲可恥的。這是使我們聯想到在抗戰的今日，到處有官吏化身擺斷一切，大發其「國難財」，那更覺可恥的了。

兩漢時，不但官吏以私產營商，倂且政府也公開的做出那種用官爵向民間作買賣的勾當。這種政治的商品化，在周秦時早已扮演過了。在前面已經略略的說明周代用金錢買官或贖罪。這裏，再補些秦漢兩代關於這種社會病的發展。從秦始皇公開地命令百姓繳納粟米一千石，就可以封官爵一級以後，兩漢推進，越發覺得起勁。文帝招募全國人民向縣官繳納粟米，可以封官爵的；至少要繳納六百石才封官爵。如果繳納二千石，就做「大庶長」了；繳納四千石就成做「大夫」了。政府出賣官爵的高下，是用繳納米粟的多少而定的。當時民間要買官做，除掉用米粟做交換品以外，更有一種「活的商品」——奴隸，可以向政府交換官爵的。這也有「文帝令富戶輸奴隸應募，可以封官爵」的明證。政府賣官，到景帝時更規定了各種的官價，招民間拿十萬或十萬以上的黃金，向政府買官做。這確是一批的大買賣吧！武帝愈加使人民買官普遍化了。他命令全國，不論納穀或出馬的都可做官吏。如果繳納六百石穀及其他財貨，就可以補入「中郎官」。當時，卜式從「牧羊」發財，也是繳納穀物得補入中郎官階，後來大操政權。黃霸也是繳納錢穀得補入「侍郎」的官階。這都是事實，人民有了貨物都可以買官做的。到成帝時，又規定了官價，每級要一千金錢，命令民間自由地買官爵；又詔令納穀價值百萬以上，加官十四爵；三十萬以上的，賜做「大夫」。後漢也因襲着這樣的買賣。尤其是安帝爲着政府費用不夠，命令人民納入錢穀，可昇做「關內侯」，「虎賁羽林郎」，「五大夫」，「官府吏」，「緹騎營士」等官階，各從官階的尊卑，規定了官價的貴賤；不只是文官可買賣，武職也在內了。這確是顯現專制政體的商品化的異彩，誰都不能否認的。——這是商品買賣的勾當，反映在專制政體上來了。

第四章 餘論

第一節 文化階段的分割

文化依照拉丁語（Kultura）乃是耕作土地的意思，逐漸由這種勞動的成果，而完成人類超越自然的一切努力的成果。工具，原料，交易的技術，以及思想、藝術、習慣、政治、一切都是文化構成的要素，總之，文化進程是實際生活的各部門的進程。

這本小冊子限於篇幅，是趨重說明文化發展的生活史跡，既不是神說與玄學的虛構，也不是政治，法律，道德等抽象的描寫，這本小冊子是着重於文化的實際生活，使青年們明白我中華民族前一階段的文化發生，發展，以及各部門文化相互建立在何種關係上，然後才能明白整個文化發展的程序，是怎樣進化的。

我國文化史可劃分為兩大階段——第一階段是先史期與有史期的殷周秦漢，乃是中華民族的本有文化的發展，雖然兩漢輸入了異域文化，但限於局部的，而且是混合的，至於第二階段是從魏晉一直至明清，外來的文化，重重迭迭的輸入，不但混合而且差不多都起了化合的作用，這是東亞文化整個的流變的文化動態，誰都不能否認或諱言的，這本小冊子先披露了第一階段的我國文化的本來面目。然後才可以進一步，使青年們明白我國文化與東亞文化的總體，發生怎樣的演變關係——混合或化合——而形成今日中華各大民族的民主國家的文化內在。爲着我國文化有極悠久的史跡，爲着我國第二階段有極繁複的外來文化，尤其爲着東亞整個文化的輪廓和內容，只有在我國第二階段的文化層裏，有的史料傳留着表現一切。所以這部簡明的文化史如此分劃史期，青年們是中華民族的中堅份子，尤其是東亞文化集團重要的一份子，必然的要明白此中眞相。——對於我國文化「知其然」與「知其所以然」，應該先要明白第一階段文化的進程。

尤其是第一階段文化的資料，多用鋤頭發掘來的，青年們也應該要認識這偉大的文化基石；如先史期的石器，骨器，陶器等文化遺產，與有史期龜甲文以及殷周的銅器，周秦的鉄器，兩漢的瓷器。這些都可做鋤頭文化的發見，顯現我國上古期中的正常的文化形態，反映在生產工具上。而且這各部門文化工具的演進，顯現出我們祖先從漁獵勞動，進至牧場勞動；從牧場勞動，進至農村勞動，都是集團勞動的文化建設。換句話說，都是從社會生產分析文化的進程。

第二節　精神文化的提示

社會生產，包含着生產力與生產關係。這本小册子是着重於生產力去分析文化的進程。至於生產關係，就政教說，乃是權力生活，屬於精神文化，而為產生力所決定。譬如說：先史期的氏族公社，共同生產，共同分配，共同消費，必然的發生那「日出而作，日入而息」，自由平等的農歌。更如由殷的奴隸制演進到周秦的封建制，必然的發生道家老莊的反封建，反豪富，反御用知識的思潮。同時，又必然的發生儒家孔孟荀的擁護王室與「性善」「性惡」，以及「好法」「隆禮」等學說。同時，又必然發生墨家的兼愛，節用非攻，非樂、非命、節葬等「非儒」的理論。尤其是封建制而提倡勞動神聖，發生了農家的理論與實踐。自從狂矞、華士兩兄弟反封建而自食其力，却被太公望執殺以後；春秋戰國時、陳仲、史鰌、許行、陳相等、跟着實行不分貴賤階級的勞動。尤其是許行提倡農村的互助生活，齊一物價，分工生產，反對商人的操縱等，農民解放運動。陳仲史鰌被儒家荀子、批評爲「言之成理，足以欺惑愚衆」。許行陳相又被孟子的詭辨攻擊，甚至趙威后向齊國提出執殺陳仲。可惜這種自由平等的「思想之花，」在專制淫威之下，不能順着時代而發展，僅成做一刹那的烏托邦制度；而與近代俄國克魯包特金的作風相似，以上各派思想確是當時生產關係上政治經濟的病態的反響，限於篇幅，另在拙著中國思想史裏詳述罷。

從生產關係所顯現的精神文化，自然不只是思想一種，更有：關於政治的，有圖騰主義氏族制，奴隸制，農奴制度，及封建制裏的商業政策，土地問題，宗教形式，道德法律的標準。關於藝術的，有宗教式跳舞，貴族與民間的音樂，以及詩歌、圖畫、雕刻、建築等各有一定的機構，而自爲體系，各有精神文化的權威，而相互地關聯着。這裏限於篇幅，不便暢敘。已在拙著中國上古文化史詳細分析了。

第三節　參考書

這本小冊子定名中國文化史，是給青年們當做初步的讀物，然後進一步希望青年們再精細閱讀拙作中國上古文化史。（開明書店出版）因爲在這本書裏有很多的問題，未盡量地發揮，或未盡量解釋；都需要參考那本中國上古文化史分析種種文化意識形態的詳蘊。作者回憶到前清光緒將近末年，正在做小學生讀英文的時候，讀了一本華英初階；後來進了高級小學，跟着又要讀了華英進階好幾本。所謂「進階」用不着說比所謂「初階」是進一步的讀物。現在從這本小冊子中國文化初階說，相當更一步的所謂「進階」，自然不只是拙作中國上古文化史一種，更如郭沫若中國古代社會研究（商務），鄧初民中國社會史教程，（文化供應社）倫敦中國國際藝術展覽會圖說（四本），夏曾祐中國古代史（商務）很多很多很多。

尤以我國上古期中的生產用具與文化工具，經過千年學者專門研究，編纂了各部門的專書。如梁朝、陶宏景有古今刀劍錄，虞荔有鼎錄。唐朝吳協有三代器鼎錄。宋朝對於此種文化工作最努力，有很多的驚人創作。關於銅器玉器的圖繪，呂大臨有考古圖。

王黼有博古錄，無名氏有續考古圖。而玉器的專著，在宋，龍大淵有古玉圖譜，在元，朱德潤有古玉圖。到了清朝，此種研究與編纂達到頂點，這裏介紹作者的地名與書名，以及最通行的板本於下。乾隆時，梁詩正受政府命編西清古鑑四十卷。（石印本）同時政府又編纂寧壽鑑古十六卷（石印本）與西清續鑑甲乙編各二十卷。（石印本）都是空前的偉作；心力、物力是極雄厚的。至於私家研究與編纂更見精博，種類更多。乾隆間滋陽牛運震有金石圖，海鹽張燕昌有金石契。大興翁方綱有焦山鼎銘考。嘉慶間烏程陳經有求古精舍金石圖，雲間馮承輝有金石苑，嘉定錢坫有十六長樂堂古器款識考（開明翻刻本）與院花拜石軒鏡銘集錄。道光間紫琅馮雲鵬兄弟有金石索，東武劉喜海有金石苑（石印本）與長安獲古編，蘇州曹載奎有壞米山房吉金圖。咸豐間吳雲有二百蘭亭齋收藏金石記，梁廷柟有藤花亭鏡譜（以上三種石印本）、寶坻李光庭有吉金志存。（差不多都僞造）同治間，歸安吳雲有兩罍軒彝器圖釋（石印本）吳縣潘祖蔭有攀古樓彝器款識（西泠印社刻本）劉銘傳有盤亭小錄（鉛印）。光緒間，嘉興鮑昌熙摹金石屑，吳縣吳大澂有恆軒所見所藏吉金錄，（西冷社刻本）端方有陶齋吉金錄及續錄，日照丁麟年有移林館吉金圖識，嘉興張庭濟有清儀閣所藏古器物文（以上石印本）。最近民國三十多年，學者對於這種學問，不但淵博，而且精深，確不愧爲專門之學與專門之書。杭縣鄒安有藝術類徵與雙玉鑈齋金石圖錄。長沙徐樹鈞有寶鴨齋金石拓存（石印本），上虞羅振玉影印賸郼草堂吉金圖，及其續編又影印貞松堂吉金圖，古鏡圖錄，歷代符牌圖錄及其後編，古器物圖，雪堂所存古器物圖說。（石印本）黃濬有衡齋金石識小錄。瞿中溶有集古虎符魚符考。烏程周慶雲有夢坡室獲古叢編，待時軒傳古別錄。（石印本多僞器）東莞容庚影印寶蘊樓彝器圖錄，頌齋吉金圖錄，武英殿彝器圖錄，善齋彝器圖錄，海外吉金圖錄。吳縣蔣鴻元與開封關百益各影印新鄭古器圖錄。開封關葆謙摹刻傳古別錄，北平孫壯著編澂秋館吉金圖（石印本）海城于省吾影印雙誃吉金圖錄。濰縣陳介祺作簠齋藏鏡（石印本），廬江劉體智著善齋吉金錄。樂山郭沫若影印兩周金文辭大系圖錄，定遠方煥經作楚寶齋藏器圖釋（鉛印本），番禺商承祚影印十二家吉金圖錄，南陵徐乃昌作小擴欒室鏡景（石印本）以上都是精博之作品●至於民國以來，公費編撰的，只有北平古物陳列所的周銅器五册，是影印的。

尤以美國人福開森于民國十二年撰作陶齋舊藏古禁全器幷說（石印本）與齊侯四器考釋（鉛印本），以及最近著吉金目錄，（商務鉛印本）。這幾種福開森的著作，一方面顯現中國上古的銅器文化的工具與用器，確是使全世界驚異；而另一方面顯現西人的信仰力，知識欲，分析究研的偉大；這實在使我們十二分地崇拜的。他如關於銅器、石器、玉器的目錄、通考、義例、題跋、雜著、傳記，各有專家編成專書行世。此外，陶器，推秦漢的塼瓦，與古甬及殉葬爲代表作；它們的圖象的摹拓，文字的組織，都有很多的專家，編成專書行世。

說到傳播精神文化的工具，秦蒙恬雖已發明用筆，漢蔡倫雖已發明用紙，漢末曹操雖已採用石墨 但書籍的印刷術未發明，所以從發明文字的商殷以來，流通精神文化工具，文字雕刻的讀物，一時代一時代是跟着生產工具而變化發展的。殷商的龜甲獸骨文也是骨器發展的精神文化的工具，也可以說是近五十年來成爲新興的正確的文化史料，從這骨刻文字，進而石雕文字，始於秦刊石，（周宣王的石鼓，乃是秦時作物）他如漢碑及石經，以及秦漢的塼瓦上文字都是，此外周秦兩漢金銅器的文字，錢幣上的文字以及秦漢玉與銅的璽印上的文字，很多很多。他如竹木上雕刻的文字，在晉時發現的周代竹簡，現代發見流河與西陲的漢代木簡，及南越的漢冢裏黃楊木刻字，都是實物，這些竹簡木簡與龜甲獸骨、摩崖、古塼、瓦當、銅器、錢幣、璽印等都是我國上古期中古期傳播精神文化的工具；都有專家研究，著成專書，介紹不勝介紹的。

跋尾

最後，再把一年來在清夜薄醉裏所作七律古詩中的較有趣味的句子，而與編撰這小冊子及中國上古文化史有關係的，略錄一二，當做尾聲吧！詩雖迂陋不足觀，但藉此以見作者在國難裏掙扎，生活艱苦；然亦獨行其所好而已，如「埋頭修史治金石，閉戶任人呼馬牛。」「世亂愛吾廬寂寂，歲餘考古癖重重。」「治史室中如古井，舉杯窗外有青山。」都是去冬寫作石器文化與銅器文化疲倦裏的太息。更如「後先各自有憂樂，老死都無相往來，」是寫原始期自由而無機心的人間世，借此以寄慨我儕客居之乏味。「魚肉人間仍獵取，是非筆底要嚴明，」是寫漁獵生活的演變，借此以嘆古今人之不相及。此外「臨文甲骨皆珍品」，乃是引證龜甲文字得意之情趣。「鉄鍤瓦棺何日了」，乃是寫陶器與鉄器文化的牢愁。總之，「守拙抱殘猶古道，賣文買酒亦勞人。」「但求考古冷然善，何必圖南怒爾飛，」也是一年來的生活實錄。前人曾說：「書恆有序，以自炫也」。這本小冊子，用不着作序吧！略寫這些尾聲，深愧未能免俗，敝帚自修。說甚麽饑渴浮生，惟憑着考證當作營養而已！

永嘉陳笠同於桂林師範學院

中國民國三十二年十二月五日

聯營編號3269

基本定價

$6.50